把现实活成喜剧

现代口语白话本

舌华录

（明）曹臣 著
黄伶 卿至 译

中国书店

图书在版编目 (CIP) 数据

舌华录 /（明）曹臣著；黄伶，卿至译．— 北京：
中国书店，2018.1
（现代口语白话本）
ISBN 978 - 7 - 5149 - 1801 - 4

Ⅰ．①舌… Ⅱ．①曹… ②黄… ③卿… Ⅲ．①格言 –
汇编 – 中国 – 古代 ②《舌华录》– 译文 Ⅳ．① H136.3

中国版本图书馆 CIP 数据核字（2017）第 169936 号

舌华录
（明）曹臣 著　黄伶，卿至 译
责任编辑　王　丹

出版发行　中国书店
地　　址　北京市西城区琉璃厂东街 115 号
邮　　编　100050
装帧设计　大观世纪
印　　刷　北京建筑工业印刷厂
制　　版　北京大观世纪文化传媒有限公司
开　　本　880mm × 1230mm　1/32
印　　张　12
字　　数　180 千字
版　　次　2018 年 1 月第 1 版
印　　次　2018 年 1 月第 1 次印刷
书　　号　ISBN 978-7-5149-1801-4
定　　价　39.80 元

目　录

前言

南朝宋人刘义庆有《世说新语》一书，新奇精警，广受青睐，后来续写此书的人很多，明人曹臣显然也是受到它的启发，才有了眼前的这部《舌华录》。《舌华录》作为比《世说新语》年轻一千二百岁的姊妹篇，广泛记载了上自远古、下至明代后期这一漫长时期内的奇人妙语。历史绵亘，文化流衍，因为时间跨度巨大，也使《舌华录》所呈现的不同历史时期的不同言语风貌更加多彩。

《舌华录》以收录奇人妙语为主，书名“舌华”，取自佛经“舌本莲花”之意，内容采自于历代既成的典籍，在记录笔法上，曹臣很好地继承了《世说新语》的“遗形取神”，言简意赅地用最少量的笔墨，点画出生动饱满的人物性格特征。本书所收录的语段多是仓促口谈，有很强的生活气息，从中更能见出言谈者的才华之盛与素养之高，这也正是该书引人入胜之处。

多言反而不如少言更能切中腠理，智慧所及的语言至精而不烦琐，我们在阅读这些妙语时，可以品味古人的言语思维，感受浓缩即是精华的妙处。虽然这些语录距离今人较远，常常又有历史文化背景的限制，但里面的许多妙语却超越了时空，现今品读，意味仍绵绵不绝。不信的话，当读完这本《舌华录》，您就会知道，如今流行的一些插科打诨的语段子，它们的根源在哪里了。所以呀，《舌华录》也可以当作一本笑话书来读，作为您培养幽默细胞的教科书喽。

为了传播发扬祖上流传下来的趣味文化，特此将《舌华录》白话出版。为了更符合当代读者的阅读习惯，整理过程中没有逐字白话，而是采取了“遗形取神”的原则，把这一本古代文人的笔记小说，整理成了现今大众通俗的趣味读物，只在偶尔几个以典故为主料的语段中注明了原型。当然了，如果您想看有历史沉淀感的，也好说，附录中就有原文奉上。

第一章　慧语：闻者拍案叫绝，听者思之再三

佛家有戒、定、慧三种根本学业，“慧”是了悟之语，意义很大。从口舌机锋来看，“慧”有巧智和疏狂的区别，各有各的智慧，但遗憾的是往往疏狂语者不知有巧智，巧智语者不明有疏狂。如果能两者兼具，并区别运用，就是最好不过的了。如来佛从小小草可以看大世界，一刹那可以称作亿万年。倒拿正举，都是有理。如果说智者都不能认清自我，那狂者就更做不到了。所以将慧语列为第一。

王元泽小时候，有人上门来和他父亲王安石套关系，带了一獐一鹿作为礼物，它们都被关在同一个笼子里。客人逗弄王元泽，问：“小公子，你知道哪只是獐，哪只是鹿么？”元泽其实也分不清獐与鹿，暗自琢磨了一会儿便说：“獐边上的是鹿，鹿边上的是獐。”客人对元泽的回答很惊讶。

有天，苏轼退朝下来，吃过饭后，捧着肚子在院子里溜达着消食。一时心血来潮，便问在旁边伺候的红颜们：“你们说说，我这肚子里装的是什么？”一女应声回答说：“学士必然是满腹经纶呀。”苏轼不以为然，这可给了其他人露脸的机会，另一女赶紧说：“想来装的都是巧智了。”苏轼也不太满意，正巧侍妾朝云路过这里，便调侃道：“老爷一肚皮装的都是不合时宜的东西。”东坡捧腹大笑。

鄂东名医庞安脑袋很灵光，可惜耳朵不好使，人们跟他交流时，只能用写的代替说的，但一般只要写几个字，他便能马上明白对方的意思。苏轼曾经跟他开玩笑说：“我是以笔代口，你是以眼充耳，咱们都是天赋异禀的人呢。”

张玄之是顾和的外孙，顾敷是顾和的孙子，两个孩子年少时就聪慧外露。一日，顾和与弟子们同去寺庙，看到佛祖释迦牟尼去世前的神像时，弟子们有的哭，有的无动于衷。顾和便问两个孙儿，弟子们为什么有的哭有的不哭。张玄之回答：“和佛祖特别亲近的弟子哭，和佛祖没那么亲近的弟子就不哭。”顾敷回答：“我不这么认为。因为忘情，所以不哭；不能忘情，所以哭。”

杨修是曹操军中的主簿，当时，曹操刚平定了汉中，正陷入攻守两难中。继续进攻刘备吧，恐怕难以突破；固守势力范围吧，又怕难以坚持。将士请令时，曹操只说了“鸡肋”二字，将官们都云里雾里。这时杨修说了：“鸡肋嘛，就是吃起来没什么吃头，丢弃它又舍不得，依我猜，曹公恐怕是要退兵了。”随即通知将士打点行装，不久曹操果然下令班师回朝。

隋朝的吏部侍郎薛道衡，曾到钟山的开善寺一游，他问小和尚：“金刚为什么瞪两眼？菩萨为什么低双眉？”小和尚回答道：“金刚瞪两眼，是准备降伏各路妖魔；菩萨低双眉，是表示慈悲六道众生。”

王侍中曾经陪同梁武帝萧衍宴请宾客，宴席中，萧衍问各位大臣说：“我是属于实有，还是属于虚无？”在众人不知所措的时候，王侍中挺身而出，道：“陛下您从生灵存在方面来说是实有，实实在在；从至上权威方面来说是虚无，无边无际。”

王安石见人手举着蜡烛，有感而发道：“佛书上说日月、灯光为佛照明，但灯光怎么能跟日月相提并论呢！”吕吉甫赶紧抓住了这个和王安石打嘴仗的机会，说：“太阳在白天照明，月亮在夜里照明，但是灯光白天黑夜都能照明，从这点说，日月都比不上灯光啊，它们的用途是没有差别的。”王安石点头默认。

黄龙寺的晦堂老先生曾问黄庭坚“吾无隐乎尔”的意思。这句话是孔子说过的，意思是我没有什么瞒着你的。黄庭坚回答了一遍又一遍，晦堂老先生就是不搭茬。当时暑去凉袭，满院秋香，晦堂便问道：“闻到木樨的香气了吗？”黄庭坚点头。晦堂便说：“吾无隐乎尔。”黄庭坚这才悟到其中的意思，大叹佩服。

东汉黄琬小的时候就很聪明，懂得随机应变。汉桓帝建和年间曾经出现日食，但在京城里看不到。黄琬的爷爷是太尉，把此事禀报给了皇太后。皇太后就问黄爷爷日食的面积有多大，黄爷爷被问住了，不知该如何形容。正巧这时黄琬在旁边，当时才七岁的他说：“何不这样回答呢，日食剩下的部分，就如同月亮刚出来时的样子。”

薛西源乐善好施，曾将自己身上的棉袄施舍给穷人。有人问他：“你怎么可能帮到所有穷人呢？”薛西源说：“我也只能给遇到的穷人一点帮助罢了。”

熊际华说：“睡梦中把昨天当成自己的前身，也可以把今晚当作自己的来世。”

明成祖称帝后改年号为永乐，将江南的富室大户迁徙到北京，帮助京城发展经济。黄润当时十岁，他父亲也在移民之列，他心疼老父，便去官府请求代父北上。官府不同意，他便说：“我父亲到了那儿是日渐衰老，精力一天不如一天，但我去了的话就是日渐成长，潜力无限。”官府惊讶黄润的聪慧，便答应了他的请求。

陆机与陆云同游龙潭寺，见到了一间暗室。陆云说：“这是黑暗的地狱。”陆机却说：“这是彼岸的极乐世界。”

陈元方的儿子陈长文相当有才，他和叔叔季方的儿子陈孝先，各自显摆自己父亲的能耐，一个说他爸好，一个说他爸棒，分不出胜负。两个小孩子找来爷爷陈寔做评判，陈寔说：“元方很难当哥哥，季方很难当弟弟，两人实在是难分上下。”

东汉徐稚九岁时，有一次和小伙伴们在月夜玩耍，有人问他：“如果月亮中没有别的东西，应该就更亮了吧！”徐稚回答：“不是呀。你看，就像人的眼睛里有瞳仁，如果瞳仁没了，眼睛也就不亮了。”

孔融被捕后，朝廷内外人心惶惶，担心下一个倒霉的就是自己。当时孔融的大儿子九岁，小儿子八岁，两个儿子仍旧自顾自地玩游戏，没有一点惊慌的样子。孔融问前来押解的官吏：“我希望所有的罪过能由我一人承担，可不可以保全我的两个儿子？”儿子听到了父亲的请求，从容地对父亲说：“您见过‘覆巢之下，复有完卵’吗？”果然，不久后，两个儿子也被收监了。

晋朝时有个小孩子，父亲生病了，他出去向人求药。药店主人问他父亲得了什么病，孩子回答：“得了疟疾。”药店主人又问：“你父亲是个有大德的君子，怎么会得疟疾呢？”孩子回答说：“就是因为让君子得了病，所以才叫‘虐’疾呀！”

庾亮有一次去佛寺上香，见到一尊卧佛，便说：“此佛普渡众生，想必是太累了。”

庾法畅拿着一柄精致漂亮的拂尘，跟着庾亮闲逛。庾亮说：“你这柄拂尘极好，怎么还能一直留在你手里呢？”庾法畅回答：“因为廉洁的人不来找我要，贪心的人我也不会给，所以一直留在我手里。”

晋武帝器重山涛，赏赐次数多而数量少。谢安以此为题问众位子弟怎么看待这事儿，谢玄回答："想来是因为此人本来希求的不多，所以就让赠予的人也不觉得自己给的少了。"

东晋简文帝司马昱驾崩时，孝武帝司马曜才十几岁，他呆站在殿内直到天黑，始终也没痛哭。伺候的人劝他说："按照常规，殿下应该大哭才是。"司马曜说："情绪来了，自然就哭了，与常规有什么关系？"

谢安问众位子侄："子弟和自己有什么关系，为什么我们却希望他们都很出色？"众人都答不出来。谢玄回道："这就好比是芝兰玉树，我们总想让它们都生长在自家的庭院中！"

晋孝武帝将讲《孝经》，谢安、谢石兄弟与众人先在自己家里进行讲习。车胤读书时遇到了瓶颈，又不好意思去问谢安他们，就对袁羊说："不问的话，我理解不了书中深刻的道理；总问的话，又怕太麻烦二位谢公。"袁羊说："他们肯定不会嫌麻烦的。"车胤说："你怎么知道？"袁羊说："你什么时候见过明亮的镜子怕被别人照，清澈的河水怕被风吹？"

范宁做豫章太守时，曾经在佛的生日那天捧着文卷到寺院去请佛像，他就在佛像前等着佛祖的回答，寺中的僧人都不知怎么办才好，这时有个坐在最末位置的小和尚说："佛祖默不作声，就是答应了。"大家都因为小和尚的聪慧而松了口气。

江夏的冯京在并州做知府时对王平甫说："并州的歌舞美妙绝伦，但我一概闭眼不看，每天都以谈论禅理为最大快事。"王平甫回应道："您怕是还没有真正悟到禅理。因为闭眼不看本身，就已表现出不小的问题。"

卫玠童年的时候，问尚书令乐广"梦"是什么，乐广回答说："梦是心有所思。"卫玠又问："但是如果身和心都没有接触过的事情出现在梦中，也是心有所思吗？"乐广回答："那是关联的结果。人们从不曾梦见坐车钻进老鼠洞、捣粮吃到铁棒槌，就是因为这些事之间都没有联系。"

晋代殷浩问："大自然造物时，无心给人以某种天性，为什么世上却是好人少而坏人多呢？"大家都不知道该怎样回答，这时刘尹说："这就好比把水倒在地上，它会自己漫无方向地流淌，并没有方形或者圆形的规则。"

有人问殷浩："为什么在官位快到手的时候会梦到棺材，钱财快到手的时候会梦见粪便？"殷浩说："因为官禄本来就是腥臭的东西，所以在升官前夕会梦见棺材；钱财本来就是肮脏的粪土，所以在发财之际会梦见污秽。"大家公认此乃经典的通达之语。

太傅司马超问车骑将军谢玄："惠施写的书有五大车，为什么却没有一句谈到玄理呢？"谢玄回答："应该是他的玄妙之处没有流传下来吧。"

楚王带着"繁弱"弓和"忘归"箭，到云梦泽猎杀蛟龙和犀牛，却大意地弄丢了自己的弓。侍从请命去找弓，楚王说："算了吧，楚人丢了它，也会是楚人捡了它，何必去找呢？"

七岁时，王戎和小伙伴们一起玩耍。他们看到路边的李树上面结了很多李子，沉甸甸的，把树枝都压断了。其他孩子都争先恐后地跑过去摘，只有王戎不动。有人问他为什么不去摘李子，他说："这树生在路边，还能剩下这么多李子，想必这李子一定不好吃。"小伙伴们摘了李子一尝，果然是苦李子。

曹操少年的时候拜见乔玄，乔玄对他说："如今天下大乱，各路英雄龙争虎斗，能够让乱世大治的，估计只有您了。不过依我看，在乱世中您堪称枭雄，但若在盛世您就是个不折不扣的奸贼了。”

晋明帝司马绍还是孩童时，有一次坐在晋元帝司马睿的腿上，元帝问他，长安和太阳哪个离我们远，明帝回答说：“太阳更远，因为没听说过有人是从太阳那边来的，可见太阳离我们有多远了。”元帝惊讶于明帝的回答，第二天召集群臣举行宴会时就讲了这件事情，并且把明帝叫来又当众重问了一遍昨天的问题。没想到明帝却回答说：“太阳离我们近。”元帝脸色都变了，质问：“为什么和昨天说的不一样？”明帝回答：“确实是太阳近，因为我们抬起头来就能望见太阳，却望不见长安。”

韩康伯小时候家里特别穷，天气特别冷时也只有一件短袄过冬。母亲殷夫人将短袄做好后，让康伯拿着熨斗，并将短袄递给康伯，说：“你先把袄穿上，等会儿再给你做条裤子。”康伯说：“这样就可以了，不用做裤子了。”母亲问他为什么，他回答说：“就像这熨斗，火在熨斗中，它的柄也就热了，我只要穿了上衣，下身也会暖和的。”

明代陈继儒说：“武林的西湖，有花朝没月夜，有红粉没佳人，还是有遗憾。”吴鹿长听了说：“既然有这样的西湖，就不能没有这样的遗憾。”

晋代王徽之住在山阴时，有一天晚上下起了大雪。王徽之一觉醒来，觉得房中空旷冷清，便叫人备酒。他起身在屋中徘徊，举目四望，入眼一片洁白，不自觉地吟咏起左思的《招隐》诗来。王徽之忽然想起了住在剡溪的戴逵，便立即乘小船连夜去找他。一夜行舟，才到戴家门口，王徽之却没叩门而是回身走了。有人问他为什么要过门而不入呢，王徽之说：“我本是乘兴而来，现在兴尽而返，也不是非要见戴逵不可呀。”

陈继儒说：“听到别人行善就怀疑，听到别人作恶就相信，这样的人实在是满肚子杀机。”

石塔长老也叫戒公。苏轼曾经前往此处拜访，戒公出来迎接。苏轼说：“我本想见一见石塔，但因为行程急迫来不及了。”戒公起身问：“我这是砖塔吗？”东坡说：“有缝怎么办？”戒公回答：“如果没有缝，怎么能容得下世间的蝼蚁？”

明代郝之玺说：“忠臣孝子，都是极为钟情的人。”

北魏的陆馥对儿子陆琇说:“你祖父东平王有十二个儿子，我是嫡长子，承袭了家业。我现在已经老了，你们还都是孩子，怎么掌管整个陆氏宗族呢？”陆琇反问说:“承袭家业又不是进行武力战争，年龄小怕什么？”

郑翰卿说:“世上没有惜才而不好色的，好色与惜才，根源上是一致的。”

管辂七岁的时候和邻居的小孩一起玩儿，就能在地上画日、月、星辰，连说话也和其他孩子不一样。父母不许他这么做，他就反驳说:“连家中的鸡、野外的天鹅都懂识天气，更何况是人呢？”

贾思道性格谦和，遇到士大夫时，即便是在街上，也要停车下马，谦恭招呼，从无懈怠。有人问他:“您身份显贵，是怎么做到不骄傲的？”贾思道说:“精神懈怠了就会骄傲，这没有常规呀！”

霍王李元轨在徐州时，与士人刘玄平有不错的交情。有人问刘玄平，霍王有什么长处，刘玄平回答说没有长处。就在大家很惊讶的时候，刘玄平说:“人只有在有短处时，才会显出长处。”

唐代僧人希运说：“‘不是一番寒彻骨，怎得梅花扑鼻香。’精神稍有懈怠时，就应该很庄重地把这两句诗朗诵一遍。”

宰相卢迈不吃盐和醋，同僚表示：“不吃盐和醋，怎么受得了？”卢迈笑着回应：“您吃盐、吃醋，又怎么受得了呢？”

陶侃病危时，没有提出什么有益于国家发展的计谋，朝中官员都感到很遗憾。谢仁祖听到这件事儿后说：“现在没有像竖刁这样的乱臣，所以无须陶公留下话语遗泽后人了。”当时人们都认为这是仁德之人的言论。

昙秀去惠州见苏轼，临返乡的时候，苏轼说：“家乡的人见你返乡，必然向你要些当地土产物品，你拿什么去应酬？”昙秀说：“鹅城的清风，鹤岭的明月，这都是很好的礼物，可以送给每个人，就怕他们没有放的地方。”苏轼说：“不如你拿几张字回去每人送一张，只需告诉他们说上面写的是《法华经》，可以用来消灾求福。”

王守仁被封为新建伯时，入朝谢恩，穿了朝服，戴了丝帛做的耳包。有人开玩笑说:“您耳朵冷吗？”王守仁回:“是您眼热吧。”

宋朝王旦穿着朴素。曾有人到王旦府上送玉带行贿，弟弟觉得玉带很漂亮，就把玉带拿给了王旦。王旦让弟弟系在身上，并问:“现在看看它，你还觉得漂亮吗？”弟弟幡然醒悟，急忙将玉带归还原主了。

李中溪没有儿子，对此事一直耿耿于怀。他的朋友劝他说:“你看，孔子的儒学不靠儿子伯鱼传承，释迦的佛学不靠儿子罗睺传承，老聃的道学不靠儿子子宗传承。如果他们的衣钵都靠子孙来传承的话，恐怕三教早就灭绝了。”

晋代孙楚想说“枕石漱流”，却口误说成“漱石枕流”，王济拿捏住孙楚的错误，说:“流可以枕，石可以漱吗？”孙楚回应说:“枕流，是为了清洗耳朵；漱石，是为了磨砺牙齿。”

明代陈继儒说:“人生还是闲暇好，但太闲了反而会生出恶念事端；人生还是清雅好，但太清了反而也会俗气矫情。”

殷仲文劝宋武帝蓄养歌伎，宋武帝说:“我不懂欣赏歌舞。”

殷仲文说：“养了歌伎，自然就懂了。”宋武帝说：“就是因为怕懂，所以才不敢养歌伎。”

王诏之小时候家里很穷，他又十分好学，曾经因为沉迷书籍而三天不吃饭，家里人看不上他这样，就说：“都这么穷了，你还不去耕种？”王诏之回答说：“我不是一直在自耕（做学问）么！”

东汉庞参被指派到汉阳做太守，汉阳人任棠节操高尚，隐居教书。庞参到任后，第一件事情就是去拜访任棠。任棠也不和他说话，只是拿了一大钵薤白、一盂水，放在门口的屏风前，自己则抱了小孙子趴伏在门下。主簿认为任棠这样做太倨傲无礼了，但庞参猜想任棠此举必有深意，思索了一会儿才说：“任棠是在告诫我：这水是想让我清，这一大钵薤白是想让我不畏强权，抱着孙儿伏着门是希望我能开门抚恤孤寡。”说完便带着主簿离开了。

北齐邢邵有大量藏书，却不注重校勘，他曾经对别人说：“对书中的错误进行思考，本身就是一种很有意思的事。”

给事蒋性中清高耿介，卸任回乡时驾着小船进城，遇上了落潮，船搁浅了，无法行进。两个仆人为他拉纤，蒋性中自己用篙撑船，狼狈的模样被其他船家嘲笑挖苦。仆人呵斥那些船家："这是给蒋给事办事，你们别无理取闹！"蒋性中不想让别人知道他的身份，便笑着对仆人说："你以为这么说他们就会上当么？"

唐宪宗七岁时，皇祖父唐德宗把他抱在膝上，逗他说："你是谁呀，怎么窝在我的怀里？"宪宗回答说："我是第三天子。"

有人进奉给魏武帝曹操一杯奶酪，魏武帝吃了一点，然后在盖子上写了一个"合"字，传给大家看，大家都不理解这是什么意思。传到杨修手里时，他吃了一口，说："这是让大家每人吃一口呢。"

明代屠隆说："人总想到生病的话，尘俗之心就会逐渐减少；人总想到死亡的话，向道之心就会自然产生。"

丘长孺向袁宏道借钱，袁宏道便解下身上所系的衣带给了他。丘长孺很难为情，袁宏道笑说："你不求我，我不求衣带；你求的是雅人，我求的是俗物，这有什么不好意思的呢？"

明代刘大夏（谥忠宣）退出官场后，为自己预写了一篇墓志铭，把生平都刻在石碑上。有人说：“这件事由后人来为您做就行了。”刘说：“我是怕后人会用美名来栽在我头上，万一鬼界和人间的标准不同岂不是糟了，大家难道不能理解我这种想法吗？”

明代唐寅，号六如居士，极有绘画天分，尤其信佛，他曾有诗说：“闲来写幅青山卖，不使人间作业钱。”吴鹿长指着诗句笑着说：“请问六如是从哪里买来的？”

屠长卿说：“死人是不知道疼的，如果有痛感的话，就不是真的死了。”

赵大周在京城，何迁问他：“你近来怎么不讲学了呢？”赵大周说：“就是不想讲。”何迁又问：“不讲学怎么会有成就呢？”赵大周说：“不讲学本身就是成就。”

吴因之说：“造谣毁谤人的人很忙碌，被毁谤的人很清闲。”

明代李梦阳作诗，有一句不好便将全诗舍弃，何景明对此深感惋惜。李梦阳便说：“自家的东西，终究还会回来的。”

朱勃十二岁时，便能朗诵《诗经》《尚书》，他和马援的哥哥马况有些交情，经常上门拜访。朱勃衣着光鲜，踱着方步，言辞文雅。那时马援刚刚开始读书，见到玉树临风的朱勃后就很自卑。马况知道了，之后便跟弟弟谈心，安慰他说："朱勃是小器速成，怕以后是不会有什么大作为的。"果然，后来朱勃的成就不及马援。

杨奇担任侍中时，汉灵帝问他："我和桓帝相比怎么样？"杨奇回答："陛下和桓帝相比，如同虞舜比唐尧。"灵帝不高兴地说："你够倔强，真是杨震的子孙。"

明代司徒方宏静不喜欢看戏，他说："一群人画脸粘须，演悲剧赚人眼泪，扮喜剧逗人开怀。明明演的都是假的，看的人却信以为真了。"

明代李贽对耿定向说："别人白日说梦话，您是梦中说白日话，可见您是很清醒的了。"

宋朝元祐年间，黄庭坚、秦观等人在馆阁任职，闲暇时一起观赏黄庭坚所藏李龙眠作的《贤己图》，下棋、赌博的人都画在上面。有六七个赌博的人正在对局，盆中有六个色子，其中五个显示的都是六点，另一个还在不停地旋转。一个人趴在盆上大喊，其他的人也都紧张地看着色子。此画将各种姿态都勾勒了出来，惟妙惟肖，大家都认为这画画得超棒。正巧苏轼从外面进来，瞥了一眼画便说："李龙眠也是天下名士，为什么要学闽地人说话呢？"众人问他怎么知道的，苏轼说："各地方言说'六'时都是合着嘴的，只有闽地方言是张着嘴的。现在盆中点数都是六，只有一个色子还没确定，按道理应该喊六，这个大叫的人却是张着嘴的。"李龙眠听说此事后，也十分佩服苏轼观察入微。

春秋时郑国大夫祭仲掌握着国家大权，郑厉公寝食难安，暗中派祭仲的女婿把祭仲杀掉了。女儿知道后，问母亲："父亲与丈夫哪个亲？"母亲回答："当然是父亲，父亲只有一个，但能做丈夫的人就很多了。"

东晋宣武侯桓温曾对孟万年说："欣赏乐伎表演时，感觉是弦乐不如管乐，管乐不如歌喉，为什么呢？"孟万年说："应该是渐近自然的原因吧。"

吴鹿长奉斋，但是喜饮酒，爱美色，还吃五辛诸菜。有人讽刺他："既然奉行佛家戒律，又为什么吃五辛？" 吴鹿长说："从没听说过鸡毛与鸡舌是一回事儿。"

赵家女儿临出嫁时，母亲告诫女儿说："凡事小心谨慎，不要多做好事。" 女儿说："不做好事，可以做坏事吗？" 母亲说："好事都不能做，更何况是坏事呢！"

三国魏人钟会有点才华，通些玄理，早先并不认识嵇康，有一次，他邀请当时的几位名士一块儿去拜访嵇康。嵇康当时正在大树下打铁，向子期在一旁给他拉风箱。嵇康不停地抡着铁锤，旁若无人，一直不搭理钟会几人。钟会起身便要告辞。嵇康问他："你是听到了什么才过来的？看到了什么就要走？" 钟会说："听到了所听到的东西才过来，看到了所看到的东西就离开。"

晋代顾恺之吃甘蔗时，喜欢先吃后端不太甜的部分，别人问他为什么这样吃甘蔗，顾恺之回答："这样才可以渐入佳境。"

北宋王安石曾经问张文定说："孔子去世之后一百年孟子出生，但是自此以后再也没有这样的圣人出现了，为什么呢？" 张文定说："不会呀，有超越孔子的人呀。" 王安石问都有谁，张文定回答："江西的马大师，还有汾阳的无业、雪峰、岩头、丹霞、云门。"王安石问为什么这样说，张文定说："怕是儒门日渐惨淡，留不住他们了。"王安石认为张文定的回答太妙了。

庄子和惠子一同在濠水的堤堰上观光。庄子说："你看鲦鱼在水中游来游去，多快乐啊。"惠子说："你又不是鱼，怎能知道鱼的快乐？"庄子说："你也不是我，怎么知道我不知道鱼的快乐？"惠子说："我不是你，自然不了解你的心情；但你本来也不是鱼，肯定更不知道鱼的快乐了。"庄子说："我就是知道，是濠水告诉我鱼的快乐的。"

东汉孟敏到集市上去卖甑，不小心把担子掉在地上，甑都摔坏了，他头也不回地走了。正好遇上郭泰，他惊讶地问孟敏："这些甑摔坏了多可惜呀，你怎么也不看一眼？"孟敏说："既然已经摔坏了，再看还有什么用呀？"

北宋章惇和苏轼在少年时期是好朋友。有一天，章惇露着肚皮躺在床上，正好苏轼从外面进来，章惇便摸着肚皮问苏轼说："你说这里面装了什么？"苏轼说："都是谋反的东西。"章惇听了大笑。

元丰六年十一月二十七日天快亮时，苏轼梦见有几个小吏，每人拿着一张纸，上面都写着："请写篇祭春牛的文章。"苏轼便奋笔疾书道："春天到，百草生，推出土牛，准备春耕。尽管身披美丽的彩绘服饰，原是泥土塑成；成功失败就在片刻之间，谁会为此喜怒？"一个小吏笑着说："这两句，应该会惹恼某人。"另一个小吏说："不碍事，现在可以叫醒他了。"

陈继儒说："关起门来，家中如深山；用心读书，到处是净土。"

北宋程颢、程颐兄弟俩共赴一个宴席，程颐见席中有歌姬陪伴，便拂袖而去，留下程颢和他们一起饮酒，尽欢而散。第二天程颐来到程颢的书斋，仍然对此事怒气未消。程颢笑着说："昨天席上有歌姬，我心里却没有；今天屋中无歌姬，你心里却还有。"

冯具区和潘景升同游安徽齐云山，潘景升指着石壁上的拙劣书法，皱着眉头说："这山真是受了苦了。"冯具区说："既然做了这座山，就得承担这种痛苦。"有位同行的人听到了便问："是山苦呢，还是您苦呢？"潘景升回答："还是我苦。"

孝廉陈琮在城北的墓地之间建造了一组别墅。有人去拜访陈琮，皱着眉头说：“你天天看见这些，肯定不愉快。”陈琮说：“我天天看见这些，哪还敢不愉快呀。”

明太祖朱元璋祭祀历代帝王庙时，刚举起酒杯，就见元世祖的画像流出了眼泪。明太祖笑着说：“我只是夺回了本来属于中原的东西，你只是失去了漠北本来就没有的东西，有什么好遗憾的？”听到这些话，画像上的眼泪立即就止住了。

王守仁的一个学生听到“良知”这个词时不知道什么意思，突然站起来问道：“‘良知’是什么东西？黑的还是白的？”其他人听了都笑出声来，那个学生羞得满脸通红。王守仁慢慢地说：“‘良知’不是黑的，也不是白的，它的颜色是正红色的。”

明代潘之恒家拥数万资财，都被宾客给耗尽了。他的弟弟们都讽刺说：“我哥哥这样败家，怕是只有银山才能供得起了。”他的四弟潘稚恭笑着说：“银山怎么够用，估计得是银水才行。”

郭进的房宅刚建成，乔迁之喜时他将族人和宾客都请来聚在一起，连土木工匠都被邀请了来，郭进把工匠们的座位安排在了东边的廊屋里。众人都说：“怎么能让儿子们和工匠们坐在一起？”郭进指着工匠们说：“这是造房的人。”又指着儿子们说：“这是卖房的人，卖房人本来就应该坐在造房人的下首。”

吴给事的女儿聪明伶俐，及笄后嫁给了陈子期。陈子期宠爱妾，不久得了风病。有一天亲戚们过来看望陈子期，吴给事指着小妾说：“这就是风病的来由。”

丞相叶衡罢官后回到金华，整日与布衣朋友来往。一次他因为得了病而心情不好，就问客人说：“我快不行了，不知道死后的世界好不好？”客人说：“肯定是好得很。”叶衡问为什么，客人回答：“假如死后的世界不好，死者肯定会逃回来呀。”

徐月英是唐代江淮一带的名妓。有位姓徐的公子为一个死去的官妓安排了火葬。徐月英前去送葬时对徐公子说：“这位姐姐平生风流，连死了还带着浓‘焰（艳）’呢。”

第二章　名语：流传后世的经典语录

名，就是铭刻。永不磨灭的语言可以成为后世的典范，只有满怀仁义的人才能说得出来。这种经典言论是立足根本而不是权宜应对，因为权宜之计只可以勉励普通人，而限制不了大智之人。真正的名语，是世间一种最具治疗性和滋补性的良药，也就比慧语差那么一点点。列名语为第二。

北齐苏琼去拜见东荆州刺史曹芝，曹芝开玩笑问："您想不想做官？"苏琼回答："应该是让官位去寻适合的人做，而不是由人去寻官做。"曹芝认为此人有才，便将他聘为参军。

北齐邢邵说："松柏的后身岂能化为废柴？"

韦夐的儿子韦瓘代理随州刺史期间因病死去。噩耗传来，举家悲戚，而韦夐却神色自若，安慰众人说：“死生皆由命注定，来去都是常事，不必过于悲痛。”

三国时庞统隐居在岘山南面，不肯入朝做官。荆州刺史刘表前去拜访他，说：“先生苦苦守在田野之中，不肯做官受禄，拿什么留给后世子孙？”庞统说：“世人都是把危险留给后人，只有我把平安留给他们。”刘表无言以对。

南朝宋的王裕之从不督促子孙苦钻学业，而是任凭他们以喜好行事。有人问他这样做的原因，他回答说：“丹朱倒是受过良好教育，还不是因为荒诞傲慢被尧放弃；而宁越，农民出身，全凭勤奋好学，才成为周威王之师。”

吴鹿长和几位朋友闲谈天下名士，谈到某某时，他说：“云间的陈继儒，用艺来掩藏道，我敬佩他的道；毗陵的刘少白，用道来掩藏艺，我敬佩他的艺。这人啊，不难察觉他外露的特长，难在发现他藏而不露的本事。”有人笑道：“就像名妓沙宛用慧来掩藏痴，别人爱她的慧，君却爱她的痴，这也是一种道吧。”吴鹿长表示赞同。

宋代李郁向傅景仁讨教做文章的方法，傅景仁说：“会甩袖子的人就能跳好舞，钱财多的人才更会做买卖（长袖善舞，多财善贾）。”李郁从此开始更加努力读书。

张湛即便在家中也特注重边幅，和妻子相处时也彬彬有礼，有人说张湛在装善。张湛反问：“别人都是装恶，只有我装善，这有什么关系呢？”

东阳人陈婴从小就有良好的道德修养，闻名乡里。秦朝末年天下大乱，东阳人想推举陈婴为领袖，起兵立业。陈婴的母亲不同意，劝他说：“从我嫁入陈家，已经过惯了贫贱的生活，这突来的富贵怕是不吉利。不如你把兵权交给别人，成事了可以从中得点儿好处，不成事也有人来担待祸患。”

晋代黄门侍郎王徽之兄弟三人一起去拜访谢安，王徽之、王操之多是说些俗事，王献之只是问候一下寒暖而已。他们兄弟走后，有在座的客人问谢安：“刚才那三位，哪个更出色？”谢安回答：“年纪小的那位。”大家问为什么，谢安回答：“贤人的话少。”

庾亮担任护军时，嘱托廷尉桓彝为他物色一个好下属。一年后，桓彝遇到徐宁，对他有所了解了，将其推荐给庾亮，并对庾亮说："常人有的东西他不一定有，常人没的东西他不一定无，这是个真正的清雅之士。"

司马光和苏轼俩人在小议：茶与墨都是香的，但二者在好些方面正好相反。茶求白，墨求黑；茶求重，墨求轻；茶求新，墨求旧。

陈继儒说："放得下俗心，才能做大丈夫；放得下大丈夫的心，才可以称为仙和佛；放得下仙和佛的心，才可以视为得道。"

陈继儒说："男子有德便是才，女子无才便是德。"

刘禹锡说："后赵国君石虎拿着弹弓射人，父亲斥责他，母亲却说：'健壮的牛犊拉车快跑时会挣坏车辕，良驹就得不受束缚才能自由驰骋，这样才能做大事成大器。小孩子不奇特不聪慧，肯定不是大才。'"

吴苑说："清雅之人是好，只是有时过于矫情；粗狂之人虽然有点差劲，但他们的率真十分可爱。如果有人能清雅而不矫情，率真而不粗狂，那就不仅是超凡脱俗的名流，更是世间难得的贤能高士了。"

北宋范仲淹之子范纯仁待族中子弟很亲厚，有人问他为什么，范纯仁回答：“俭朴可助清廉，宽容可成大德。”

鲁宗道担任谕德一职时，经常穿便衣到酒馆喝酒。有一天宋真宗有事急召他，差人四处寻找，最后在酒馆中找到了他，那人跟他合计说：“皇上怕是会怪罪您来迟了，如果皇上问起罪来，您想个什么托辞呢？”鲁宗道说：“如实相告就成。”对方再劝：“这样恐怕会被皇上问罪的。”鲁宗道回答：“饮酒是人之常情，欺君是臣之大罪。”对方叹服。

文靖公李沆担任宰相时，作风沉稳，正派中厚，对国家的制度政策也没有什么建树。他曾说：“我做宰相没什么能耐，只能以不改变朝廷的法度来报效国家了。”

马援在陇汉一代潦倒失意时，常对宾客说：“大丈夫立定志向，应该穷当益坚，老当益壮。”

陈仲微说：“以官禄为饵可以钓到中等人才，但不能俘获豪杰人物；用名利之船可以装载猥琐之士，但不能使英雄沉沦。”

项羽入关后，对别人说："富贵后如果不回故乡，那就等于是穿着锦绣衣服在夜间行走一样啊！"

唐朝的李邕担任左拾遗时，御史中丞宋璟举奏张昌宗兄弟有不敬言论，请求武皇发落。武则天不太高兴，没给回应，李邕当时就站在宫殿的台阶下面，便启奏道："此等事情关系到国家法制，希望陛下批准。"武则天的怒气倒是缓和了。退朝之后，有人对他说："你现在名声和地位都还不够分量，如果说话不合圣上的旨意，恐怕就要大祸临头了。"李邕回答："不癫不狂，名声怎么能张扬呢？"

明代屠隆说："柴门才关上，便有客人前来联络感情；饭箩刚吃空，就有人求写墓志铭颂功德。万事从来都是命，一丝一毫不由人呀。"

高逞担任中书舍人九年，家中却不留一份朝廷制书的草稿。有人问他："前辈们都留有所写制书的集子，你却把它们烧掉了，为什么呢？"高逞回答说："帝王所言不能存放在私人家里。"

盖宽饶说："富贵如同旅馆，只有谨慎才能长久居住。"

明代刘大夏教儿子读书的同时，也让他兼做农活，即便在雨天也不忘督促儿子种地，他的理论是：“习惯了勤勉就会忘记疲劳，习惯了安逸就会懒惰成性。先让他疲惫，再让他休息；等到休息好了，重新让他疲惫。”

万士亨、万士和两兄弟中了进士，赴任前夕，父亲告诫他们说：“我希望你们做个好人，不希望你们做个好官。”

虞谦担任大理卿时，审理诉讼案件总是特别慎重，力求公平合理。他曾对别人说：“他们没有遗憾，我就没有遗憾了。”

杨震担任涿州太守时，公正廉洁，不徇私，不受礼，子孙经常是粗茶淡饭，以步代车。有亲友、长辈劝杨震为子孙们办些家产，他不肯，说：“让后世称他们是清官后代，这不就是最丰厚的遗产了么？”

王谌把种暠引荐给河南尹田歆，说：“我为你找到了一位品学兼优的人，差不多是京城洛阳门下省官吏的水平。”田歆开玩笑说：“你应该给我找一位山泽之间的隐士，干吗要以门下省官吏为标准呢？”王谌回答：“山泽之间未必有奇异之士，奇异之士未必在山泽之间。”

汉明帝问东平王刘苍："做什么最快乐？" 刘苍回答："做善事最快乐。"

明代司马顾养斋说："结识新朋友，不如加深旧交情；施予新恩泽，不如还清旧债务。"

马援早先时在农田牧野间生活，五谷丰登，牛羊成群。他慨叹："万贯家财贵在能用来助人，否则便成守财奴了。"

陈继儒说："闻名多而识面少，这正是士人应该给王公显贵留下的印象；宁可让王公显贵奇怪他为什么不来，也不能让他们讨厌他不肯离去。"

薛道衡在陈地考察时写了一首《人日》诗："入春才七日，离家已二年。" 南方人嗤笑："竟然还有人说这家伙懂得作诗？" 但是当读到"人归落雁后，思发在花前"时，就都感叹："盛名之下无虚士呀。"

闵文休为人狂放，嗜酒，还不喜欢出席道学场合。别人非要他参加时，他就说："吟诗超无聊，骂座太没品，但相比之下，我宁肯做轻薄的狂夫，也不愿做厚颜无耻的君子。”

卫玠为人通达宽容，他常告诫自己说：“别人做不到的事情，要推己及人地去体谅；别人无意的冒犯，要用理智说服自己去原谅。”

宋代欧阳修曾经说过：“看一个人的题壁文字，就可以推知他的文章。”

北齐的王晞被孝昭帝所看重，但他从不去邀宠，他对别人说：“不是我清高到不爱做令人眼红的显官，只是对其中的滋味完全想透了。”

南朝齐人谢朓喜欢提拔人才，会稽人孔闿有些文采，但不为人所知。孔稚圭常常让孔闿起草表文给谢朓看。谢朓看到精彩的段落，就自己用便签抄下来，并跟孔稚圭说：“这个人还没有扬名，我们应该助他一助，不要吝惜褒美之辞。”

陆慧晓在晋熙王那里当长史，经常有僚属来拜见他，客人走时，他必定起身相送。有人跟他说：“您身份高贵，不用这么谦恭。”陆慧晓说：“我讨厌别人不守礼，因此也决不允许自己不以礼待人。”

魏佛助力赞隋朝诗人卢思道，认为卢询祖不如他。卢询祖回应说：“有人就是这样的，遇到无法高飞的，就借给它些羽毛；知道气势可以冲天的，就剪掉它的翅膀。”

武则天曾经召见徐有功，责备他：“近来断案多有失误，为什么？”徐有功回答：“断案失误确实是我的过错，但保护生命是陛下您的大德。”

东汉许邵常常到颍州去，大多是与长者交往，唯独不去拜见陈寔。后来陈仲举的妻子去世，回乡埋葬，同乡都来送葬，只有许邵没来。有人问他为什么，许邵回答：“陈寔心胸广阔，不拘小节；仲举性格严苛，缺少通达。所以这两人不拜也罢。”

齐太祖极其看重张思光，时常邀他小聚，笑着说：“这样的人不可以没有一个，也不可能有两个。”

东汉向长研读《周易》的损、益二卦时，有感而发道：“我已经知道富有不如贫穷，尊贵不如卑贱，只是不知道死和生的关系如何。”

陈继儒说：“朝廷的大奸人不可不抨击，朋友的小过错不能不宽容。饶恕大奸人必然会祸乱天下，抨击小过错便没有完好之人。”

陈继儒说：“小孩子们不应当让世事分散读书的精力，而应当通过认真读书来通晓世间事物。”

陈继儒说：“做秀才就像做闺女，要惧怕人；入了仕途就像做媳妇，要抚养人；出仕回归林下后就像做婆婆，要教育人。”

陈继儒说：“如果一句话会损害了天地的谐和，一件事会折煞了终身的福气，那么千万要慎重！”

胡居仁家很穷，衣不蔽体，食不果腹。友人为他的生活担忧，胡居仁说：“我有道义充实自己，有书籍装潢屋舍，大处已经完备了，不必再深求细枝末节。”

明代邵宝说：“宁可做个真正的知识分子，也决不做虚假的道学先生。”

都维明学问广博，多才多艺，但总是隐含行迹，不事张扬。他曾乘兴画了一张梅花，不久便后悔说：“有一种才能就要隐藏一种才能。”

西晋梁王、赵王都是皇帝的近亲，在当时极为显贵。中书令裴楷每年都要跟梁、赵两个封国借钱数百万，来救济亲戚中的贫困户。有人表示特别不理解：“为什么要向人乞讨财物来施行恩惠呢？”裴楷说：“损有余而补不足，这是天道呀。”

陈继儒说：“年轻人胸中如果只有‘意气’二字，那么与别人交往时一定会被排斥；如果存有‘骚雅’二字，那么读书时一定不能定下心。”

陈继儒说：“看常人，要在大处不越轨；看豪杰，重在小处不失误。”

罗远游说：“真豪杰行事，对人施恩的时候不留名，受人怨恨的时候不推诿；伪君子行事，正好与其相反。”

陈继儒说：“如果权势在手，群蚁就会聚拢来吃这块肥肉，如果权势丧失，那么饱鹰就会离开飞去更广阔的地方。在物欲横流的世界，不必露出徐偃王那样刚直的心肠，但要擦亮黄叔度那样冷峻的眼睛。”

费宏说：“读书应该像酷吏审案，用意深沉急迫，才能每天知道一些原来不知道的东西；记书应该像勇将决胜，断然破釜沉舟，才能每月牢记已经掌握的东西。”

明代杨溥在内阁任职，他的儿子来京城的路上经过了几个州县，大家都争相送礼，只有江陵县令范里没送，杨溥便觉得范理有不同常人之处，推荐他做了德安太守。有人劝范里应当写信给杨溥表示感谢，范里说：“宰相的职责是为朝廷选用人才，太守的任务是替朝廷执行命令，我二人之间与私人情面有什么关系？”

陈继儒说：“面对富人时，有礼貌不难，难的是做到得体；面对穷人时，施恩泽不难，难的是做到有礼貌。”

吴燕孺说：“男子汉大丈夫世间走一遭，宁可被乡间小儿怒骂，也不能被他们怜悯。”

潘讱叔虽然有时承诺的事情办不到，但对于朋友确实是够仗义。曾有受过潘切叔恩惠的人不但不报答，还四处诽谤他。有人问潘切叔：“你也不是圣人，竟能以平静的心态对待这些恩将仇报的人，你是怎么做到的呢？”潘切叔回答：“也没有那样，只是我不能以怜悯别人犯错的眼睛，再去看这种惭愧得要死的人。”大家都觉得此语经典。

第三章　豪语：壮人士气的慷慨之言

圣人的时代已经过去了，现在是豪杰引领风骚的时候，大体上说，圣人以道德彰世，豪士以才能取胜。世间凡有大才之人，他的五官六腑一般都是有豪气润养充盈的，渗透在每一次呼吸、每一句话语中，虽然十之七八会过头，但总有十之二三是切实的。所以圣人退出历史舞台之后，谁都不能和强悍精干的豪士较量了。最最要不得的就是一旦志向受挫，就沮丧到视自身为草芥，要知道慷慨之言是可以壮人士气的啊！就冲这点，列豪语为第三。

晋代北中郎将荀羡登上京口北固楼，遥望东海，感叹道："虽然没能看见三座神山，但仍然有凌云之感，如果是秦皇、汉武再世，想必会撩起衣裳涉水前行吧。"

桓温看《高士传》时读到於陵陈仲子的故事，当下撇开书说:“谁能像他这样刻薄自己呢!”

石崇经常和王敦一起去学堂玩耍，见到堂中颜回与原宪的画像就慨叹:“如果能和他们一起登上孔子的厅堂，估计也差不了多少。”王敦说:“不知道其他人怎样，但子贡和你比估计差距小点儿。”石崇正色回应:“士人应当美身、美名，干吗要说这些穷酸话?”

总制胡宗宪读到《汉书》中终军请缨的故事时，拍案而起，叹道:“男子汉的足迹就应该这样，其他都不值得一提。”

京兆人赵温担任郡丞之职时感叹:“大丈夫应当如雄鹰远走高飞，怎能像雌鸟蜷伏在巢内!”想通了这点后，赵温便弃官不做了。

仪真人王维宁擅长诗赋，草书更是绝妙。他仗着祖上留下的数万家财，生活骄奢，每天都摆流水宴请客。有好心人劝他为以后的生活做些打算，王维宁却说:“大丈夫在世理当如此，岂能为财富驱使!”再多的财产也经不住这样挥霍，后来王维宁家资耗尽，连生活都难以为继，却还是好酒不止。别人又劝他卖字来养活自己，他说:“我学书法可不是为了糊口!”有一天他实在馋酒馋得不行，就到江边散步转移注意力，见落日的余晖照在水里，波光粼粼，煞是好看，便高兴地说："这是个好地方啊，龙宫的珍奇或许能让我快乐！"说完就跃入水中，再也没能上来。

宋太祖赵匡胤还是殿前督检点的时候，有一次北征前夕，京城盛传要借机拥立他称帝。太祖就问家里人："人言可畏，可怎么办呢？"当时太祖的姐姐正在下厨，举起擀面杖就要打他，边追边骂："大男人遇事儿不能自己拿主意，竟然回家来吓唬我们妇道人家！"

杨纂常说："大丈夫出人头地，为什么一定要回故乡？总是把儿女情长放在心头，还谈什么雄心壮志！"

宗少文问侄子宗悫说："你有什么志向？"宗悫对答说："希望能凭借长风，冲破万里巨浪。"

石崇设宴请客时，常常让美人在席间劝酒，如果客人不喝，就让黄门官吏把劝酒的美人杀了。丞相王导与大将军王敦曾一起到石崇家去吃酒，王导向来不善饮酒，面对这种情况也只好勉强饮下，结果喝得大醉。但是当酒敬到了王敦那里，他坚持不喝，看石崇怎么做。石崇已经杀了三个美人了，第四个美人来敬酒时已经吓得浑身发抖了，王敦还是不喝。王导劝王敦把酒喝了，别为难别人，王敦就说："他杀他自己家的人，关你什么事啊！"

总制胡宗宪驻军在海上，看着大海波涛汹涌，感觉心胸开阔自在。一会儿云彩散尽，露出远处的山峦，他便皱眉头大叹道："宇宙限制了人的自由还不够，为什么还要用这些山峰来阻挠这万里波涛呢！"

三国魏人嵇康夜晚灯下弹琴，有一个人进了他的屋子，起初很小，越变越大，很快就长到一丈多高，颜色特黑，穿着单衣，系着草带，看起来已经不像人了。嵇康仔细看了这个不速之客许久，起身把灯吹了，说："我耻于跟鬼魅争亮光。"

范晔入狱时，以为自己会很快被处死，没想到皇上要彻底追查他的案子，一查就查了十几天，这让范晔生出了能活下来的念想。谢综与孔熙先也因为同一案子被下狱，便调侃范晔："范晔你敢在西池射堂上跃马扬鞭，自以为是一世英雄，难道也如此贪生怕死吗？"

李白登上华山落雁峰，感叹："此山最高，呼吸之间可以与上天相通，可惜没带着谢朓的惊人诗句来，只能搔首问青天了。"

澹台子羽带着价值千金的文璧渡河，波涛之神阳侯掀起滚滚波涛，让两条蛟龙夹住渡船。澹台子羽说："你们可以通过仁义求取，不可凭仗武力抢夺。"于是便挥剑斩杀了蛟龙。蛟龙死后，波涛平息，随后他便把文璧也投进了河中。

梁竦在京城长大，瞧不上自己的老家，他自认为才能不凡，只是生不逢时才如此郁郁不得志。他曾登高望远，叹息道："大丈夫在世，生就应该建功封侯，死就应当立庙祭祀。如果实在做不到，也可以闲居涵养心志，或者以诗书自我娱乐。如今这州郡的职务，真是劳心劳力。"

车骑将军祖逖横渡长江时，公私用度都很节俭，没什么贵重的服饰玩物。王导、庾亮等人一同到祖逖那里去做客时，很惊讶地发现他府里竟然皮袍重叠、珍宝罗列。大家都问祖逖这是怎么回事，祖逖说："昨天夜里又到南塘那边去走了一遭，就有这些喽。"（祖逖在过江时期常纵容军中士兵进行掠夺，当权者并不过问。）

荀济以勇气自负，常对别人说：“我要在盾牌上磨墨，好书写讨敌的檄文。”

王融路过名为朱雀航的浮桥时，听到有人在为过路的事争吵，便推着车壁说：“车里面哪能没有七尺男子汉，车前面哪能没有八人把路开！”

隋朝将领来护儿自幼卓异出众，当他读到“击鼓其堂，踊跃用兵”“羔裘豹饰，孔武有力”这些文字时，就抛开书本感叹：“大丈夫理当如此，要为国灭寇以成就功名，现在这样天天摆弄笔砚算是怎么回事儿啊！”

梁代的曹景宗对他的亲信说：“我以前在家乡时，肆无忌惮地骑着快马，拉开的弓弦能发出霹雳巨响，射出的箭会有破风的声音。我在平泽中追逐獐子，一箭射中它的肋骨，渴了饿了就把它当食物，那时觉得最美味不过如此了。奔驰起来的时候只觉得耳后生风、鼻中冒火，连生死都可以置之度外。但是现在来到扬州过贵族的生活了，连路上打开车幔看看风景，侍者们都说不行，这样闲坐在车中，就像新婚的媳妇，悒悒不乐，一丁点儿豪气都没有了。”

灌夫骂李贤说:“你平日诽谤程不识时贬得他一钱不值，如今却像个小娘子一样贴在他耳朵上低声细气。”

秦始皇出游会稽，渡过钱塘江时，队伍浩浩荡荡，项梁与项羽都看见了。项羽说:“我可以取而代之。”项梁赶紧捂住他的嘴责备道:“不要乱说话，要灭九族的！”

燕王慕容垂和众人商议讨伐西燕的计划，说:“我虽然老了，但敲敲锦囊的底子，还是有足够的智谋去灭掉它的。”

魏武帝说:“宁可我辜负天下人，也不让天下人辜负我。”

明太祖朱元璋某次祭祀历代帝王庙时，给各位帝王分别献上一杯酒之后，特地又给汉高祖增加了一杯，说:“只有我和你是不凭尺寸之地而得天下，特此增祭你一杯。”

杜伏威被陈稜的部将射中了额头，他愤怒地说:“不杀死那个射我的人，决不拔掉这支箭！”于是奋力冲击，杀入敌群，终于抓获了那个射箭的人。

祖逖横渡长江，至中游时望着江水慨叹："不收复中原，澄清敌患，我就不再渡江回来了！"

吕蒙随着姐夫邓当抗击贼寇时才十六岁，他大声叫骂着奋勇向前，邓当拦都拦不住。战胜归家后，吕蒙对母亲说："不探虎穴，焉得虎子？"

后唐庄宗李存勖判了刘守光死刑，刘守光临刑前痛哭流涕、不断哀求。他的两个妻子李氏、祝氏责备他说："都已经这样了，还有什么好活着的？妾先走一步了。"于是伸出脖子从容受杀。

邓文昌发家之后，用金莲杯盛水洗脚。有人劝他别这样，他说："人生就这么短短几十年，最重要的事应该是满足平生欠缺的东西。"

汉高祖曾游览咸阳，纵观秦始皇的宏伟建筑，喟然叹息道："大丈夫就应当是这个样子啊！"

张敬儿被任命为车骑将军后，王敬则曾戏称他为褚彦回。彦回是个文士，王敬则这是借他来戏弄张敬儿。张敬儿回应说："我是通过马背上得来的战功才当上官的，可不懂去做什么华林阁勋臣。”

陈蕃住的庭院荒芜肮脏，父亲的朋友薛勤前来看望他时，说：“你这孩子怎么也不打扫一下院子，接待个客人也方便呀！”陈蕃说：“大丈夫应当扫除天下，为何要去整理一间院子呢？”

明代宋澄春才高八斗，也爱喝酒，对当时的许多事情都不屑一顾。有一天，他心血来潮乘着醉意坐船游海，仰天而笑：“我七尺高的身躯，世间的平凡土地怎能是我的归宿，还是应该让大海来埋葬我。”于是一跃便跳入汹涌的波涛之中。

班超少时家中贫穷，常常靠替官家抄书来挣钱供养老母。他厌烦了长期这样劳心劳力，曾丢开毛笔说：“大丈夫没有别的志向才略，应当效法傅介子、张骞在境外异域建功封侯，怎能长久地守在笔砚之间呢！”身边的人都笑话他，班超却说：“也没指望你们这些小人物能理解这等壮志！”

马援率领军队回朝，快抵达目的地时，很多旧友都来迎接他。平陵人孟冀名是个胸有沟壑的人，在座位上祝贺马援。马援对他说：“我希望你说些有建设性的话，怎么反倒和众人一样呢？现今匈奴、乌桓还在侵扰我们的北部边疆，我打算自己主动请命，率兵讨伐他们。男子汉应当死于边疆原野，用战马的皮革裹着尸体还葬内地，而不是躺在床上儿女情长、虚度光阴呀！”

终军从济南出发去长安随博士求学，步行入关时，守关的官吏发给他一张通行证。终军问他：“要这个做什么？”官吏回答：“返回时，要用这个验证身份。”终军说：“大丈夫西游求学，永远都不回来了。”说完扔下通行证就走了。

西汉扬雄说：“雕虫篆刻这些琐事，有作为的男子汉是不屑于去做的。”

毛澄七岁时就擅于对对子，亲戚长辈中有些喜欢他的人会给他零用钱，他回家后就把钱扔在地上，说：“苏秦的六国相印我都看不上，更别说这些铜钱了。”当时人们都称他为奇才。

项羽小时候学认字学不好，放弃了；学剑术也学不好，也放弃了。叔叔项梁被他气得不行，项羽却说：“读书也就能记下自己的姓名，剑术也就能抵挡一个人，这些都不值得去学，我要学的是抵挡万人的本领。”项梁惊讶于他的志向，便来教他兵法。

项羽宴请刘邦，范增谋划着要杀沛公。在营帐外面等候的樊哙，感觉情况危急，拿着盾牌就冲进去了。进营帐时，卫兵们试图阻止樊哙，但是没拦住，樊哙冲进了营帐。项羽看着樊哙问这是谁，张良回答："是刘邦的参乘樊哙。"项羽说："是条汉子。"便赏给他一碗酒、一条猪腿。樊哙一边喝酒，一边用剑切肉吃。项羽问："还能再喝一碗吗？"樊哙回答："死都不怕，还会怕这一碗酒吗？"

项羽与刘邦对垒时，项羽派人给刘邦传话："就因为我们两个人之间的较量，天下都动荡了。我希望咱们能大战一场，决出胜负，不要连累得众人因为我们而疲于厮杀。"

第四章　狂语：有水分的豪语

古人说，狂人的话有时候圣人也会用的，圣人都用了，更何况别人了！所谓狂，就是把自己的虚空看成是丰满，把别人的高明看成是低下，觉得除了自己之外，没有其他能入眼的东西。狂人的心志可以与云霄比高、与大海比阔，却不知道但凡有虚假便有了要命的弱点。狂语也算是次一等的豪语，便列狂语为第四。

南朝袁嘏作诗水平一般，却总是自我感觉良好，他曾说："我的诗是有生命有灵性的，必须得让人抓住它，要不然就飞了。"

南齐黄门郎沈昭略是侍中沈文叔的儿子，性格狂放，肆无忌惮，经常借酒耍横，同僚们都对他能忍则忍、敬而远之。他曾在醉酒后拄拐到芜湖苑游玩，遇到了琅玡人王约，边打量边说："你是王约吗？怎么又肥又痴？"王约回嘴："你是沈昭略吗？怎么又瘦又狂？"沈昭略拍手大笑道："瘦总比肥好，狂总比痴强啊！"

北宋曾巩任中书舍人时，曾在尚书省总办公处汇报工作。当时的门下侍郎章惇对曾巩说："曾拜读过你的《贺明堂礼成表》，可称为天下奇作。"曾巩一句也没谦让，反倒又问："那和班固的《典引》相比又如何？"

王俭与王敬则同时被任命为三公。徐孝嗣在崇礼门等候王俭，一见面便恭祝他："今天真是两璧并连。"王俭说："没想到老子与韩非竟然写在了同一篇传记中。"

明代桑悦好说大话，常常评论古人高低，并以孟轲自比。何传问他如今翰林中谁的文章最好，他说："没有最好，只有更好，首席是桑悦，其次是祝允明，再其次是罗圮。"

桑悦被调到柳州任通判，他不想去。别人问他为什么，桑悦说："柳宗元这些年来独占了此州的最高声誉，我如果去了，肯定要刷新他的纪录，这怎么好意思呀！"

上饶娄谅路过姑苏时把船停在枫桥，写诗与唐人唱和，有“独起占星夜不眠”的诗句，他问旁人说：“我一动身，天象就应该有变化了，您能看到吗？”

明代袁宏道和陶望龄同游鉴湖，袁宏道对陶望龄说：“你狂放不如贺知章，饮酒不如贺知章，唯独眼光和他不相上下。”陶望龄问袁宏道此话怎讲，袁回答：“因为贺知章能识李白，而你能识我呀。”

晋代王濛与刘惔别后重逢，王濛对刘惔说：“你越来越长进了。”刘惔问：“你是仰头看的吗？”王濛不懂这是什么意思，刘惔解释：“如果不仰头的话，怎么能测量天的高度呢？”

中郎王坦之年轻时，江彪身为仆射，负责选拔官员，他想提升王坦之为尚书郎。有人把这个消息告诉了王坦之，王坦之说：“自从过江以来，尚书郎一直都是在用第二流人物，怎么能考虑用我呢？”

晋代桓温年轻时与殷浩齐名，常有心一决高下。桓温问：“殷浩怎么比得上我？”殷浩说：“我和我自己周旋得久了，还是做我自己吧。”

大司马桓温来到陪都建康，问刘真长："听说会稽王在谈论名理方面有很大长进，是真的么？"刘真长回答："确实如此，不过还是只能算二流人物而已。"桓温问："那第一流人物又是谁呢？"刘真长说："正是我辈。"

殷羡被任命为豫章太守，赴任前夕，京城人托他捎带了百十封书信。殷羡到了石头城，便把这些信全都扔进了江中，嘴里还念叨："该沉的沉，该浮的浮，我怎么能当送信的邮差呢？"

明代梁有誉向李攀龙推荐了一个士人，士人想讨好李攀龙，就说："我有长生术，愿传授给您。"李攀龙说："我的名号在天地之间只怕会长盛不衰，哪里还用得着长生！"士人羞惭无语。

郝公琰喜欢吟诗，每得一妙句，就跳起来欢呼，跟别人说："书上说周文王、周武王之后五百年出现了孔子，孔子之后五百年出现了孟轲。诗的规律也是这样，曹植、刘桢之后五百年出现了李白、杜甫，李杜之后五百年出现的，不就是我郝某吗？"袁中郎笑着对他说："可惜我不是李老君，做不到自己退隐而让孔子独自出名！"

张伯玉路过姑熟时，见到李白留下的题诗十首，赞叹了好久，周游于流泉山石之间。后来他见到了一泓清澈的泉水，询问当地的人，知道这叫明月泉。张伯玉说："李白没在这里题诗，估计就是要等我来题呢。"

明代徐渭在总制胡宗宪府上做幕僚。有一个将士患了疟疾，怕胡宗宪紧急练兵，便求徐渭去说情，好宽限几天。徐渭说："你找我就对了，找胡公估计是没用的。"他让将士赶快给他磨墨，取笔写下一首旧时的诗作交给他，说："你把这个随身揣好了，百鬼自然就不敢来了。"

晋代王濛仪表标致，玉树临风，他经常照着镜子，自言自语："我父亲王讷，怎么能生出这样一个儿子！"

东汉梁鸿是个孤儿，养成了孤僻内向的性格，不愿意和别人共桌吃饭。邻居把饭做好了，来叫梁鸿趁着热锅吃饭。梁鸿说："我不是爱趁人家热灶的人。"

王冕回到越地后常说天下要大乱。当时海内平安无事，有人便斥责王冕捏造谣言，王冕就说："造谣的人不是我，谁才是任意妄说呢！”

明人王世贞与李攀龙喝酒唠嗑时，常拿自己与古人相比。李攀龙对王世贞说：“天生神奇事物，必定成双，有孔子，就有左丘明呀。”王世贞瞪着眼睛一脸不赞同，李攀龙又说：“好吧，就有老子呀。”

南朝宋文帝刘义隆曾问颜延之：“爱卿诸子有何才能？”颜延之说：“颜竣学到了臣的笔，颜测学到了臣的文，颜臭学到了臣的义，颜跃学到了臣的酒。”何尚之嘲笑颜延之：“那谁学到了你的狂？”颜延之回答：“唯有狂不可学。”

袁淑看了谢庄的《赤鹦鹉赋》后感叹说：“江东如果没有我，你就是一枝独秀了。”

庾元规跟周伯仁说：“大家都将你与乐某相比。”周伯仁问：“哪个乐某？是说乐毅吗？”庾元规回答：“不是他，是晋尚书令乐广。”周伯仁说：“为什么要以无盐女来唐突西施呢！”

习凿齿曾到道安那里去高谈阔论，自我称赞说：“四海之内就我习凿齿。”道安回应：“满天之下就我释道安。”

明代宗臣恃才傲世，他曾对共事的人说：“朝廷如果没有我们这些文人，恐怕灵鸟不一定在岐山鸣叫，仁兽麒麟也会变为怪兽梼杌的。”

齐高帝曾与王僧虔赛书法，赛完后齐高帝问：“谁是第一？”王僧虔回答：“臣的书法在臣子中排第一，陛下的书法在帝王中排第一。”齐高帝笑着说：“你真是相当会说话。”

琅玡人王僧虔博通经史，擅长草隶。太祖曾问王僧虔：“我的书法和你相比怎么样？”王僧虔说：“臣的正楷第一，草书第三；陛下的草书第二，正楷第三。臣没有第二，陛下无第一。”皇上大笑道：“巧言善辩，这便是孔子说的‘如果天下太平，我就不会同你们一道从事改革了’。”

郝公琰才气过人，说话猖狂，曾对别人说：“我愤懑的时候，就读曹臣的诗，他的诗能让我心情变好；其次是读袁中道的诗；再次就是读我自己的诗了。除此之外，其他人的诗我读了反而会更加郁闷。”

慕容俨少年时见到潘乐，只是作个长揖就算行完礼了。有人劝他应该再谦恭一点，慕容俨袖子一甩说：“我如此相貌，只有别人来拜我，哪有我拜别人的道理？”

南齐刘祥刚强疏狂，轻言放肆。有一天他路遇司徒褚渊入朝，用腰扇遮阳。刘祥从褚渊身边经过时说：“你这样，羞于见人，以扇遮面有什么用？”褚渊皱眉：“你这寒士说话真难听。”刘祥又说：“我确实不是你，既然我不能像你一样杀了袁粲、刘秉，也就只能做寒士了！”

晋代谢朗嘱咐庾龢说：“大家晚上要来与你闲聊，你可要意志坚定、坚守阵地啊。”庾季说：“如果是王坦之来，我就偏师迎敌；如果是韩康伯来，我就渡河焚舟，决一死战。”

温彦博任吏部侍郎时，有个叫裴略的候补官员被久置不用，他向温彦博自荐，说自己擅长嘲讽。温彦博就让他嘲讽厅前丛竹，裴略说：“这竹子，冬天不肯凋零，夏天不肯炎热，肚皮里不能容国士，皮外又何必生枝节？”温彦博又让他嘲讽门内的屏墙，裴略说：“高低八九尺，东西六七步，突兀当厅而坐，常遮贤人之路。”温彦博说：“这话似乎伤害了我。”裴略回答：“这是扳您的肋骨，何止是伤您的胳膊（博、膊同音）！”温彦博很不好意思，就给了他一个官儿做。

明代李攀龙年轻时讨厌训诂学，所有作品都仿古文风，弄得大家都不太明白他是什么意思，就说李攀龙是一个狂生。李攀龙却说："我不狂谁狂？"

薛西原去参加科举考试时路过长湾，呵斥道："薛某来到这里，河伯怎么敢没有表示？"不一会儿，一条大鱼跳进了船内，薛西原把它剖开，邀请邻船的人一块儿来吃，说："薛某从不拒绝天赐福禄，并且和你们共享。"

王冕曾经在大雪中光着脚登上了潜岳峰，左顾右盼后，大声叫嚷到："白玉峰前渡仙客，合当没有陪伴人。"

桑民怿说："圣人之道，文王、武王传给了孔子，孔子之后便传给了我。"

郑翰卿在行海时见到一个老翁对着海自言自语："世间有什么东西能把你填平么？肯定没有。"郑翰卿从旁边拍着老人的背说："只有我将来的名声可以填平它了。"

明代沈明臣游金陵时，每天在胡姬的酒店里醉生梦死，他的只言片语一出口便被人们到处传诵。沈明臣曾对别人说：“我乃是天上的岁星。”

吴正子说：“郝公琰诗的枯淡，曹莨之诗的粗疏，就像是天的东南、地的西北。我与他们两位结交，就是在充当女娲石、精卫鸟呀。”

灵璧刘人龙性格豪迈，不愿意待在家里，常常带着钱四处游荡，不把钱花完就不回家，经常弄得连回家的盘缠都没有。妻子已经好几次带着钱到江淮一带去寻夫，无奈地对他说：“你被困异乡已经不是一次两次了，为什么非要这样折腾自己呢？”刘人龙说：“你看我，像是灵璧这个小庙能留得住的么？”

东晋丞相王导将头枕在周伯仁的膝上，指着他的肚子问：“你这里面都装着什么呢？”周伯仁回答说：“空洞无物，但是可以装下几百个你这样的人。”

郝公琰对吴正子说：“如今不仅惜才的人没了，就连忌才的人也没了。如果当代有曹操、杨广之辈，那我郝某的瘦脑袋，只怕早就成为草丛的尘土了。”吴正子笑着说：“如果有我和你同时遇到他们，一定能想出庇护你的办法。”

东晋孙绰写完《天台赋》后拿给范荣期看，说：“你把它撂在地上，肯定会发出金石之声。”范荣期说：“恐怕你的金石，不是音乐中的那种。”但是每当读到该赋中的佳句时，他便说：“这才是我辈语言。”

苗振以第四名被录取为进士，应召考试馆阁职务。有人劝他：“你应该多少准备一下。”苗振反问：“你听说过有人当了三十年的母亲，还会把孩子倒着卷入襁褓的吗？”

南齐张融任中书郎时曾感叹说：“不遗憾我见不到古人，只遗憾古人见不到我。”张融擅长草隶，齐太祖曾经对他说：“你的书法很有骨力，只可惜没有二王的法度。”张融说：“不只要遗憾我没有二王的法度，也该遗憾二王没有我的法度。”

北宋米芾初次觐见宋徽宗时，宋徽宗让他将《尚书》中的《周官篇》书写在御屏风上。写完后，米芾将笔扔在地上，大声说：“尽洗二王恶书，照耀皇宋万古。”徽宗本来是隐身于屏风后，听到此语，不由地走出来观看。

明嘉靖年间，会稽人徐渭做胡宗宪的幕僚，很受器重。胡宗宪对徐渭说："您是文士，没有我您不能荣耀显达。"徐渭说："您是英雄，没有我您不能名扬后世。"又说："您给我的好处只在一时，我回报您的好处在万世呢。"徐渭不愧为德行兼备的人！

桑民怿参加完会试后，自我感觉良好地认为必定会考中，便在考卷的最后面画了一只站船，然后敲着桌子说："这回肯定可以坐官船了。"没想到却因为违反考试规矩而落榜了。

第五章　傲语：过犹不及的高远志向

《周易》中讲，不事王侯，志向高远，就是高傲了。高傲的人不臣服天子，不结交诸侯。即使是九州之主也不能让一个高傲的人屈服，就更不用说别的人了。高傲并不是一种完美的德行，至少圣人就不推崇高傲。但如果一定要在高傲和谄媚中取舍的话，那肯定是要选择高傲的，高傲属于哪个阵营的德行便一目了然了。列傲语为第五。

宗测世代居住在江陵，坚决不出仕。骠骑将军豫章王萧嶷想请他去做参军，他说："你们怎么能错伤海中的野鸟、乱砍山中的树木呢？"

侍郎孔拯担任拾遗补阙的时候，一次上朝回来赶上下雨，他没带雨具，便在别人家的屋檐下躲雨。都已经过了晌午，雨却越下越大，孔拯没办法就向这家的一个老汉借雨具，老汉说：

“我闲居在家，不管外面的事，再说没有经历过寒暑风雨，要这些东西又有什么用呢？”

明代隐士九山散樵畅游各地，逍遥自在。遇到山美水美的地方，就很随意地席地而坐；四面没人时便高声长啸，声动树梢。有客人登门拜访，坐在床边和他说话，他却说：“我正在梦境中与伏羲氏交流，暂时没空儿理会你。”客人是走是留，他都不放在心上。

大司徒侯霸与严光是老朋友，侯霸想请严光来府上做客，就派了兵部官员侯子道带着请柬去拜访严光。严光没有起身，依然盘腿抱膝坐在床上，看过请柬后便问侯子道：“你家大人一向脑袋不灵光，现在位极人臣了，好一点了么？”侯子道说：“都已经到三公的位置了，怎么能说脑袋不灵光呢？”严光又问：“侯霸让你来干什么？”侯子道便转告了侯霸的话。严光便说：“还说他灵光，灵光的话能办出这事来么？皇上请我多次我都不去，更何况是臣子呢？”

南阳宗世林与魏武帝曹操同一时代，因为看不上曹操的为人而不与他结交。后来曹操做了司空，总揽朝政，便从容地问宗世林道：“现在可以交个朋友了吗？”宗世林回答：“我的松柏之志仍然不变。”

晋代孙楚在骠骑将军石苞那里担任参军之职，孙楚恃才傲物，刚到任时也不行跪拜礼，只是拱手作揖说：“天子令我来参与您的军中事务。”

王廷陈虽然由翰林庶吉士被贬为裕州知州，却仍然十分孤傲。有中央官员从裕州地界经过，王廷陈既不外出迎接，也不假称有病。有人劝他别这样做，王廷陈生气地说：“我给他作揖我会羞死，他接受我作揖他能惭愧死，你竟然怂恿我去因为一句话而伤两条命，安的是什么心啊！”且终其一生，都不与此人来往了。

贯休和尚是婺州兰溪人。当时钱镠称王，国号“吴越”，贯休拿自己的诗去投献钱镠，其中有“满堂花醉三千客，一剑霜寒十四州”的句子。钱镠说只有把“十四州”改为“四十州”，才肯见他。贯休便说：“州难添，诗难改。我本是闲云野鹤，哪里的天空不能飞？”于是便离开那里，到了蜀中。

东晋王徽之担任车骑参军时，桓温对他说：“你在军府已经很长时间了，近日里应当料理一些事务了。”王徽之起初不答话，一直抬头仰望，接着用手扳住脸，说："西山今天早晨的气候很是清爽啊。"

晋代陈逵在江北驻守，京城一些名士联名邀请他到牛渚山小聚。陈逵的玄理谈得很好，大家就想和他辩论，合力驳倒他。陈逵用如意抵住脸，望着鸡笼山叹息："孙策的壮志大业都未能实现啊！"因此大家坐到散场时也没能谈成玄理。

早先时钟毓兄弟想与夏侯玄结交，但夏侯玄觉得钟毓兄弟与自己道不同不相为谋。后来夏侯玄被监禁，身带镣铐，正好当时钟毓任廷尉，钟便找了个机会去接近夏侯玄。夏侯玄说："我虽然是受过刑的人，但也还是不敢听从您的指示。"

戴安道年轻的时候就很有名。武陵王司马晞听说他善于弹琴，便派人去召见他。戴安道便当着使者的面把琴打坏，说："戴安道怎能做王侯的乐工？"

卞士蔚二十岁时做上虞县令，性格刚强。会稽太守孟颤以长官的权势压制他，卞士蔚与他的积怨越来越深，忍无可忍时，便摘掉乌纱帽扔到了地上，说："就是因为这顶乌纱帽，我才在这受你的气，现在我把它扔掉了。"说完拂衣而去。

晋代郭瑀年轻时就表现出超俗的风度。前凉王张天锡派使者带着礼物去请他出仕，郭元瑜指着天上的大雁对使者说："这鸟怎么能被关在笼子里呢？"

一天夜里，王孟端在水上泛舟，听到有清亮的箫声，便划船靠近，乘兴画了一幅竹石图赠给了吹箫人。第二天吹箫人带着钱来访，想让王孟端再给画一幅与竹石图相配的画。王孟端说："我昨天不过是画了对你箫声的感觉，你还是别太贪心了。"

孙太初寄居在杭州，明代宰相费宏告老还乡时曾前去探访他，正赶上他大白天睡觉。孙太初磨蹭了很长时间才起身出来，而且连一句抱歉的话都没有说。等到送客至门外的时候，也只是抬头望着东方说："海上碧云涌起，一直接到赤城，神奇，神奇呀！"费宏出门后对驾车的人说："我从来都没见过这种人。"

山人卢柟曾被囚禁在浚县监狱，期间，滑县县令张肖甫经常来看他。由于锁链镣铐的长期禁锢，即便出了狱，卢柟的手脚仍然不能自由伸展。后来，卢柟前往滑县厅堂向张肖甫叩头致谢，张肖甫赶紧把他带到后堂，随从将卢柟的座位放在了侧面，卢柟却不坐，而是对张肖甫说："曾经我是囚犯，应当趴在台阶前；现在我是客人，应当坐在上座。"于是便自行上前占住了上座。

明代李中被贬为主管交通的驿丞，上级官员路过他的辖地时，他只是拱手作了个揖。当年和他同科的进士、如今任职代理巡按使的同学邀请他小聚，给他安排了侧面的座位。李中说："按驿丞的身份，不敢和您同坐；以同学的情分，不敢坐在侧面。"说完就潇洒地离开了。

陶渊明任彭泽县令时，郡里派了一个督邮来，县吏对他说："按礼数应该整装拜见。"陶渊明说："我不能为了五斗米的俸禄，卑躬屈膝地去侍奉一个乡下小子。"说完就解下官印一走了之。

申屠蟠为人高傲，擅长谈论玄理，很少遇到敌手，只有一个江南的书生可以和他过几招。临别的时候，书生拉着申屠蟠的手说："以您的才能，肯定不是被高官聘请，就是被朝廷征召，估计不久的将来，我们就可以在京城见面了。"申屠蟠勃然大怒，黑着脸说："亏我还把你当成了可以交心的人，哪想到你却是个教我贪图富贵的人啊？"

吴子正贫困潦倒，住在一间简陋的房子里，门前有流水环绕，过河时可以架一根木头当桥，吴子正每次跨河后就把木头抽掉。有人问他为什么这样做，他笑着说：“这么简陋的东西，我是怕富贵的人踩上去它会禁不住。”

第六章　冷语：意蕴在深处的冷笑话

冷是暖的反义词。春风到了天就暖了，天暖了花儿就开了，颜色漂亮、气味芬芳，有眼睛有鼻子的人，都能看到嗅到；天冷了就只能看到花苞了，色彩芳香虽然都在，但即便是眼睛明亮、鼻子灵敏的人，也有可能感觉不到。大概，冷包含了含蓄隐藏的意思吧。所以水冷会结冰，云冷会凝滞，结冰和凝滞都是含蓄隐藏的意思。列冷语为第六。

王安石和苏轼两个人又打起嘴仗来了。王安石认为扬子云跳阁自杀的事儿是史臣的乱写，根本就没有的事儿，《剧秦美新》这篇文章纯粹是后人的诬陷。苏轼应和说："嗯，我也怀疑一件事儿。"王安石问是哪件，苏轼回答："我是不确定西汉是否真有扬子云这个人。"听到的人都掩口而笑。

杭州的张卿子有《野花》诗十首，写得很好，盛传一时，人们称誉他为“张野花”。张子卿身体不好，足不出户是常事儿，长久下来人变得又黄又瘦。有个见到他这样子的故人调侃道：“他现在应该是‘野花张’了。”

唐朝中书令王铎是一介书生，性格懦弱。他曾被派去镇守江陵，担任南面行营招讨都统，抵御黄巢势力。他带着自己的爱妾前去赴任，忽然有手下报告，他那善妒的妻子已经离开京城，沿路追赶他了。王铎问属下说：“黄巢军从南面杀来，夫人现在又从北面追赶，现在这种情况，怎么办才好？”幕僚建议说：“干脆您投降黄巢吧。”

宰相王玙喜欢给别人写神道碑、墓志铭。有前来送润笔费的人错敲了隔壁右丞相王维的门，王维就说：“大作家住那边。”

桓玄要征讨殷仲堪，路过庐山时顺便去拜访远公，谈及征讨这件事，远公不搭腔。桓玄又问远公有什么要对自己说的，远公回答：“希望施主您安康，希望殷施主处也没有别的事端。”桓玄出山后，对属下说，真是从来没有遇见过这样的人。

孔奋做姑臧县长官的时候，作风清廉，给下属造成了很大压力，谁都不敢轻举妄动。有人讥讽他，孔奋就回应说：“我只是身处脂膏之中，不会滋润自己。”

王羲之年轻时得过一种重病，每一二年就发作一次。有一次，他在写酬答许椽的诗时忽然旧疾复发，迷糊中写出二十个字：“取欢仁智乐，寄畅山水阴。清泠涧下濑，历落松竹林。”王羲之清醒过来后，身边的人将这首诗念给他，王羲之听完之后感叹说：“癞（和濑同音）跟高尚的品德有什么关系呢？”

苏轼在惠州时，到处都谣传他已经死了。七年之后，苏轼又返回北方，正赶上当时的丞相章惇被贬官到雷州。苏轼归途中和南昌太守叶祖洽相见，叶祖洽问他：“大家都说先生已经去世了，没想到您还在游戏人间呢。”苏轼开玩笑说：“那是因为我在去阴间的路上遇见了章惇，于是就又回来了。”

康公韩绛退休后，从颍州回到京城，在上元节正月十五和十六日时设家宴，请来了属从官吏九人，这些人都曾经是韩绛的门生和旧属，无一不是当时的名流，如傅钦之、胡完夫、钱穆父、苏东坡、刘贡父、顾子敦等等，都在场。他安排了家中的十几个歌姬出来表演。宴会间有个他近来最宠爱的鲁生，舞罢以后，被游蜂蜇了一下，韩绛很不高兴。过了好一阵儿，又把鲁生叫出来，让她拿一柄白团扇请东坡题诗。东坡写了一首绝句:“窗摇细浪鱼吹日，舞罢花枝蜂绕衣。不觉南风吹酒醒，空教明月照人归。”上句写的是鲁生的姓，下句写的是鲁生的事。韩绛看了之后大笑出声，东坡说:“只怕其他姬妾会不依啊。”

苏轼和司马光在论事时意见不合，苏轼说:“你这种说法是等于老鳖乱踢呀！”司马光不解，问:“老鳖怎么能乱踢？”苏轼回答:“就是因为不能，所以才叫老鳖乱踢呀。”

苏轼和章惇同游南山的几个寺院。传说寺中有山魈为害，客人都不敢夜宿寺中，章惇却敢独自住在里面，也不见山魈出来。俩人又到达仙游潭，下临绝壁，两岸极窄，横着一根独木桥。章惇推苏轼过桥到对面壁上去题字，苏轼不敢去。章惇便自己迈着平缓的步子过了桥，并用一条绳索系在树上，踩着上下移动，面不改色。他用笔蘸满墨漆在石壁上大字书写道:“章惇、苏轼来游。”事后，苏轼拍着章惇的背说:“你肯定能杀人。”章惇不解，苏轼解释说:“能豁出自己命的人，也是能杀人的。”

宰相杨再思早晨上朝时，正遇上一辆严重超载的车要驶出西门。路很滑，车太重，拉车的牛走不动，驾车的人骂道:“一群蠢宰相，不能调阴阳，让我这么费劲地在泥道上挣扎。”杨再思听到了车夫的抱怨，缓缓对他说：“你的牛已经弱成这样了，没什么好怪宰相的。”

范纯仁被宰相章惇贬到永州做官，其夫人一遇到不如意的事，就骂章惇。他们船过橘州时遇到了大风雨，被冲破了，勉强开到岸边。儿子范正平拿着雨具，范纯仁背着夫人登岸，找了个百姓家借宿烘衣服。范纯仁看着夫人问：“难道这也是章惇干的么？”

谢灵运小的时候便被看出有大才，祖父车骑将军谢玄认为他诗奇文美，对亲朋好友说：“我都能有不才子谢瑍，谢瑍当然也能有天才子灵运了！”

宋真宗东封泰山之后，访求天下隐士，寻到了杞人杨朴。皇上问他：“有人作诗送给你么？”杨朴说：“臣的妻子有一首，诗中说‘更休落魄耽杯酒，再莫猖狂爱作诗。今日捉将官里去，这回断送老头皮’。”皇上一听，就把他放回去了。苏轼在湖州作诗，被御史台检举内容敏感，皇上下令将他逮捕，妻子见苏轼被抓，急得都哭了，苏轼也想不到什么可以安慰妻儿，便回头看着他们说：“你们怎么不能像杨朴的妻子那样，作一首诗送给我呢？”苏轼的妻儿听了，忍不住笑起来。

苏轼从南海回北方时路过惠州。知州是他的老朋友，到郊外去迎他，聊天中问起南海的风土人情如何。苏轼说："风土极好，人情不坏，我刚离开昌化时，有十几位父老带着酒菜，一直将我送上船，还流着眼泪与我拉手告别，嘴里说：'这次翰林学士离开，不知道什么时候才能再相见？'"

欧阳季默曾经问苏轼："黄庭坚的诗好在哪里？"苏轼只是极力称赞，也不说具体哪里好。欧阳季默又说："难道像'卧听疏疏还密密，晓看整整复斜斜'，这样就好吗？"苏轼回应："没错，正是出色之处。"

万历四十二年春，张卿子去看望新都的黄玄龙，他们相约在石岭看梨花，花已经落了一半。黄玄龙说："春天都快过了，你要是早点过来就好了。"张卿子说："我就是喜欢这种凄凉情味。"

明代汪道昆的书架上有数万卷书籍，一位客人围着书架看了好久，问他："这么多书，你都读过一遍吗？"汪道坤说："汉高祖当年夺取天下，所关注的也只在关中罢了。"

宋世祖来到殷贵妃的墓前，对羊志等人说："能为贵妃极致痛哭的，我会厚赏。”羊志当下便呜咽哭泣，悲伤欲绝。后来有人问羊志：“你是怎么做到一下子涌出那么多眼泪的？”羊志回答：“我只是哭我去世的妻子罢了。”

唐代杜甫在《宿龙门》一诗中说：“天阙象纬逼。”北宋王安石把“阙”字改为“阅”字，黄庭坚在别人面前极力称赞王安石改得很对。刘攽听到后笑着说：“恐怕是他不敢不说改得对。”

黄庭坚写了些关于男女情爱的艳诗，大家争相传诵。法秀和尚板着脸斥责他说：“你怎么能将如此优美的笔墨甘心用在这些地方？”黄庭坚笑着回答：“我可不是李公麟，您难道也要把我放进马的肚子里么？”

张宁年迈时仍然无子，在家庙里祈祷时说：“难道是我在无意中做了什么坏事，所以要给祖先带来这样的耻辱？”身旁的一个小妾接嘴说：“耽误了我们，可不就是伤了阴德嘛。”

依照明朝的规矩，六科给事中与各道监察御史都一律乘车，不能坐轿。王化巡察浙江时有个举人前来拜见，王化问他：“你是从什么时候开始做官的？”举人徐徐回答：“就是大人您坐轿的那一年。”

陆树声告老还乡，各位大员相约前来送行，李巳、赵锦都在座。赵锦说："陆大人，您让天下人知道朝廷还有不爱爵禄的大臣啊。"李巳则对陆树声说："您的病好了吗？"

有一个进士开玩笑地坐在明代内阁大学士夏原吉的轿子里，被人举报给了夏原吉，夏原吉说："有志向。"告状的人羞惭地掩面而去。

洪武年间，京城的城墙修葺完毕，明太祖朱元璋问刘伯温说："这么高的城墙，谁能越过它？"刘伯温回答："人估计是不行，除非是燕子。"

东晋丞相王导晚年不再经管政务，只管签字画押，感叹道："有人说我糊涂，但后人会想念这种糊涂的。"

松江的进士张某眉目如画，途经吴门时顺便去拜访范学宪，范长得奇丑。二人一同走在苏州阊门的街道上，小孩子们都围过来看热闹。张某对范学宪说："他们都是来看我的。"范学宪说："不，估计都是来看我的。"

会稽张状元的四五个孙子都不爱喝酒而爱吃菜，每逢宴席，众多双筷子一起伸出，不吃干净不停手。沈曼长说："张家的几个孩子真是奇怪！碰上菜，不论好坏只是吃，遇到酒，不管好坏只是不吃。"

东晋谢安问王献之："你的书法和令尊相比怎么样？"王献之回答说："自然是不同的。"谢安说："可是外人不是这样说的。"王献之回答："外人哪会知道呢！"

殷觊病得很重，连动一动的力气都没有了，看人只能看到半边脸。他的堂弟荆州刺史殷仲堪要起兵反抗朝廷，临行前流泪和殷觊告别，问殷觊还有什么不放心的事情。殷觊欲言又止，感叹："你不用担心我，我的病会好的。"

东晋王徽之在车骑将军桓冲手下任骑兵参军。桓冲问他："你在哪个官署？"王徽之回答："我也不知道是哪个，不过经常见有人牵马过来，似乎是马曹吧。"

苍梧太守张镇是张凭的祖父，他曾对张凭的父亲说："我不如你呀。"张凭的父亲不明白这是什么意思，张镇接着说："因为你有个好儿子。"

枢密直学士张逸在成都任益州知州，文鉴和尚来请他作诗，正巧华阳主簿张唐辅也同在张逸的府上做客。张唐辅想挠一下头，脱下乌巾后斜着看了文鉴和尚一眼，便把乌巾放在他的头上。文鉴和尚很生气，跟张逸告状。张逸问张唐辅是怎么回事，唐辅说："我正头痒，想取了头巾挠挠头，可是头巾没地方放，又见法师的头闲着，就想暂时放一会儿，没想到他会生这么大气呀。"张逸听了大笑起来。

胡九韶家贫，即便拼命种地也仅够得上穿衣吃饭。他每日向苍天作揖，说："感谢您赐给我清福。"他的妻子笑他："一日三餐苦菜淡汤，这就是清福吗？"胡九韶赶紧阻止妻子，说："清福正在这其中，上天很珍惜这个秘密，不要轻易告诉别人。"又对孩子说："你也一定要把这个秘密传承下去。"

王寅年轻时喜欢汉代张良的谋策，所以给自己取字为仲房。后来有人举荐他到军中出谋划策，王寅说："时机来得太晚了，不妨为我也寻找一个赤松子（张良晚年结交的仙人）吧。"

明代画家张灵喜欢饮酒，恃才傲物。有人去拜访张灵，他正坐在豆棚下面自斟自酌，连眼睛也不抬。来客被气走了，去了唐寅那里，对唐寅抱怨张灵的行为。唐寅笑着说："你这是在讥讽我呀。"

三国时期的司马徽为人谨慎，常缄口不言，别人以某人某事征求他的意见时，他总是不加分辨地只说好，妻子劝他说："人们找你询疑问难，你应该给点儿意见，你这样一概说好的答案，难道是别人咨询你的本意吗？"司马徽点头说："你说的这些也很好。"

方逊志卧病在床，家里已经没了粮食，仆人多次告知方逊志，他笑着说："古时有人一个月吃九顿饭，缸里还没有余粮，如果这样的话我就替你发愁了。"仆人说："主人也得挨饿，不是只有我呀。"方逊志便说："我是觉得你这样反反复复地说，好累呀。"

东晋谢安的刘夫人张设帷幕，让丫鬟们在前面表演歌舞，只让谢安观看了一小会儿就命人拉下了帷幕。谢安让下人们把帷幕重新拉开，夫人说："老爷这怕是有损您的美好德行吧。"

李元忠身居要职，却将心思都放在饮酒快活上，不把工作放在心里。当时朝廷想任命他做仆射，有人以他常醉酒为由谏阻。李元忠的儿子李操听说之后就劝父亲少喝酒，李元忠说：“我认为做仆射还不如喝酒快活；是你喜欢做仆射吧，所以劝我戒酒。”

南朝梁人张率爱喝酒，性旷达。他在做新安太守时派仆人运了三千斛米回东吴，到达目的地后米少了一大半。张率问为什么会这样，仆人回答：“这都是被麻雀和老鼠吃掉的米。”张率感叹：“好大的麻雀和老鼠啊！”

东晋温峤爱信口胡诌，尚书令卞壶则以礼克己。两人曾在庾亮那里打起激烈的嘴仗。温峤说话粗俗污秽，庾亮悠悠地说：“卞壶一整天也没有说一句粗鄙的话。”

宰相宋郊身居政府衙门，上元节夜里在书院内读《周易》，有下人禀告，弟弟龙图阁学士宋祁点花灯、玩歌伎，通宵达旦。第二天，宋郊让自己的亲信去给宋祁传话，说：“相公听说学士昨夜掌灯夜宴、穷奢极侈，不知道还记不记得某年的上元节，我们同在某州学内吃腌菜喝稀饭的日子？”宋祁笑着说：“你再帮我传话给我哥，不知道我们某年同在某处吃腌菜喝稀饭，为的是什么？”

北宋司马光屡次弹劾王广渊，奏章上了八九道，退朝后还留下，请求杀王广渊以谢天下，声势震动朝廷。当时滕元发担任起居注一职，侍立在旁边。滕元发回家后，王广渊便来询问："听说早晨司马光上殿请求杀我以谢天下，不知道皇上是怎么说的？"滕元发说："我只听到皇上说：'按你说的办吧。'"

杨大年与梁周翰、朱昂同在翰林院为学士，杨大年不到三十，而梁周翰、朱昂两个人的年纪都已经很大了。杨大年经常嘲笑他们，称他们为梁翁、朱翁。有一天，梁周翰对杨大年说："老迈也要留给你的。"朱昂在后面连忙摆手说："别给他！别给他！"

东汉严光隐居在富春山，大司徒侯霸派使者给他送信，使者要严光写回信。严光说："我的手写不了字。"就自己口述，让使者记录。使者嫌严光的话太少，让他再多说几句。严光就问："你这是买菜吗？还讨价还价！"

米芾任无为知州时看到州府衙门里立了一块很奇特的碑，就让人取来官服笏板拜碑，称他为"石丈"。谏官们听说此事后便上书批驳米芾，朝廷中也将此事传为笑谈。有人问米芾："真有这回事吗？"米芾慢悠悠地说："我哪里拜过，只是给他作个揖罢了。”

上虞江中有个地方叫三石头，王弘之常常在这里钓鱼。路过的人不认识他，还有人上前问：“师傅，您钓的鱼卖不卖？”王弘之说：“我还没钓着呢，不过钓着也不卖。”

谢凤的儿子名叫谢超宗，谢庄的儿子名叫谢朏。南朝宋明帝召见谢超宗和谢朏，让他们从凤庄门进宫。谢超宗说：“这是皇上的命令。”抬脚便快步走了进去。谢朏说：“君待臣也要合礼仪。”坚持不进去。

唐太宗征辽东时制造了飞梯攻城，招募了一个兵士充当登梯先锋。城墙内羽箭和石块像雨点般袭来，登梯先锋第一个登上了城头。英国公李勣指着这个先锋问中书舍人许敬宗：“这个人是不是很勇健？”许敬宗回答：“不是勇健的原因，主要是没考虑清楚。”太宗知道后就要治许敬宗的罪。

阮孝绪的住处以一个鹿床作为书房，四周有竹子树木环绕。任昉想去阮孝绪那里去找哥哥任履之，但不敢进去，只是看着那里感叹说：“他的房子看着离得很近，他这个人却感觉离得很远。”

宋孝宗隆兴初年，有个叫胡昉的人荒诞夸张，好说大话，却被朝廷的当权者认为是天下奇才，竭力加以引荐，几年的工夫便做到了两浙的转运使。一天，他对在座的客人们说："朝廷的官爵，是用来买我们的脑袋的，你说可怕不可怕？"闻人伯卿当时坐在最靠边的座位上，只见他小步走到胡昉面前说："也有用来买空话的。"胡昉听了便沉默了。

冯具区的胡须出得晚而白得早，有人问他："您的胡须几年变白的？"冯具区用手捋着胡须，想了好久才说："好像不曾与黑色打过交道。"

冯道、和凝同在中书省任职。有一天，和凝问冯道："你的靴子新买的吧，多少钱？"冯道抬起左脚指给和凝看，说："九百。"和凝性情急躁，马上扭头质问小吏："为什么我的靴子花了一千八？"小吏当即便挨了一顿训骂。过了好一会儿，冯道又慢慢抬起右脚说："这一只也是九百。"

崔膺任性疏狂，张建封爱他的文章，便把他引为门客。崔膺跟随张建封巡视军营时在夜里大叫起来，惊动了军队。军士们都愤怒无比，恨不得要吃他的肉，张建封把他藏了起来。第二天的宴会上，监军对张建封说：“我要和尚书您定个契约，彼此不违犯。”张建封同意了，监军又说：“我有个请求，让我处置崔膺吧。”张建封说：“照契约办吧。”过了一会儿，张建封又说：“我也有个请求，让我处置崔膺吧。”座中众人大笑，崔膺得以免祸。

王仲舒在朝中任郎官，他与马逢关系不错，就经常训马逢说：“你都穷成这样了，为什么就不能找个给人写碑志的活儿补贴一下生活呢？”马逢说：“刚才看见有个人骑着马去叫医生了，我想我可以等着给他写碑志了。”

朱异不仅将“五经”给研究透了，还广泛涉猎过文史、博戏、下棋、书法、计算等科目，这些都是他擅长的。二十岁时，朱异来到京城，沈约曾开玩笑地对他说：“你还这么年轻，怎么就这样不廉洁啦？”

赵宗儒任太常卿，主管皇帝郊庙祭祀的礼仪。他罢相已经三十多年，如今都七十六岁了，众人都说他依然精干健康。有位叫李益的常侍，在旁边说：“赵宗儒是我做扬州刺史时选送的进士。”

崔铣自南京国子监祭酒罢官回家时，行李中没有一件江南的东西。他对别人说："人们都说祭酒的职位是'金'，照我说祭酒的职位像'玉'呀。"

徐献忠只要见到诗文卓越的人，便说："这人肚里有灵丹。"

罗汝鹏的胡须特别多，而且未老先白。有一天他到一个人家里去吊丧，主持丧事的人问他："你才这个年纪，怎么胡须就已经白了？"罗汝鹏回答："因为今天来这里，所以不能不白。"

唐朝的姚南仲在陕县郊区考察，有个名叫李过庭的客人来投了张名片。姚南仲说："过庭这个名字很新鲜，不知道是谁家的公子？"姚岘沉思了一会儿，说："'鲤趋而过庭'，他恐怕是李趋的儿子。"

唐中宗神龙年间窦怀贞做京兆尹，当时政令不一，出自多门，京尉由皇帝直接提拔进入内阁的多得都数不清。有人对窦怀贞说："县官一个接一个地进了内阁，那县里那么多事还有谁能办？"窦怀贞说："比以往办得更好。"再问窦怀贞是什么缘故，窦怀贞说："好的县官总是还在那里。"

张华见过褚陶以后，跟平原内史陆机说："你们兄弟如飞龙在银河腾跃，顾荣如凤凰向着太阳长鸣，我本以为东南的珍宝我已经全部见到了，没想到又遇见了褚陶。"陆机说："这是因为您没看到不鸣不跃的人物罢了。"

苏轼有次在扬州宴客，米芾也在座。酒席间，米芾忽然站起来说："世上的人都说我米芾癫狂，我想听听苏相公的意见。"苏轼笑着说："我随大流。"

陆远是进士陆大成的远房堂叔，陆大成在南京乡试时考中举人，很有声望，陆远却常常在别人面前喊他"大成侄子"，人们都觉得这样不妥，把它作为话柄。当时弇州山人王世贞也在座，说道："的确是'远阿叔'（远既指陆远，又指远房）啊。"

因为苏轼不能喝酒，所以潘长官宴请苏轼时便拿甜酒招待他，苏轼笑着说："这一定是煮错了的水。"

第七章　谐语：看古人如何插科打诨

诸语类的次序，除了慧、名、豪、狂、傲五种之外，其他的很难用一种标准来给它们排位了。比如说“冷”语，凭什么排在众语之前呢？其实只是根据语句的有趣无趣，顺手抄录下来罢了。就像之后的谐语、谑语、讽语、讥语，其实都是大同而小异，但是又必须要有一个先后顺序，就把谐语列为第七了。

龙图阁直学士刘烨曾经和翰林学士刘筠聚会饮茶，他问侍候的人：“水滚了没有？”左右都回答说：“已滚。”刘筠说：“佥曰鲧哉！”（原意是：都说让鲧去吧。鲧音同滚。语出《尚书·尧典》。）刘烨应声道：“吾与点也。”（原意是：我同意曾点的话。“与点”借谐音用为“与你沏茶”之意。语出《论语·先进》。）

苏轼不擅饮酒，但他做杭州通判时，部里派来的官员都因仰慕苏轼的才名，频繁地邀他聚会，苏轼疲于应酬，于是把杭州通判视为“酒食地狱”。后来袁毂做杭州通判时正巧和郡里的军将合不来，各个部门也就渐渐疏远了。袁毂对他的亲信说：“‘酒食地狱’，现在也放空了。”

北宋刘攽设宴请客，苏轼有事想先走，刘攽就拿三种果名、一种药名调侃他：“幸早里，且从容。”（三果为杏、枣、李，一药为苁蓉。）苏轼回答道：“奈这事，须当归。”（三果为柰、柘、柿，一药为当归。）

汉武帝游上林苑时见到了一棵好树，就问东方朔是什么树，东方朔说：“它的名字叫‘善哉’。”汉武帝暗中让人记下了这个名字。几年后他再次问东方朔这种树的名字时，东方朔却说：“叫‘瞿所’。”汉武帝说：“你竟欺骗了我这么久。之前你可不是这么跟我说的，我听听你怎么解释？”东方朔说：“大的叫马，小的叫驹；长成叫鸡，幼时叫雏；大的叫牛，小的叫犊；人初生时叫小儿，年长时为老人。这棵树从前是‘善哉’，现在是‘瞿所’，老少死生，万物成败，哪有什么是一定的？”武帝听了大笑。

吴郡张融，字思光，是长史张畅的儿子。他曾去太极西堂拜见南朝齐高帝萧道成，用了好久才到达。皇上笑问："怎么来得这么慢？"张融回答："从地下升到天上，自然是快不了的。"

王俭曾经召集有才的文人列举典故，并按一定的主题相连属，这就是"丽事"的开端。各位来客都被难住了，只有庐江的何宪表现得好，王俭便赏给了他五色竹席和白团扇。何宪坐在竹席上，手拿白团扇，得意得要命。秣陵人王摛来得特别晚，但却迅速地完成了题目，不仅用典好，文辞也好。王摛让随从们从王俭那儿抽掉竹席、夺过团扇，然后就上车走了。王俭笑着说："这就是所谓的大力士背起来就跑了。"在座的文士听后大笑。

北魏高祖给四个儿子分别取名为恂、愉、悦、怿，崔光给三个儿子分别取名为励、勖、勉。高祖对崔光说："我儿子的名字旁边都有个'心'字，你儿子的名字旁边都有个'力'字。"崔光说："这就是所谓的'君子劳心，小人劳力'。"

礼部尚书范阳人卢恺兼任吏部尚书，选用达野客师做兰州总管。达野客师推辞说："我犯了什么错，你要派我去和突厥做隔墙邻居？"卢恺问："突厥哪里有什么墙呀？"达野客师回答："肉为酥，水为浆，穹庐为帐，毡为墙。"

北齐王元景有一次喝得酩酊大醉，杨愔问他："你怎么这么忽高忽低呀？"王元景回答："黍子熟了头就低，麦子熟了头就高，我这里黍子麦子都有，所以就忽高忽低了。"

张亢幽默滑稽，才思敏捷，有次他和一个门客聊天，张亢问门客："最近写赋了吗？"门客答："写了一篇《坤厚载物赋》。"并诵读出开头部分说："粤有大德，其名曰坤。"张亢对答："我再续上两句，这赋可以转赠给和尚（坤、髡同音，以髡戏称和尚）了。'非讲经之座主，是传法之沙门。'"

曹琰做郎中时，曾经有个和尚给他呈送诗卷。曹琰看到他的第一篇《登润州甘露阁》中有"下观扬子小"，曹琰就说："怎么不写'早吠狗儿肥'呢？"（"扬子"音同"羊子"，用"狗儿"来对。）接下来又看到一篇《送僧》，有句"猿啼旅思凄"，曹琰又说："怎么不写'犬吠张三嫂'？"（"旅思凄"音谐"吕四妻"，用"张三嫂"来对。）

北宋黄庭坚曾在为苏轼《春菜》诗写的和诗中说："公如端为苦笋归，明日春衫诚可脱。"苏轼读到此诗后，开玩笑说："我确实不爱做官，他这是拿苦笋硬逼我退休呢。"

苏轼看见一家有界尺笔槽，但是已经坏了，便对主人说：“韩直木（指界尺）如常，孤竹君（指毛笔）无恙。只有半面之交（南朝梁元帝一只眼盲，徐妃化半面妆接待，惹得元帝大怒，赐死徐妃），却忽然永别了。”主人听了笑得前仰后合。

刘烨曾和刘筠一起骑着马上朝，刘筠的马因有腿病而走得慢，刘烨问：“这马为什么走得这么慢？”刘筠回答：“因为‘五更三’（‘点’的歇后语）。”刘烨又问：“那为什么不‘七上八’（‘下’的歇后语）呢？”意思是说刘筠的马有点腿的毛病，劝他下马步行。

苏轼曾约刘器之同去拜访玉版，刘器之这个人平常根本懒得走山路，但听到玉版和尚的大名，也很高兴地随苏轼去了。二人到了帘泉寺，烧了竹笋当饭食，刘器之觉得竹笋很好吃，就问：“这叫什么名字？”苏轼回答：“叫玉版。这位‘老僧’擅长说法，让人深得禅理的美好意味。”刘器之这才反应过来。

北宋柳永和苏轼各自以填词出名，但风格迥异。苏轼问一个艺人：“我的词和柳学士的词比谁的好？”艺人说：“柳学士怎么能和您比？”苏轼吃惊地问：“为什么这么说？”艺人说：“您的词得让一个身高丈二的将军，弹着铜琵琶，打着铁绰板，唱‘大江东去’。柳学士的词则要找个十七八的女孩儿，唱‘杨柳岸、晓风残月’。”苏轼听了拍手大笑。

汉武帝曾问东方朔：“先生你看我是个什么样的皇帝？”东方朔回答说：“自唐尧、虞舜、周成王、周康王之后，没有人能与陛下相比。我认为陛下的功德要在三皇五帝之上。不仅如此，陛下还真正做到了让天下的贤士公卿都才尽其用。就像是用周公、邵公做丞相，孔丘做御史大夫，太公做将军，毕公高做拾遗官，卞严子做卫尉，皋陶做大理，后稷做司农，伊尹做少府，子贡出使外国，颜渊、闵子骞做博士，子夏做太常，伯益做右扶风，子路做执金吾，契为鸿胪，龙逢做宗正，伯夷做京兆尹，管仲做左冯翊，鲁班做将作大匠，仲山甫做光禄大夫，申伯做太仆，季札做水衡都尉，百里奚做典属国，柳下惠做大长秋，史鱼做司直，孔父嘉做詹事，蘧伯玉做太傅，孙叔敖为诸侯国的丞相，王庆忌做期门，子产做郡守，夏育做鼎官，后羿做旄头，宋万做式道侯……”皇上听了大笑起来。

汉武帝下令给随从官员赏肉。天色已经晚了，大官丞还没有来，东方朔拔出剑来对同僚们说：“大伏天的应该早点回去，先让我把肉领了吧。”说完自己割下一块儿肉来就揣着走了。第二天，大官丞向皇帝告状，皇帝将东方朔召进宫来，问:“昨天你不等诏令就自己拿剑割了肉走了，为什么要这样做？”东方朔脱帽谢罪。皇上说:“先生起来说话吧！”东方朔郑重叩拜后说:“东方朔啊东方朔，不等诏令便受赏，多无礼呀！拔剑割肉，多雄壮呀！割肉不多取，多廉洁呀！将肉送给妻子，多仁义呀！”皇上说:“让你自责，你却自夸起来了。”

王戎的妻子称王戎为卿，王戎对她说:“妻子怎么能称丈夫为卿？从礼节上说不通。”妻子回答说:“我亲卿爱卿，所以才称卿为卿，我不称卿为卿，谁该称卿为卿？”王戎笑了，于是便听任妻子这么称呼他了。

郑玄家的奴婢都读了点儿书。曾经有个丫鬟办事不合意，郑玄要责打她，她还为自己辩解，把郑玄气得让人把丫鬟推到泥沟里。不一会儿，另一个丫鬟路过，问道:“胡为乎泥中？”（为什么站在泥泞中？语出《诗经·邶风·式微》。）泥沟里的丫鬟回答说:“薄言往愬，逢彼之怒。”（本想回家去诉苦，正逢他们怒冲冲。语出《诗经·邶风·柏舟》。）

西晋太尉王衍与庾子嵩并无深交，庾子嵩却坚持称王衍为“卿”。王衍说:“你这样不合适吧。”庾子嵩回答:“卿称我为君，我称卿为卿。我用我方法，卿用卿方法。”

晋元帝有了皇子，开心地遍赏朝臣。殷洪乔说：“皇子诞生，普天同庆。微臣又没什么功劳，却得到了这么多的赏赐。”晋元帝笑着说：“这事儿怎么能让你立功呢？”

康僧渊两眼深陷，鼻子很挺，东晋丞相王导常因此调侃他，康僧渊说：“鼻子是脸上的山，眼睛是脸上的渊，山不高不空灵，渊不深不清澈。”王导无言以对。

石曼卿有一次乘马车外出时，车夫没有拉紧马笼头，马受惊了，把石曼卿摔到了地上。随行的属吏立即把他扶上马鞍，石曼卿说：“多亏我是石学士，如果是瓦学士，还不给摔碎了。”

北宋邵雍参加河南尹李君锡的宴会时玩起投壶的游戏，李君锡的最后一箭射中了壶的耳朵，说：“偶尔也是能射中的。”邵雍说：“壶也差不多弄坏了。”

裴子雨为下邳县令，张晴做县丞，二人都有名望、擅言谈。有一次二人讨论问题，好长时间都谈不拢，属吏们私下都说：“领导们不融洽呀。长官称雨（暗指裴子雨），县丞道晴（暗指张晴），总是这样不和谐。”

有人向齐宣王进献了双木鞋，上面却没有刻削的痕迹。齐宣王说：“难道这鞋是自己长成这样的么？”艾子说：“鞋楦（楦鞋子的木制模型）是它的核。”

张端为河南府司录，府里准备祭祀土地神，已经买了活猪呈交给河南尹。有天夜里猪突然闯进张端的厅堂，张端就命人把猪杀了。府吏把这事报告了河南尹，张端在被河南尹问及这件事情时说：“我是有法可依的。律法规定如果有人无故在夜间闯入别人家里，当时杀死闯入者是不追究责任的。”河南尹听了大笑，又重新买了一头猪。

北宋梅尧臣以诗著名，却一辈子都没混到一个馆阁职务。他晚年时奉命参撰《唐书》，跟妻子刁氏说：“我撰写史书，可以说是猢狲钻进了布袋（再也出不来）。”刁氏说：“你的官场发展，无异于鲇鱼要爬上竹竿（永远上不去）。”

艾子喜欢喝酒，总是处在半醉的状态。门客们商量说：“光凭口舌劝阻肯定不顶用了，应该使计吓吓他。”有一天艾子又喝多了，吐了一地，门客偷偷将藏在袖子里的猪膈扔到了吐出的污物中，然后指给艾子看，说："人有五脏，您现在因为酗酒都吐出了一脏，可怎么办呀？"艾子仔细看了一番，笑着说："唐三藏（'三脏'谐音）都活得好好的，何况我有四脏呢！"

杜邠很能吃，吃饱了就睡。有人劝他这样不合养生之道，杜邠说："你没看见米袋子装米么？如果放倒了袋子就会漫出来。"

石中立曾和同僚们一起观赏南园的狮子。管理人员说："官府每天要拨出五斤肉来喂狮子。"同僚们调笑道："怎么我们反倒不如这些狮子了？"石中立说："我们这些员外郎（'园外郎'），怎敢和这些园内狮子比呢？"

伶官敬新磨说话惹恼了后唐庄宗，庄宗气得要拉弓射杀他。敬新磨急忙喊道："陛下别杀臣，臣与陛下是一体的，杀了不吉利呀。"庄宗吃惊地问怎么说，敬新磨回答："陛下您登基改年号为同光，同就是铜，如果杀了敬新磨，就没有光了（敬、镜同音，暗指铜镜）。"庄宗只好放了他。

丁谓拿着自己的文章去拜见王禹偁，王禹偁称赞他与孙何两人的文章可以与唐代韩愈、柳宗元相比。丁谓、孙何两人名声因此大振。不久孙何考中了状元，丁谓名列第四。丁谓自认为与孙何齐名，以排在孙何的后面为耻。皇帝依次召见新科进士时，他还在殿下表示不满。太宗说："甲乙丙丁，丁就应该排在第四，你有什么不满的？"

国子监祭酒冯具区带着歌伎到西湖泛舟，将船停泊在定香桥畔。有群学子过来围观，冯公受不了，就叫船夫把船移走。学子们生气地跟在船后面高声说："你已经过了会试第一名，过了祭酒，难道不怕我们将来么？"冯具区让人回话道："秀才们，即使你们随后赶来（学子的'将来'为未来的时间，冯具区刻意说成是随后赶来），老夫我已经过了学士港了（明指船已远行，暗指年老退隐）。"

阮德如曾在厕所里遇见一个鬼，高一丈多，颜色黑，眼睛大，身穿黑单衣，头戴方巾，离他只有一尺来远。阮德如笑着对他说："人都说鬼的样子可憎，果然如此！"鬼听了羞愧地走了。

西王母献桃给汉武帝，说："这种桃三千年开花，三千年成熟。"并指着东方朔说："这仙桃熟了三次，这家伙也已经偷了三次。"汉武帝说："曾听说鼻尖儿向下长一寸，说明人活了一百岁。"东方朔笑着接话："这么说来，彭祖活了七百岁，鼻尖儿应该七寸长了。"

五代时瀛王冯道的门客给他讲解《道德经》的第一章："道可道，非常道"。门客见"道"字是冯道的名字，便避讳将"道"字改为"不敢说"，于是这句话变成了："不敢说可不敢说，非常不敢说。"

陆长源让德望老臣做宣武军司马，韩愈做巡官。有人笑这两人的年辈太悬殊，陆长源说："老虎和老鼠，都在十二属相，有什么可奇怪的？"

杭州人邹虞被任命为延平知府，延平历来出产绣补，亲友们都提前跟邹虞打招呼索要。后来等邹虞到了任所，才发现绣补极少，只有四季的竹笋很多。有来访的人，他就拿笋送给他们，并解释说："在我的任内是'损有余，补不足'啊（截取有余者，弥补不足者；这里'损'谐竹笋之音，'补'隐绣补之意）。"

西施山传说是当年西施教歌舞的地方，袁宏道与陶望龄两人同游此山。陶望龄吟诗道："宿几夜骄歌艳舞之山。"袁宏道笑着说："这诗要注明含义，不然恐怕将来会害你得不到'文恪'的谥号的（'文恪'即文章谨慎。陶望龄诗句语意模糊，袁宏道调笑他)。”

叶月潭的胡子刚开始变白，有人跟他说：“有一两根胡须来给你报信啦。”叶月潭便从衣袖中取出镊子将白胡子拔掉，说：“报信者赏一钱(钳)。”

江进之考中了进士，前来报喜的人索要重赏，他的父亲因为贫穷闹得很狼狈，心里非常郁闷。罗汝鹏来看望江父并安慰道：“忍忍吧，你儿子不肖，有什么办法(是指儿子有出息，不似父亲这般穷困潦倒)？”听到的人大笑。

明代袁宏道不小心得热症，减了些衣服，丘长孺问他：“天都冷了，怎么还不加衣服？”袁宏道说：“加衣服恐怕会流鼻红(鼻血)。”丘长孺笑着说：“减衣服恐怕会流鼻白(鼻涕)呀！”

太仓人王荆石身居内阁，有洁癖，不喜欢招待客人；时任司寇的王世贞则坦率平易，交友甚广。他们的同乡曹子念说：“内阁是常清常净天尊，司寇是大慈大悲菩萨。”

潘方凯为人风流不定性，早先与平康歌伎锺举暧昧亲昵，后来又舍弃了锺举，和董素卿纠缠不清。太史李本宁问他：“都是一样的‘重’(‘锺’‘董’都含‘重’字),为什么要舍‘金’而取‘草’呢?”潘方凯回答说:“都是‘重’,却是一个正、一个偏。”李本宁笑着说:“还是觉得稍微低下了一些(‘董’字中‘重’字在下)!”

梁朝吴均有诗:“秋风泷白水,雁足印黄沙。”沈约对他说:“‘黄沙’一句显得太奇险。”吴均说:“你的诗中不也有‘山樱发欲然’么?”沈约说:“我刚刚‘欲’然(燃),你却已经‘印’过了。”

江西有个驿站官员以能干自居,有一次他禀告刺史驿站的工作已经做好,请刺史前来视察。第一间房子是酒库,存了各种已酿好的酒,酒坛外面画着酒神像。刺史问:“这是谁呀?”驿官回答:“杜康。”另一间房子是茶库,储备了各种茶,也有神像。刺史又问:“这个是谁?”驿官回答:“陆羽。”又一间房子是腌菜库,储藏了各种腌菜,竟然也有神像。刺史再问:“这又是哪个神?”驿官回答:“是蔡(菜)伯喈。”

驸马都尉梅殷奉命镇守淮南,建文帝即位后宣他入朝觐见。建文帝说:“都尉的功劳让人感念。”梅殷对答:“臣只能接受其中的一半。”皇上问:“功劳只有大小之别,哪有整体一半之分？”梅殷回答：“有‘劳’而无‘功’，这不是‘功劳’的一半吗？”

龙大渠官至太守，他的儿子龙德化刚刚被选为通判，龙大渠告诫儿子说：“你平时总开玩笑，做官后不能再这样了。”龙德化起身答应说：“堂尊，接受教诲（‘堂尊’是对官员或父母的尊称）。”

道学家说：“如果没有孔子，千秋万世永远都像是黑夜。”刘谐说：“难怪伏羲皇帝以上的圣人，整天都是点着蜡烛走路。”

苏轼家中有好几个歌舞妓，每次留客人喝酒时苏轼都要说：“我家里有几个涂脂抹粉的侍从，想出来听候使唤。”

米芾曾作诗：“饭白云有子，茶甘露有兄。”有人问他“露兄”有什么典故，他说：“就是甘露的哥哥呗。”

宋哲宗元祐年间有个研究《春秋》的姓陈的上舍，他与开封宋门的一个妓女关系匪浅，有一天两人在曹门喝酒，陈公用《春秋》中的文句和妓女开玩笑说：“春正月会吴姬于宋，夏四月复会于曹（宋、曹原指宋国、曹国，这里指宋门、曹门）。”

张融有次请假回家，皇帝问他家在哪里，他回答说："臣住在陆地上，但不是屋子；住在船上，但不在水里。"皇上听不明白，就问张绪，张绪回答："张融家在东山附近，没有房屋，就拉了一只小船上岸，住在里边。"皇上听后大笑。

南朝陈的使者访问北齐时见朝堂上有个长红胡须的人，便回头问散骑常侍李騊駼："赤，尔何如？"（此处意为，那个红胡子的人是干什么的？原句出于《论语 · 先进》。）李騊駼回答说："衣冠整齐地站在朝堂上，可以让他与宾客对话的人。"（"束带立于朝，可使与宾客言者。"李騊駼套用《论语》中"赤，尔何如"的回答为戏。）

齐高祖作谜语，以"卒律葛答"为谜面，谜底是煎饼。他又对众位大臣说："你们为我作一个谜，我替你们猜。"石动筩说："卒律葛答。"高祖猜不出来，问："谜底是什么？"石动筩回答："煎饼。"高祖说："这个我先作过了，你为什么又作？"石动筩说："趁着皇上的热锅，再做一个啊。"高祖听了大笑。

唐玄宗曾登上北苑楼远望渭水，看见一个醉酒的人躺在河边上，就问黄幡绰："这是什么人？"黄幡绰回答："是个年限已满的令史。”皇上又问：“你怎么知道的？”黄幡绰说：“因为他再一转就‘入流’了。”（“一转入流”双关：一是说，令史这些低级官员，年限满了才能“入流”为高层官员；二是说，此人一转身就会落水。）

唐玄宗与诸王一起吃饭，宁王不小心呛住了，将饭喷到唐玄宗的脸上。皇上问：“宁哥怎么错喉（卡住喉咙）了？”黄幡绰说：“不是错喉，是喷嚏了（‘喷帝’谐音）。”

北齐高祖曾让人读《文选》，读到郭璞《游仙》诗时连声赞叹。众学士都说：“这首诗极美，的确像皇上所说的那样。”石动筩站起来说：“这诗没什么大不了的，如果让我来作，会胜过他一倍。”高祖听了很不高兴，过了好一阵儿，质问：“你是什么人？竟敢说能胜过郭璞一倍，不要命了么？”石动筩当即说：“如果臣做不到，甘愿去死。”于是放声说道：“郭璞《游仙》诗说‘青溪千余仞，中有一道士’，臣作诗‘青溪二千仞，中有两道士’。”高祖听完大笑。

石动筩曾在国学中看博士的辩论，说：“孔子弟子显达者七十二人。”石动筩问：“显达者七十二人，几人成年，几人未成年？”博士们说：“经传上面没这记载，怎么考证啊？”石动筩又说："成年的有三十人，未成年的有四十二人。"博士问："这有文献依据么？"石动筩回答："《论语》上说'冠者五六人'，五乘以六得三十人；'童子六七人'，六乘以七得四十二人，难道不是七十二人吗？"在座的人听完都大笑起来。

隋朝侯白被州里选拔为秀才，到京城后，和越国公杨素并排骑着马说话。路旁有一棵枯死的槐树，杨素问："侯秀才智慧过人，能让这棵树死而复生吗？"侯白说："能。"杨素说："用什么办法？"侯白回答："将槐树子悬挂在树枝上就可以了。"杨素问："这是什么道理？"侯白说："子在，回何敢死！"（语出《论语·先进》。"子"本指孔子，这里指槐树子；"回"本指颜回，回、槐同音，这里指槐树。）杨素听了笑得差点从马上摔下来。

隋文帝开皇年间，有个叫出六斤的人想拜见杨素。他带着名帖来到中央办公厅门前，正巧遇到侯白，便请侯白为他题上自己的姓名，侯白便写道："六斤半。"名帖送入后，杨素召见了那个人，问："你叫六斤半？"回："是出六斤。"杨素说："那名帖为什么写六斤半？"再回："刚才请侯秀才写的，大概是写错了。"杨素就把侯白叫来，问他："你怎么把别人的姓名写错了？"侯白说："没错呀。"杨素说："还说没错，那为什么姓出名六斤却写成六斤半？"侯白回答："刚才在官署门前，时间仓促，来不及找秤称了，估摸着应该是六斤半。”

侯白去参加一个宴会，来得晚了，大家说：“罚你作一个谜语，不能是深奥难猜、怪诞稀奇的物事，也不能是胡乱拼凑、常人难见的东西。”侯白说：“有物大如狗，面貌极似牛，你们猜吧。”有人说是獐子，有人说是鹿，侯白都说不是。大家就让侯白说谜底，侯白说：“是牛犊子。”满座的人哄堂大笑。

隋朝河间郡刘焯与堂侄刘炫两人都有很深的儒学造诣，却犯法被关进了监狱。县吏不知道他们是大儒，就给他们上了木枷。刘焯说：“终日枷中坐，却不见家（枷、家同音）。”刘炫说：“终日负枷坐，却不见妇（负、妇同音）。”

杜正伦笑话任瑰怕老婆，任瑰说：“老婆应当怕的理由有三：刚娶时像菩萨，有人不怕菩萨么？生育后像鬼子母（佛教神名），有人不怕鬼子母么？年老时满脸皱纹像鸠盘荼（佛教鬼名），有人不怕鸠盘荼么？”

王玄同在荆州任职时出面主持祭祀事务。突然有条狗随地小便，王玄同抄起一块板砖来砸狗。旁人怪他太轻率：“干吗自己拿砖砸？”王玄同说：“苟利社稷，专之亦可（只要有利于国家，独断专行也可以。这里‘社稷’特指祭坛，‘专’借为‘砖’)。”

唐朝的吏部侍郎杨思玄倚仗着皇家姻亲的身份，很不尊重候选的官员，被候补官员夏侯彪起诉到御史中丞郎余庆那里，郎余庆便向皇帝上书弹劾罢免了杨思玄的官职。中书令许敬宗说：“我就知道杨侍郎会完蛋。”有人问他原因，许敬宗说：“一彪一狼（郎），共同对付一羊（杨），怎么会不完蛋？”

李程在夏口任职时，有位客人跟他辞行，李程说：“暂且再待两三天吧。”客人说：“已经出发了，船已经到了汉口。”李程说：“只管相信住，那汉口不可信（‘相信住’，在此连住两夜，也可以理解为相信我住下来；‘那汉口’，那汉子的嘴巴，同时又扣合了地名)。”客人听了捂住嘴笑起来。

薛昭纬在没考中进士之前，曾经到店铺去买鞋子，店主说：“秀才的脚第几？”薛昭纬回答：“我带着脚来，没给他定名次（‘第几’，一解为尺寸多大，一解为排名第几)。”

庾杲之素来清廉朴素，吃菜也出不了韭腌菜、韭生和韭杂菜。有人跟他开玩笑说：“谁说庾郎穷，他平时吃的佳肴有二十七种（‘韭’音同‘九’，三九二十七）。”

北宋丁谓从崖州回到府里，客人们在谈论天下州郡哪里最雄盛，丁谓说：“数崖州最有名望。”客人问为什么，他回答说：“宰相只能做崖州的司户参军，其他州怎么比得上？”

北宋秦观被御史贾某弹劾，张耒开玩笑说：“一千多年前贾生过秦（贾谊写《过秦论》抨击秦国），如今又是这样（贾某弹劾秦观）。”

礼部侍郎叶盛转吏部侍郎，礼部尚书姚夔郑重地设宴招待他，趁机说道：“我家乡的亲友求情的多，劳你费点心。”叶盛连声答应。不久，姚夔升为吏部尚书，叶盛带着酒前往祝贺，端着酒杯敬姚夔，说：“现在可以把乡亲还给您了！”

周文襄在吴中的时候，喜欢到处游览佛寺，旌旗所到之处，钟磬交错奏鸣。周文襄每到一所佛殿，必定跪拜。有人笑话他，文襄回应说：“单看年龄，他要比我年长二三千岁，难道还受不起我一拜？”

李东阳在京城招待前来参加会试的同乡贡生，酒过数巡后，贡生都站起来辞谢。李东阳说："都别忙了，有道考场中的试题，大家来猜一下是什么意思：'东面而征西夷怨，南面而征北狄怨。'"众人想不明白，李东阳笑着说："只是等着汤罢了（语出《孟子·梁惠王下》，原指西夷北狄都在等着商汤来解救自己。这里'汤'一是商汤，一是菜汤）。"

某太监任守备大员，倚仗身份高贵经常自我夸耀，还特喜欢邀请士大夫做客，只有司徒王鸿儒从来不去。有人把这事儿作为话题，王鸿儒说："往来虽然没有我，谈笑之中却有我（刘禹锡《陋室铭》有句：谈笑有鸿儒，往来无白丁）。"听到的人大笑。

熊际华远望演易台，烟雨迷蒙，看不清楚，便笑着说："果然是验证了遵养时晦的《周易》，演易台本该就是这样迷迷蒙蒙的啊。"

熊敦朴被提拔为史馆官员，改调兵部，又降为通判，临行前去向宰相张居正道别，张居正说："你是我衙门里的官员，你我痛痒相关，此次赴任要上心啊。"熊敦朴说："老师恐怕感觉不到痛。"张居正问为什么这么说，熊敦朴回答："王叔和《医诀》中说：'通则不痛，痛则不通。'"宰相大笑。

晋代王濛听不懂蛮人的语言，茫然地说：“如果让介葛卢（春秋时介国国君，懂牛的语言）到朝中来，肯定就能听懂了。”

东晋顾恺之给桓温扫墓时作了一首诗：“山崩溟海竭，鱼鸟将何依？”有人问他：“您这么敬重桓温，当时得哭成什么样啊？”顾恺之说：“鼻息如广阔沙漠的长风，眼泪如决口悬河的洪流。”

安鸿渐才高八斗，却是个妻管严。岳父去世了，他在路上就开始哭。妻子把他叫到灵幔后面骂道：“怎么光见声不见泪？”又警告说：“明天早晨哭吊时必须得有眼泪。”安鸿渐第二天哭吊时用毛巾包着湿纸放在额角上，用力敲打着额角大哭。仪式结束后，妻子又把他叫进来，惊奇地说：“你眼泪怎么从额头上流下来？”安鸿渐答道：“水都是出自高原啊。”听到的人大笑。

潘景升家很穷，但登门的客人却很多，得千方百计地备礼款送。潘景升曾对罗远游说：“别人的贫穷都有底（尽头），只有我穷得没有底。”罗远游问：“为什么？”潘景升回答：“穷客天天来，哪里会有底？”罗远游叹：“穷客天天来，正是穷的底（根底）。”

卢思道曾经在宾门外的太阳下暴晒，李德林问他："怎么不去树荫下？"卢思道说："就算再热，我也不能在林下站立（'林'明指树荫，暗指李德林）。"

汝南人袁德师曾在东都洛阳买到娄师德当年的园林地皮，建起了藏书楼。洛阳人都说："昔日曾是娄师德园，今日却是袁德师楼。"

王元景出使梁朝时，刘孝绰来哭送他。王元景没哭，道歉说："别怪我，离开之后我会泪流满面的！"

第八章　谑语：嘲笑戏弄过了火

诙谐和戏谑，本质上是一致的，硬是一分为二，是不是画蛇添足呢？不过就算真的是也没关系，因为连东汉许慎、元代李文仲这些文字学家都没界定，别人就更不敢下定义了。如果就曹臣编录的这些语段来分析一下谐和谑的区别的话，那么，如果单嘲戏而达不到虐的程度就归入“谐”，达到虐的程度的话就列入“谑”。所以“谑”字右半边从“虐”，这也可以作为一个区别的标志。列谑语为第八。

北宋王安国身材魁梧，眉目舒朗。有年三伏天，他来到翰林院，下马时遇到了刘攽，刘攽看到他汗流浃背的样子，就笑说：“你真是所谓的汗淋（音同翰林）学士呀！”

陈州人段少连暮年时因官休回到家乡，和父老乡亲一起喝酒。段少连通晓音律，酒兴正浓时，便吹起了笛子，在座也有懂音律的拿起乐器给他伴奏。有一个老儒生在那感叹说："我命中没有金星眷顾，所以不懂音乐。"段少连笑着说："岂止是金星，水星也和您没什么缘分。"（古人以金星对应"义"，以水星对应"智"。老儒生误以为是金星主管音乐，所以段少连说老儒生和水星的"智"也无缘。）

贾嘉隐七岁时，因"神童"之名被皇帝召见。当时太尉长孙无忌、司空李勣也在场，李勣跟贾嘉隐开玩笑说："我倚靠的是什么树？"贾嘉隐回答："松树。"李勣说："这是槐树，你怎么说是松树？"贾嘉隐回答："以'公'配'木'，就是松树了。"长孙无忌接着问："那我倚靠的是什么树？"贾嘉隐回答："槐树。"长孙无忌说："看你这次还怎么乱编？"贾嘉隐回答："不用乱编，只是以'鬼'配'木'罢了。"李勣说："这孩子长得这么丑，怎么会这么聪明？"贾嘉隐回道："长了一张胡人的脸都能做宰相，丑脸自然也可以聪明了。"话说，李勣确实长得像胡人。

苏轼入翰林院后凭着高超的才华把列位公卿戏弄了个遍，各有评点，唯独不敢对司马光加以褒贬。有一天苏轼和司马光一起讨论免役法的利弊，意见总有谈不拢的地方。苏轼回家后边摘头巾、解衣带，边连声叫骂："司马牛！司马牛！"

苏轼和姜制之等人一起喝酒，姜制之定了行酒令的规则："在座之人中各自说出一件物品，必须是药名。"说完就指着苏轼说："你就是药名，子苏子。"苏轼对答："你也是药名，不是半夏，就是厚朴。"大家都问为什么，苏轼说："如果不是半夏，不是厚朴，为什么说是姜制之呢？"大家都笑得前仰后合。

秦少章说："北宋郭祥正路过杭州时曾拿出一卷诗来给苏轼看，自行吟诵，声震林木。吟诵完就问苏轼：'我这首诗能打几分？'苏轼说：'十分。'郭祥正很高兴，没想到苏轼接着说：'七分给读，三分给诗。'郭祥正的脸色立马晴转阴了。"

无锡人孙南公长得矮小，郝公琰开玩笑地把他抱起来。孙南公说："当年明代张居正就是这样子抱着皇上继位的。"郝公琰说："你不就是孙子（一为孙先生，一为小孙儿）吗？"

北宋米芾身居京城，喜欢奇装异服，他的高檐帽从来不让随从拿，怕他们弄脏了。他嫌轿的顶盖碍事就把它撤了，戴着帽子坐在露天轿子里。有一天米芾从保康门出来，遇见了晁说，晁说指着米芾大笑。米芾下轿握住晁说的手问："你说我像什么？"晁说答道："我说你像鬼章。"两人拍手笑成一团。当时西部边境上抓获了敌寨的首领鬼章，用囚车押解进京，晁说拿这事来调笑米芾。

隋朝的京兆尹杜公瞻是卫尉杜台卿的侄子。他曾请阳玠到家做客，酒兴正浓时便开始调笑阳玠。杜公瞻说："老哥姓阳，阳货可是侮辱过孔子的。"阳玠回道："老弟姓杜，杜伯可是射杀过宣王的。"

殿内将军、陇西人牛子充曾对阳玠说："你的羊有'疥'（玠），恐怕吃不得呀。"阳玠说："你的牛正合适，宰了来吃吧。"牛子充又见阳玠吃芥菜，便问："你名字叫玠，怎么还吃芥菜呢？"阳玠反问："你既然姓牛，怎么还不忌牛肉？"

太仓县令张策和阳玠在云龙门争辩，张策说不过阳玠，就开始人身攻击："你又没什么德行声望，凭什么跟晋人卫玠同名？"阳玠反驳道："你也不是英雄，又怎么敢与三国孙策同名！"

太子洗马、兰陵人萧诩，倜傥有才，善辩，他曾对阳玠说："当年虞舜将共工流放到幽州，易北（阳玠故乡）恐怕不是乐土。"阳玠回应："当年虞舜将驩兜流放到崇山，江南（萧诩故乡）也算不上胜地呀！"

南朝宋人王彧的儿子王绚五六岁时就聪颖敏悟，外祖父何尚之认为王绚是一个奇才，特别喜欢他，亲自教他读《论语》，当读到“郁郁乎文哉”时便与他开玩笑说：“这里可改为‘耶耶乎文哉’（郁、彧同音，吴越人称爹为爷，也作耶。同音避讳，所以改‘郁郁’为‘耶耶’）。”王绚回道：“那是不是也可以读作‘草翁之风则舅’（‘草上之风必偃’出自《论语》。‘上’与外翁何尚之的‘尚’同音，所以改‘上’为‘翁’。王绚的舅舅叫何偃，所以改‘偃’作‘舅’）了？”

汉武帝时，郭舍人与东方朔比赛猜谜比输了，皇上命人打了他，郭舍人痛得大喊大叫。东方朔见着了便说：“哎呀！口上无毛，声音嗷嗷，屁股翘高。”郭舍人恨得不行，告状：“东方朔辱骂天子的侍从官，应当在闹市处死，暴尸街头。”皇上问东方朔为什么要骂郭舍人，东方朔回答说：“臣不敢骂他，只不过是为他作个隐语罢了。”皇上问：“什么隐语？”东方朔回答：“口上无毛指的是狗洞，声音嗷嗷是乌鸦在喂雏鸟，屁股翘高是鹤在低头啄食。”

孙权曾设宴款待西蜀官员费祎，提前跟群臣说好只管低头吃饭，不用起身迎接。费祎到宴后，只有孙权一人放下餐具，而群臣们都照吃不误。费祎叹道："凤凰来了，麒麟放下食物；骡驴愚昧无知，依旧低头吃食。"

邓艾口吃，常常自称说"艾、艾……"晋文王调笑他说："你说的艾、艾，究竟是几个艾？"邓艾回答："《论语》中的凤兮凤兮，也就是一只凤。"

西晋时，吴郡人蔡洪来到京城洛阳，洛阳人问他："朝廷刚建立，中央官署想从偏僻贫困之地寻找英才，从山林荒野之间征求贤士。你们吴楚地区的士子不过是亡国遗民，能有什么本事来这儿应聘？"蔡洪回答："夜光之珠，不一定出于孟津河；大型玉璧，不一定采自昆仑山。大禹生于东夷，文王生于西羌，圣贤出现之处未必有常规。当初武王伐纣时迁徙了殷商顽民到洛邑，你们是他们的后代吗？"

陆机在王武家里闲谈，赶巧潘岳来了，陆机便站了起来。潘岳说："清风到，乱物起。"陆机应声说道："众鸟集聚。"

王导的妻子善妒，在知道王导有多个美妾住在别苑后，就拿着菜刀往别苑奔。王导急命人驾好车赶去安排，防止闹出乱子，嫌牛走得太慢，就用拂尘的柄来抽牛。蔡谟听说这件事后，就到王导那说："朝廷打算赐你九锡大礼。"王导正忙着自谦时，蔡谟又说："没听说赐别的东西，只知道有短辕的牛车和长柄的拂尘。"

诸葛恢与丞相王导在争辩他们家族姓氏的高低先后。王导说："人们为什么不说'葛王'？"诸葛恢回嘴："就算人们说'驴马'，难道驴就能胜过马么？"

晋朝张天锡的从事中郎韩博奉命来江东进献表文并呈送盟约，韩博口才很好，桓温很欣赏他。一次大宴宾客时，桓温让司马刁彝对韩博说："你是战国名犬韩卢的后代吗？"韩博说："你才是韩卢的后代。"桓温笑问："刁彝因为您姓韩，所以才这样问您。他姓刁又怎么能是韩卢的后代呢？"韩博说："您想得不周全。短尾巴的就是刁（与'貂'同音，貂状似犬而尾巴短）。"满座哄堂大笑。

前秦苻坚攻克襄阳后得到了习凿齿和高僧道安。当时习凿齿有脚病，苻坚接见了他，高兴地感慨："当初晋朝平定吴国，收获了陆机和陆云；如今攻破南方，也得到了一个半杰出士人（戏称习凿齿跛脚，只算半个人物）。"

王戎二十岁左右时去拜见阮籍，当时刘公荣也在。阮籍对王戎说："正巧我这儿有二斗美酒，咱二人共饮，没他刘公荣的份。"阮籍、王戎两人举杯互劝，刘公荣一杯也没捞到，但三人言谈嬉笑如初。事后有人问阮籍这件事，他说："胜过公荣的，不得不跟他喝；不如公荣的，不可不跟他喝。只有公荣本人，可以不跟他喝。"

南齐仆射东海徐孝嗣修缮了高座寺，常常在那里闲居，法云法师在萧寺闲居。二人各游二寺，不相往来。徐孝嗣曾对法云说："法师您常常在高座上说法，竟然不游高座寺。"法云回道："施主既然侍奉南齐皇帝萧氏，为何不到萧寺来？"

梁朝安成王萧佽以文辞著名，可以和他媲美的只有河东人柳信言。柳信言虽然不服气，却也无法和萧佽抗衡。柳信言担任吏部尚书时，听到了萧佽的死讯，柳信言不顾满堂宾客，曲着一条腿跳着走，连声说："独步了！独步了！"大家哄堂大笑。

梁朝陆晏子出访北魏时，北魏派李谐到郊外迎接。路过朝歌城的时候，陆晏子说："殷朝的遗民就在这里了。"李谐说："怕是永嘉时南渡，人都去了江南吧。"

梁朝时汝南周舍对僧人法云说：“孔子不喝盗泉的水，法师为什么拿鍮石香炉（黄铜香炉，鍮与偷谐音）？”法云回道：“施主既然可以成纛（代指将官，纛与盗谐音），贫僧为什么不能持鍮？”

齐王元景性格虽柔弱，但行事很机敏。有一天早晨元景起床后，让一个叫典琴的奴婢给他找些吃的，称这为“解斋”。典琴问：“您不曾斋戒，为什么要说解斋呢？”元景笑着回答：“你取名典琴，哪里有琴可抵押？”

北齐李庶没有胡须，当时的人都叫他“天阉”。崔谌对他说：“我教给老弟一个种胡须的方法，用锥子尖到处刺上小孔，再把马尾毛插进去。”李庶说：“你用这个方法先给你家族的人种种眉毛，如果有效，我再来种胡须。”崔家世代也有难治的疾病，所以李庶这么说。

北海人王晞，担任大丞相府的司马，曾经与丞相府的祭酒卢思道一起去参加修禊的酒宴，王晞写诗说：“日暮应归去，鱼鸟见留连。”当时有宦官召见王晞，王晞骑马奔驰而去。第二天卢思道问王晞：“昨天红光满面时被皇上召见，是否因为鱼鸟的流连而得到了富贵？”王晞说：“昨天晚上本来十分快活，却因为喝多了酒受到责罚，你们也是我流连的原因之一，可不光是鱼鸟啊。”

范阳人卢叔虎有十个儿子，老大字畜生，最有才情。卢思道对别人说：“我堂叔有十个儿子，都不如畜生。”

高平人徐之才的父亲徐雄、祖父徐成伯，都以方术见长，世代传承这一专业。纳言祖孝征戏弄徐之才，叫他“师公（巫师）”。徐之才说：“既是你的老师，又是你的亲公，在父、师、君三种尊者中，我一下子就占了两种。”

徐之才曾以谈笑的方式调侃仆射魏收，魏收仔细看了看他，说：“你长得倒像是个小家方相（掌驱鬼之官，驱除疫鬼或开道出丧）。”徐之才说：“如果那样的话，正好为你出葬。”

唐朝韦庆本的两只耳朵向前卷曲，朝廷官员多称他为“卷耳”。他有一个女儿被选入宫中做妃子，长安公松涛见到他后祝贺说：“我就知道您的女儿会做妃子的。”韦庆本问：“你怎么知道？”松涛将自己的耳朵卷起来说：“卷耳，后妃之德（语出《诗经·卷耳》）。”

秋官侍郎狄仁杰曾跟同僚侍郎官卢献开玩笑说："您（卢）配马便成驴。"卢献说："把您（狄）劈开，就是两只犬。"狄仁杰说："狄字是犬字旁加个火字。"卢献接着道："犬旁有火的话就成了煮狗了。"

张昌龄跟苏味道说："我的诗之所以比不上您，就是因为没有'银花合'（苏味道诗有'火树银花合'句）。"苏味道说："虽然没有'银花合'，但您有'金铜钉'啊（张昌龄诗有'今同丁令威'句）。"

窦晓身材矮小，眼睛大，眼珠凸；乐彦玮身材高大，有龅牙。乐彦玮嘲笑窦晓说："你有大功德。"别人不懂是什么意思，乐彦玮解释说："既是短肉（暗指身材矮小），又是精进（精、睛谐音，暗指眼珠凸出），岂不是有大功德？"窦晓回应说："你自己也是大有功德，就别说我了。"别人还是不懂，窦晓说："乐公从小就是长斋（'长斋'一为长期吃斋，二与'长哉'谐音）。"众人又问"长斋"的意思，窦晓说："身材这么高大，牙齿像山崖，难道还不是长斋？"众人捧腹大笑。

唐代裴度任宰相时，曾有人寄来了一枚槐瘿（槐树上的赘生物），裴度想把它削成一个枕头。当时世人都说郎中庾威见识广博，裴度就把庾威叫来，让他辨别一下。庾威拿着槐瘿观察了好久，对裴公说：“这槐瘿是雌树上的，恐怕不能用。”裴度问：“郎中多大了？”庾威回答：“我和您都是甲辰年生。”裴公笑着说：“郎中便是雌甲辰。”

白居易与张祜初次相见时对他说：“久仰您大名，我还记得您的款头诗。”张祜吃惊地问：“白舍人指的是什么？”白居易回答：“‘鸳鸯钿带抛何处，孔雀罗衫属阿谁？’这不就是款头诗么？”张祜笑着说：“张祜也记得舍人的《目连变》。”白居易问：“怎么说？”张祜解释：“‘上穷碧落下黄泉，两处茫茫皆不见。’这不是《目连变》，是什么？”

晋朝张湛喜欢在房前种植松柏，袁山松出游时喜欢让随从唱挽歌。当时的人就戏说：“张家屋下陈尸，袁氏路上送葬。”

西晋陆云、荀隐两人第一次见面是在张华家里，张华让他们二人互相介绍，觉得两人都有超凡的才华，肯定不说寻常话。陆云高声说：“云间陆士龙。”荀隐应声：“日下荀鸣鹤。”陆云接着说：“既然青天开阔，看见了白色野鸡（暗指鸣鹤），为何不张开你的弓，搭上你的箭？”荀隐道：“本来以为是云龙矫健，原来却是山鹿野麋（暗指士龙），兽小弓强，所以发箭迟缓。”张华拍掌大笑。

晋朝刘道真于兵乱中逃难时曾在河边替人拉纤，看见一个老妇人摇橹，刘道真便嘲笑说："女子为何不在家织布，而是在河里摇橹？"妇人反讥说："大丈夫为何不挥鞭出征，而是在河边拉纤？"

刘文树的胡须长在下巴的下面，貌似猴子。他生怕黄幡绰嘲笑自己，就私下贿赂他。黄幡绰说："文树并不像猢狲，倒是猢狲十分像文树。"

苏轼任湖州知州时曾与客人一起游览道场山，他让随从退下，自己和客人走了进去。他们看见有个和尚倚着门睡觉，苏轼开玩笑说："髡阃上困（和尚在门槛上睡觉）。"有个客人接话说："为什么不用'钉顶上钉'（用钉在头顶上钉）来对呢？"

唐朝进士曹唐的《游仙》诗才情缥缈，岳阳守李远一吟起这首诗就想见曹唐这个人。有一天曹唐到李远那里去拜访，李远急忙出来迎接。曹唐本人长得丰壮高大，李远开玩笑说："以前没见到本人时以为你可以乘坐鸾鹤，哪里知道却连强壮的水牛都拉不动啊！"

唐朝时营丘有个姓陈的富豪染上了麻风病，大家都叫他“陈癞子”。每听到这样的称呼，他都很不高兴。若遇到有人奉承说他的病有好转了，就拿出好酒好肉来招待。有个游人也想捞点便宜，就来跟他说：“你的毛病近些日子轻多了呀。”陈老爷特高兴地设酒款待，还搭着钱财。游人要离开的时候，又对他说：“你这病还是有添有减。”陈老爷问：“怎么说？”游人说：“添就是添了些肉泡，减就是减小了鼻孔。”陈老爷气炸了。

晋代许询带着弟弟出了都城去办婚事，人们都抱着敬仰之心恭候他们，但等见到许询呆傻的弟弟之后，都想嘲弄他，许询便出面替弟弟一一化解。刘惔笑着说：“许询为弟弟的婚事可真是设了十层铁幕啊。”

司马防曾荐举曹操做比部尉，后来曹操进封为魏王，召司马防到邺都一起畅饮，并问他：“如今我还可以再去做尉官吗？”司马防回答：“当年举荐王爷时，恰好您只适合做尉官。”

刘谅被湘东王萧绎看重。湘东王有一只眼是盲的，一天湘东王与刘谅共游江滨，感叹秋天之美。刘谅说：“今天可以说是‘帝子降于北渚’。”湘东王说：“你是要说‘目眇眇而愁予’（‘眇眇’本意为极目远望，‘眇’又一意为一只眼瞎）吗？”从此刘谅就失宠了。

侯白喜欢乱开玩笑。有一天杨素与牛弘一起退朝回家，侯白对他们说：“日之夕矣。”杨素问：“你要说我们是‘牛羊下来’（《诗经·王风·君子于役》：‘日之夕矣，牛羊下来。’原意是‘天色已晚，牛羊归来’。此处指杨素与牛弘二人）吗？”

柳机、柳昂在北周担任过朝廷要职，隋文帝称帝后，他们都做了地方官。当时杨素正当权，借着文帝设宴的机会，杨素开玩笑地对柳机说：“二柳（指柳机、柳昂）俱摧。”柳机回答：“不如孤杨（指杨素）独耸。”

王浑与妻子钟氏同坐堂上，见儿子王济从庭前走过，王浑高兴地对妻子说：“生了这样的儿子，真是让人欣慰。”妻子笑着说：“如果当初让我嫁给参军（王浑的弟弟王伦），生出的儿子还不止这样呢。”

晋代张玄之八岁时正当换牙，前辈们知道他不同寻常，故意挑逗他说：“你口中为什么开了个狗洞？”张玄之应达道：“正是为了让你们从中出入。”

庾园客去拜访秘书监孙盛，在门外见到了孙盛的儿子孙放，孙放年纪虽小却很有神采。庾园客试探他说："孙安国在哪里？" 孙放随即回答说："在庾稚恭（庾园客的父亲庾翼，字稚恭）家。" 庾园客笑着说："诸孙大盛（兴盛义，音同孙放父名），能有这样的儿子。" 孙放回答说："不如诸庾之翼翼（繁盛貌，音同庾客园父名）。" 后来孙放对别人说："我赢了，能两次叫出那小子父亲的名字。"

习凿齿、孙兴公两人互不相识，第一次在桓温那里相见。桓温对孙兴公说："你可以与参军一块儿谈谈。" 孙兴公说："蠢尔荆蛮，敢于大邦为仇（语出《诗经 · 雅 · 采芑》，意为：愚蠢的楚国蛮子，竟敢与大国结仇。习凿齿为楚地襄阳人）。" 习凿齿说："薄伐猃狁，到达太原（语出《诗经 · 小雅 · 六月》，意为：讨伐猃狁，到达太原。孙兴公为太原人）。"

桓豹奴是丹阳尹王混的外甥，长得像舅舅，桓豹奴很忌讳这个。伯父桓温跟他说："不是总像，只是偶尔像罢了。总像的是外貌，偶尔像的是神采。" 桓豹奴听完更郁闷了。

南宋杨万里擅长开玩笑，曾经对好色的人说："阎罗王并没有叫你去，你却自己要去报到，图什么呀？”

王文度、范荣期都接到了简文帝的邀请，范荣期年龄大职位小，王文度年龄小职位大。两个人互相推让，想让对方走在前面，结果还是王文度走在了范荣期的后面。王文度对范荣期说：“簸箕簸扬，秕糠飘在前面。”范荣期说：“流水淘汰，沙砾落在后头。”

祖广走路时经常缩着头。有一天他去拜访桓玄，刚下车，桓玄便说：“天气这么好，祖参军却好像是从滴水的屋檐下走过来的。”

姜师度喜欢修渠引水，每到一地，必定要征调群众开凿，虽然有时并不顺利，但做成的事情却越来越多。而太史令傅忠孝善于根据天象变化预测吉凶，有人为他们编了句话：“傅忠孝两眼看天，姜师度一心穿地。”

高骈镇守成都时让酒佐薛涛制一个酒令，说：“必须是一个象形字，而且要后面押韵。”高骈先说：“口，有似没梁斗。”薛涛说：“川，有似三条椽。”高骈问：“为什么有一条是弯的？”薛涛回答：“大人您是西川节度使，还用没梁的斗，我一个酒佐的三条椽，其中只有一条是弯的，有什么好奇怪的？”

桓温自比晋宣帝司马懿、刘琨一流人物。某次出征回北方时，得到了一个奴婢，一问才知道是刘琨的歌伎。有一天他问歌伎：“我像司空刘琨吗？”歌伎回答说：“像得很。”桓温问：“哪里像？”歌伎说：“脸很像，就是小了一些；胡子很像，就是红了一些；身材很像，就是矮了一些；声音很像，就是软了一些。”桓温听了摘下帽子，解开衣带，迷迷糊糊地睡下了，一连几天都不高兴。

齐地的气候比较寒冷，往往入春很久种子还不发芽。有一年刚刚立春时有个乡村老人带着一筐苜蓿，献给艾子，说：“这是刚长起来的，还没敢尝，先送给您享用。”艾子高兴地说：“你太有心了，这些新鲜菜我享用以后，你还要送给谁呀？”老人说：“先给您，之后就割了去喂驴。”

阁老吴宽告老还乡之后去拜访隐士邢量。邢量正在洗手做羹汤，吴宽问：“你也会调羹吗？”邢量回答：“就跟您敲我的门一样，勉强干干吧。”

明代王世贞有一位门客的棋艺很差。门客正在下棋，看见王世贞走过来，就赶紧站起来说："我的棋不值得看。"王世贞说："你的棋很好，只会进步，不会退步。"

丞相严讷是苏州人，脸上有麻子，苏州俗语嘲讽这叫"盐豆"。丞相高拱是河南人，做文章经常打腹稿，河南俗语嘲讽这叫"盗草"。有一次两人遇着了，高拱笑严讷说："您的豆在脸上。"严讷顶回去："您的草在腹中。"

苏州的妓女张好儿虽然已经是徐娘半老，但风韵犹存，年轻人也争着与她交好。有个太医院的吏目杜君拉着她去游虎丘，打量着她说："老是老，毕竟也是个小娘（妓女别称）。"张好儿回道："小是小，毕竟也是个老爹（官者别称）。"同游的人全都捧腹大笑。

诗僧克文才华出众。他初学作诗时曾请郝公琰来做评点，郝公琰说："法师一定要请我吃一顿，不然的话我就要拿法师的诗来颠倒涂抹。"罗远游笑着对克文说："法师不要相信郝瘦子的话，您的诗完全没有可涂抹的地方。"

东汉黄琬自幼聪慧，以祖父太尉黄琼的恩荫得到了童子郎的职务。当时司空盛允有病，黄琼就派了黄琬前去探望，正赶上江夏郡关于蛮贼情况的报告送到盛允手中，盛允将报告看过一遍，戏弄黄琬说：“江夏地方虽大，却是蛮人多，士人少啊。”黄琬拱手回答道：“蛮夷扰乱华夏，责任在司空。”

蔡君谟调侃陈亚说：“陈亚有心就是恶（‘亚’下加‘心’为‘恶’）。”陈亚回道：“蔡襄无口便成衰（‘襄’去掉两个‘口’为‘衰’）。”

司马宣王征召周泰做宣城太守，尚书钟毓调侃周泰说：“你刚脱去布衣，就到大将军府做官，短短三十六天，就仪仗盛大、镇守一方，好比乞丐坐小车，真够快的！”周泰说：“你是名门之后，少年时就文采卓越，却至今固守着一个职位，好比猴子坐牛车，真够慢的！”

卢思道曾对渤海人通直郎封孝骞说：“你既然姓封，该是封豕（古籍所载的猎狗）后代。”

北宋沈括正在洗澡，刘贡父突然悲叹：“可怜沈括死掉了。”大家惊异地问他是怎么回事？他说：“已经是‘盆成括’了。”（“死矣盆成括也”语出《孟子·尽心下》，盆成括原是人名，这里取谐音，指洗澡盆里盛了沈括。）

殿中丞丘浚曾在杭州拜见释珊和尚，释珊态度十分傲慢。不一会儿有太守的子弟来拜访释珊，释珊赶紧恭敬地走下台阶迎接，丘浚对此愤愤不平。等子弟离开后，丘浚问："你待我傲慢至极，为什么接待太守的子弟却如此恭敬呢？"释珊回答："接是不接，不接是接。"丘浚生气地站起来，用手杖连打了释珊好几下，边打边说："打是不打，不打是打。"

曹娥秀是京城名妓，生性聪慧，容貌、技艺都极为出色。有一次，鲜于枢举行宴会，座上宾客都是名士。鲜于枢有事暂时离席，让曹娥秀给客人们斟酒。刚斟了一遍，鲜于枢从房内出来。一个客人说："伯机（鲜于枢，字伯机）没喝。"曹娥秀也说："伯机没喝。"客人笑说："你这样称呼伯机，可见你们关系匪浅啦。"鲜于枢假装生气地对曹娥秀说："小鬼头怎么这样无礼！"曹娥秀说："我叫伯机就不许，只许你叫'王羲之'吗（鲜于枢崇拜王羲之书法，所以有此对比）？"在场的人都大笑起来。

程师孟做洪州知府时建造了一座静堂，自己特喜欢，没有一天不来这儿。他的诗中也写道："每日更忙须一到，夜深常是点灯来。"李元规笑说："这是咏上厕所的诗。"

北宋王钦若的夫人善妒凶悍，王钦若纳妾的事儿也泡汤了。王钦若的后宅中建有一座堂，名叫“三畏堂”，杨亿调侃他说：“堂名可以改叫‘四畏’。”王文穆问他怎么讲，杨亿回答：“兼畏夫人。”

北宋王巩给苏轼寄了封信，苏轼回信说：“你的新诗每一篇都很棒，老朽我这次是真的赶不上了。看来这用来窘人的技艺，可以交给你了。”魏道辅见了笑道：“王巩怕是很难办理移交手续，也就是暂时代理而已。”

顾临为翰林学士，他常说：“赵广汉这个京兆尹做得很好，不过如果让我来做，要超过他也不难。”苏轼笑着说道：“你做京兆尹，得改姓啊。”顾临问：“要姓什么？”苏轼回答：“姓茅，叫茅广汉（与‘冒’谐音，嫉妒之意）。”

李居仁和郑辉两人是朋友，李居仁已年过六十，胡子都白了。郑辉年少轻佻，竟称他为“李公”，李居仁就把胡子全都拔了。有一次见面时，郑辉装作吃惊的样子问：“几天不见，你这风采变化大了，什么情况？”李居仁很高兴，问道：“你觉得我现在怎么样？”郑辉说：“昔日皤然（白头的样子，皤音同婆）一公，今日公然一婆。”

桓温年轻时与殷浩是好朋友，殷浩曾经作诗给桓温调侃说：“你以后千万小心别得罪我，要不我就把你的诗拿出来给别人看。”

三国时曹操把祢衡送到刘表那里去，朝臣们都来参加告别宴，大家商量道：“祢衡平时乖张无礼，今天正好他来得晚，到时我们大家都不起身，也羞辱他一回。”等祢衡来了，众人当真没有一个起身，祢衡坐下之后就放声大哭。大家问他哭什么，祢衡回答：“我像是坐在坟墓里，周围躺着的都是尸体，在尸体和坟墓中间，我能不哭吗？”

陈眉公喜欢看雪景，常对客人说：“古今有两大笨汉，袁安关门，子猷回舟。明明是怕冷，却弄出那么多遮掩的名堂儿。”

明太祖朱元璋问陈君佐：“我和之前的哪位帝王比较像？”陈君佐回答：“陛下像极了神农氏。”皇上问为什么，陈君佐说：“如果不是神农，怎么能尝百草？”皇上明白过来之后大笑。原来军队曾经缺粮时，士兵多用草根树皮当食物，皇上当时也与大家同甘共苦来着。

王僧虔才十岁的儿子王慈，与蔡兴宗的儿子蔡约一起去寺院里拜佛，看见和尚们正在忏悔，蔡约调侃说：“众僧今日何等乾乾（暗谐王父僧虔之名）！”王慈回道：“你如此不懂礼节，还怎么振兴蔡氏之宗（暗谐蔡父兴宗之名）？”

谢超宗看到王慈在学习书法，便问他：“你的书法比起你父亲来怎么样？”王慈答道：“我的书法与父亲相比的话，就像用鸡来比凤。”谢超宗，就是谢凤的儿子。

苏轼住在黄州时，在山坡下面种了稻子，有五十亩田地，还养了一头牛。有一天牛病倒了，牛医来看过也说不清病情。妻子王夫人见多识广，对苏轼说：“这头牛在发痘斑。你用青蒿做成粥喂它吃就行了。”苏轼照着做了，果然有效。后来，苏轼把这办法讲给章惇，说：“我自从被贬到这里以后就成了老农了，没啥高兴的事儿了。哪知道老妻仍能照料黑牡丹（牛的别名）呢！”章惇说：“我本想留下跟你说会儿话，但怕人们又说我是来找牛医儿（东汉名士黄宪，其父为牛医，这里指王夫人）的，我看我还是走吧。”苏轼听了大笑。

第九章　清语：出于隐士之口，存于山林之间

晋人喜欢清谈。前人给清谈划的范围很广，除了俗物以外，凡是风流、豪爽、放达、高傲等，都属于清谈的范畴。但是现在以“清”为名区分类别的话，就只能将范围缩小了。经过反复斟酌，清语大概也就存在于山林隐士之间了吧！列清语为第九。

春天里，戴颙带着两个柑子、一壶酒在路上漫步。有人问他到哪儿去，戴颙说：“去听黄鹂的叫声。它是俗耳的救治良药，可以鼓荡激发诗情。”

潘师正隐居在嵩山逍遥谷，唐高宗召见他，问他有没有什么需要的，潘师正回答：“臣所需要的东西是茂松清泉，山中不缺。”

田游岩屡次受到朝廷征召，却坚持不出仕。唐高宗驾临嵩山来探访他，他穿着山野粗服面圣，恭敬淳朴。唐高宗问："先生近来可好？" 田游岩回答："臣就是人们说的那种以泉石为病癖、以烟霞为痼疾的人。"

晋代右军将军王羲之离职以后，与东部的士人一起享受游山玩水的乐趣，又与道士许迈共同研习服饰、食物、草药，不远千里，游览东部各郡的名山，泛舟无边无际的大海，不禁感叹："我会快乐至死。"

东晋陶潜曾说："五、六月时候，闲躺在朝北的窗户下面，享受偶尔吹来的凉风，会感觉自己是上古伏羲时代的人。"

有客造访陈继儒的岩栖草堂，问他是抱着什么想法而甘心隐居，陈继儒借用古人的句子回答："得闲多事处，知足少年中。" 客人又问："你平日都做什么来打发时间？" 陈继儒说："种花春扫雪，看箓夜焚香。" 客人又问："那你以什么为生活来源呢？" 陈继儒回答："砚田无恶岁，酒谷有长春。" 客人再问："都和哪些人来往？" 陈继儒说："有客来相仿，通名是伏羲。"

宗少文好山水，将所到之处的美景都画入画卷，悬在房间里。他对别人说："每日抚琴奏曲，要是能让众山都发出回响就好了。"

孔稚珪对万事都看得很淡，院子里已经杂草丛生却从不打理。有时在院子中能听到蛙声，孔稚珪说："这声音赛得过两个吹奏乐队。"

谢谌不随便与别人交往，家中极少有拜访的客人。有时他独自饮酒醉卧，说："进我房间的惟有清风，和我饮酒的只限明月。"

我同乡汪曼容擅长古篆刻，年纪越大技艺更精湛，即便是文三桥、何雪渔也比不上他。他在黄萝山下盖了间屋子，取名"一树庵"，每天在屋里念诵佛经。偶尔外出也是办完事马上回来。有人问他："为什么这么赶时间？"他挥挥衣袖，指着一两片云彩，回答说："白云伴我出来办事，我着急送它们回家呀。"

孙腾、司马子如两人曾一同去拜访李元忠，当时李元忠正坐在树下，抱着被子，对着酒壶，庭院里荒凉空旷。李元忠让婢女卷了两条褥子去抵押换酒，然后慢慢地对两人说："没想到你们会今天光临寒舍。"

罗远游住在呈坎山中，家里有很多古书旧帖。曹臣常去探访他，一连几日不回家。有一次曹臣急着要回去，罗远游不让他走。当时看天是要下雨的样子，邻山刚被云雾笼罩，松木等只有上半截露在云外，罗远游对曹臣说："就算你不留恋老朋友，难道还能忍心抛弃这巨幅的米家水墨山水画吗？"曹臣被说动了，又多住了好几天。

梅岭高耸陡峭，登上去的人如同千仞高岗上的一颗弹丸，对心理素质是一种极大的挑战。翻过这里之后，情况就略好些了，能让人得到暂时的休息。熊际华从这里经过，感觉心旷神怡，叹道："不先以平易之景示人，这是山神特意的安排。"

晋朝简文帝游华林园时对随从说："让人会心喜爱的地方不一定在远处，看着葱郁的树林、淙淙的流水，会有置身于濠、濮之间的愉悦心情，觉得鸟兽禽鱼都会主动来亲近游人呢。"

东晋顾恺之从会稽回来，有人问他会稽的山川美不美。顾恺之说："千岩竞秀，万壑争流，看地有青草绿树，葱茏茂密；看天有云雾缭绕，彩霞斑斓。"

东晋王献之说："走在山阴的路上，山光水色互相辉映，让人应接不暇。如果能在秋冬季节畅游，那就是更妙不过的了。"

晋明帝问谢鲲："你跟庾亮相比怎么样？"谢鲲回答："端正立身于朝廷，给百官做榜样，我不如庾亮；流连寄情于丘壑，赏玩山水，庾亮就不如我了。"

晋代王徽之曾暂住在别人的空宅子里，一进门便让人种竹子。有人说："暂住而已，何必这么麻烦？"王徽之感叹了好一阵儿，指着竹子说："我一天都不能没有它！"

刘野亭回故乡后，有权贵前来拜访，他一概不见。有人跟他说这样不合适，他回道："刚与虎狼（比喻官场凶险）分开，怎能忍心这么快就和鸡犬（象征隐居安逸）离别？"

苏州隐士王宾隐居在西山，太子少师姚广孝以旧友的身份到西山探访他，说："这么寂寞的一座空山，哪能长住啊？"王宾回答："是多情的花鸟不肯放我走啊。"

明代熊际华到吉水去造访邹元标的家乡，那里清幽寂静，熊际华喜欢到都不想走了。每次回去后，熊际华都要对亲朋好友说："邹元标的故乡水石清凉，能让人产生廉洁自勉的想法；但等到与当地的人交流后，又会觉得水石都不算什么了。"

李永和关起门，拉上窗帘，不收拾屋子也不外出，开始了不事生产、一心整理书籍的日子，每部书都亲自动手删削。他常感叹："大丈夫拥有万卷藏书，哪里还有时间去争王称霸！"

陶渊明曾倚着手杖细听田间的流水声，感叹："稻谷吐花，翠色不染人，不时敞开内心，一洗荆棘杂物，这是我的老师和前辈们不及水的地方。"

郗诜在山中生活了几个月，爱听樵夫的说话和牧人的歌声，他说："这些给五年来的尘俗肠胃来了个彻底的清洁。"他兴致勃勃地倚在车上临水欣赏，待了好久才离开。

关文衍做散骑常侍时，把九华山画在一件白绫半袖上，称为"九华半臂"，自语道："它能让我身处在云泉之内。"

丹阳尹刘琰说："一见到清风明月，自然就会想起晋代许询来。"

历史上有关于南安翁的记载。漳州陈元忠客居南海时，曾经到京城去参加省试，路过南安时天色已晚，便投宿到一个山野人家。这家人有几间茅屋，院中有竹子树木，茂密可爱。屋主人是个老翁，虽然穿的是麻衣草鞋，言谈举止却像个读书人。桌子上散乱放着各种书籍，陈元忠问他："您是教儿子读书吗？"老翁说："我以种田为生。"又问："也要进城吗？"老翁回答："我已经十五年不出去了。"再问："收藏这些书有什么用？"老翁回答说："这只是偶然间得到的而已。"

明代陈继儒住在山里，有客问他山中什么景致最奇妙，陈继儒说："下过雨之后，没降霜之前，有花的早晨，还有月明的夜晚。"又问他什么事情最奇妙，陈继儒说："钓鱼时与白鹤一同等待，果子熟了让猿猴过来采摘。"

司州刺史王胡之到吴兴的印渚去旅游，感叹道："这里不仅可以涤荡人的内心，还能让人觉得太阳和月亮都更加明朗皎洁。"

天游子仿效明代马文升，游遍了天下名山，有人问他："山和山之间有什么不同吗？"天游子回答："有啊。春天的山淡美如微笑，夏天的山苍翠欲下滴，秋天的山明镜如新妆，冬天的山惨淡如安睡。海中的山微茫而隐约，江中的山严整而峭拔，溪中的山窈窕而幽深，塞上的山突兀而萧瑟。桂林的山玲珑剔透，巴蜀的山险要低伏，河北的山绵延雄浑，江南的山俊俏清丽。山之景色就是各有各的不同呢。”

明代屠隆说：“鲜花上刚下过微雨，像雪白皮肤透出的红润；绿柳边刚吹过轻风，像淡淡的眉睫敷匀了翠黛。向妻子要酒，瓮里有新熟的佳酿；让小童煮茶，有想见的人来登门拜访。先生这时的兴致怎样？”吴苑笑着说：“光这些还不够，还得加上注解，要像卢仝那样豪饮不过七碗，要学邵雍那样有度，只喝半醉，这样就最好了。”

东晋顾恺之把谢鲲的像画在岩石中间。有人问他为什么这样做，顾恺之回答：“谢鲲说过‘一丘一壑，自谓过之’，这位先生就该放在丘壑中。”

明代屠隆说：“茶已煮熟，气味清香，有客来访，可欢可喜；鸟雀啼鸣，花瓣飘落，无客来访，依旧悠然。”

萧恭对梁元帝说：“下官长期观察现在的人，发现他们大多找不自在，仰面躺在床上，看着屋梁著书，却从没想过千万年后谁来承继，劳神苦思到最后也不能成名。哪能比得上临清风、对明月、登山玩水来得纵情欢畅呢？”

唐肃宗曾经赏赐给高士张志和奴仆、丫鬟各一人。张志和让二人结为夫妇，赐名为渔童、樵青。有人问他为什么，他回答：“让渔童去钓鱼拉线，在芦苇中摇桨；让樵青去采兰伐桂，在竹林中煮茶。”

明代陈继儒对客人说：“我盼望能藏万卷书，用异锦作书套，再熏上异香，就在这茅草屋芦苇帘、纸窗户泥土墙里面啸歌吟咏，一辈子不做官。”客人笑说：“真这样的话，也算是天地间的一个异人了。”

明代陈继儒说：“烧上香，倚着枕，尘事已了，梦境还没到。我现在的状态就可以称为‘卧隐’，还是觉得到山里去凿洞隐居太麻烦了。”

南宋倪思说：“松树声，溪水声，山禽声，野虫声，鹤声，琴声，棋子下落声，雨滴台阶声，雪洒窗户声，煮茶声，都是极清雅的声音，但还是以读书声最清雅。我喜欢听别人的读书声，如果听到子侄们读书的话，我就更是开心得无以言表了。”

陈继儒说:“坐在阔密绿荫中的小亭子里避暑，四周开敞，八面通达，茶几和竹席全都绿莹莹的。这时忽然听到雨后的蝉声，闻到微风中的花香，此情此景人自醉啊！”

傅昭性情淡泊，宁静自守，不好与人交往。袁粲每次经过他家门口时都感叹:“经过他家时，静得好像屋里没有人；拉开帷幕后，才知道人就坐在屋子里。这一定就是贤德的人了！”

屠隆说:“深山僧人到来，衲衣上都浸染了松树间的云气；斗室念诵残卷，一半石磬声都消失在芭蕉上的雨中。”

陆羽问张志和平时都跟谁来往，张志和说:“我们以天为房间，以月作蜡烛，四海之友同住在一起，从未分开过，还谈什么往来！”

屠隆说:“我在篱笆边持杖着履和僧侣告别，花枝挂住了头巾的一角；石头上置杯设酒，用来招待客人，松子落在了我的衣襟上。”

黄玄龙家住在黄萝山脚下，那里有梨花数千枝，每当梨花盛开的时候，他便天天徘徊在花丛中间，直到花朵落尽，还要三番五次地去看。有人问他为什么这样，他说："白地（指满地梨花）生绿苔，实在是可爱。"

陈继儒说："山中的鸟每天夜里五更时分会群起鸣叫五次，叫作'报更'。这就是山中真率自然的钟漏之声。"

陈继儒说："住在山里比住在市区好，好处有八：不苛求礼节，不用见生客，不乱吃酒肉，不争夺田产，不听世态炎凉，不去纠缠是非，不必逃避文债，不谈官员名簿。与此相反的，便是卖牛的店铺和贩马的驿站。"

第十章　韵语：言谈间尽显风流

风流之士有情韵，就好比美玉有赤斑，犀角有晕痕，妙处同时也是短处。短处、妙处并没有明确的界定，沉溺其中的认为是妙处，指责批评的认为是短处。不能免俗的人们也逃不离情韵之海，所以就以有情韵为妙处了。将韵语列为第十。

王戎的儿子万子夭折了，山简去安慰他。王戎正哭得不能自已，山简说："还是个抱在怀中的幼儿，怎么悲痛到这程度？"王戎说："圣人能忘情，小人不念情；情感最强烈的，就是我们这些人了。"

明代袁宏道做吴县县令时，曾和方子公同游虎丘山，看见年轻女子都避开他们，便对方子公说："乌纱（代指官员）带着红袖（年轻女子）登山，前人都认为是风韵之事，如今却不能兼得了，便开始觉得乌纱碍事了。”

晋代光禄大夫王蕴说：“酒可以让人自然地远离尘俗。”

明代金陵妓女沙宛刚十六岁时，在茫茫人海中偶遇吴苑，心生爱慕，就频频向他眉目传情。吴苑心领神会，两人渐渐地脱离大群体。有同游的人想去搅乱他们的约会，被人劝阻道：“不要惊醒了情禅（热恋的人）。”

西晋太尉王衍说：“中书令裴楷精明开朗，有非凡的见识，为世人不可及。如果死后可以跟现在一样，到时就应该找到他、结交他。”

东晋王徽之、王献之兄弟，一起品评《高士传》中的人物及作者批语，王献之赞赏东汉人井丹的格调高洁，王徽之说：“井丹可比不上西汉司马相如的玩世不恭。”

东晋太尉庾亮驻守武昌期间，在一个景色清丽、气候宜人的秋夜里，属吏殷浩、王胡之等一帮人登上南楼谈论名理、吟咏诗歌。正当气氛热烈的时候，忽然听到楼梯上传来非常响亮的木屐声，大家都猜是庾公。不一会儿，果然看见庾亮在前、十几个属下在后，步行而来。众人想起身回避，庾亮却慢条斯理地说：“诸位留步，老夫对这件事情也很有兴趣。”说完后便坐上交椅，和大家一起吟咏调笑。

人们都知道大通禅师节操高洁，所以如果没有斋戒和沐浴都不敢去登门拜访。偏偏苏轼带着歌伎去拜访他，把大通禅师气得要命。苏轼还填了一首《南柯子》，让歌伎唱来听，大通听了也笑了。苏轼说：“今天参破了老禅啊。”那首词是这样的：“师唱谁家曲？宗风嗣阿谁？借君拍板与门槌。我也逢场作戏、莫相疑。溪女方偷眼，山僧莫眨眉。却愁弥勒下生迟，不见老婆三五、少年时。”

宋代僧人道潜谈论唐代杜甫的诗时说：“‘楚江巫峡半云雨，清簟疏帘看弈棋’，这诗可以入画，就怕画不出诗中的韵味。”苏轼问：“修道的人也喜欢这句诗么？”道潜回答：“即便是不贪嘴的人，遇到干贝这样的美食，也是忍不住要尝上一尝的呀！”

苏轼离开黄州到岭南之后，每天早晨起来，不是邀请客人前来小叙，就是出去拜访朋友。对来往的人也没什么选择标准，总是应和着客人的品位高低，言谈间幽默诙谐，无拘无束，毫无隔阂。遇上不善言谈的人，苏轼就让他讲些神鬼故事。如果对方推脱说不会，他就说："你只管胡乱讲，我只管胡乱听。"

吴逵说："世上如果没有鲜花、明月、美女，我活在这世上也就没意义了。"

明代陈继儒说："名妓翻经书，老儒酿美酒，将军骋文坛，书生赛疆场，虽然有失本色，却也别有风情。"

益州向朝廷进献了蜀地的几棵柳树，长着形状像丝缕的特别长的枝条。南朝齐武帝萧赜把它们种在太昌云和殿前，赞赏道："杨柳风流可爱，恰似奇人张绪当年。"

金陵歌姬马某，排行第三，擅饮酒，把其他客人都喝倒了，自己仍然面不改色。明代李维桢看到后羡慕地说："我曾遗憾三国阮籍虽然善饮，但仍是个男子，今天终于轮换为女郎了。"

许谨（一作慎）选性情旷放，不拘小节。他与亲友在花园中小聚，也不搭帐篷、设座位，只让仆人将落花聚在一堆儿，坐在上面说："我自备花坐垫。"

南朝宋丹阳尹袁粲闲散放达，喜饮酒，他曾在长着白杨树的郊外田野散步，遇到了一个读书人，便邀他共饮。第二天，此人以为自己受到赏识，便来到袁府拜访，袁粲说：“你想多了，只是昨天喝酒时没人做伴，姑且相邀罢了。”

王无功担任门下省待诏，按惯例，官府要每天给他提供酒三升。有人问他：“做待诏有什么好的？”无功回答：“就是那份酒的温暖让人留恋啊。”

张卿子与邓林宗、闵子善、钟瑞先、刘叔任等人半夜的时候在佑圣观散步，残月照眉梢，凉气逼人。有人提议要回去，张卿子说：“散花残月，惟若有情人。我们正是这种人，不能硬着心肠违背性情。”于是几人继续漫步玩赏，天亮时才散去。

明代钱福请假还乡，他的门生某人在做扬州知州，派人去迎接钱福，到了约定的时间还没有看到钱福的影子。后来钱福一到，大商巨富们便争先迎拜，想请他帮忙行个方便。钱福便说：“老夫这次是带病来看看广陵的浪涛，再看一下琼花的状况，不要把我当作跨鹤人（大捞一把的人）。”

陈继儒说：“有的人一字不识却很有诗意，一篇偈（佛经中的唱词）不参却很有禅意，一杯酒不沾却很有酒意，一石不晓却很有画意，原因就在于淡宕。”

玄墓山寺门口有棵巨大的松树，长得很茂盛。风水先生说，这棵树对着门，不吉利，劝寺里毁了它。恰巧天全翁来到寺中，僧人们询问他的意见。他很喜欢这棵松树，不忍心毁了它，便徐徐对僧人说：“木在门中，就是一个‘闲’字，难道不好吗？”

晋代支遁曾经养了几匹马，有人说和尚养马不太风雅，支遁说：“贫僧喜欢的就是它的风神俊朗。”

郝公琰说：“我常见到一些俗人的面孔，特别影响心情，这时便经常拿出张卿子的小像，回忆一番他的神色笑语，不但可以免俗气，还会觉得世界一片清凉。”

东晋王献之告诉王恭：“西晋羊祜只是洁身自好，但与别人有什么关系？倒还不如铜雀台歌伎，至少可以娱人耳目。”

太傅司马道子夜里坐在书斋里，当时天空明净，月光皎洁，没有一丝阴云，太傅觉得天气很好。谢景重当时也在座，说：“我觉得还不如有少许云彩点缀一下。”太傅便开玩笑说：“你自己居心不净就算了，难道还要把干干净净的天空硬给弄脏么？”

西晋刘昶的酒友是三教九流什么人都有，有人因为这事儿笑话他，他回道:“比我强的人，不可不与他共饮；比我弱的人，也不可不与他共饮；和我半斤八两的人，更不可不与他共饮，所以我整天和不同的人喝得大醉。”

有一次阮籍的嫂子要回娘家，阮籍出来送嫂子，看见的人笑话他，阮籍反问:“难道礼法是为我们这些人制定的么？”

西晋的阮咸、阮籍住在路南，其他阮姓人住在路北。路北的阮姓比较有钱，路南的阮姓都很穷。七月七日那天，路北的阮家大晒衣服，都是绫罗绸缎。阮咸就用竹竿挑着一条粗布做的短裤晒在院子中。有人感到很奇怪，阮咸回答:“我也不能免俗，姑且也跟着应应景吧！”

在午桥庄的小儿坂，满山坡都是茂密的野草，裴度经常让人把羊群分散赶到山坡上，说:“芳草多情，用这个来点缀。”

皇甫嵩说:“醉酒也有说法，要选择与之相宜的环境条件。醉在花间，应该选白天，这样可以感受明亮的阳光；醉在雪里，应该选夜晚，这样可以使思绪更显清幽。醉在得意之时，可以唱歌，这样可以抒发愉悦的心情；醉在离别之际，可以敲钵，这样可以改善忧郁的心境。醉在文人群里，要谨慎言行，小心受到别人的侮辱侵犯；醉在俊杰当中，要换大碗增旗帜，这样可以彰显他们的豪情。醉在高楼，应该选在盛夏，这样可以感受高处的清新；醉在水上，应该选在秋天，这样可以体验泛舟的凉爽。总而言之，要仔细研究醉酒的各种情况，要与四周情境相得益彰，做不到的话，就是不会喝酒的人了。”

西晋张翰为人肆意不拘，当时人称他为“江东阮籍”。有人问他：“你现在纵情快意于一时，难道就不想想身后名吗？”张翰笑说：“对我来说，身后之名还不如眼前有一杯美酒。”

晋代毕卓说：“一手拿着蟹螯，一手拿着酒杯，浮游在酒池中，这一生就比较满足了。”

潘景升曾说：“妓女眼神火辣辣地盯着一个人看时，那个人就会不高兴，这就是一种呆痴的表现。”狭隘的人问：“难道就任妓女看么？”潘景升回道：“那些迷恋我们的女子，不也是这样盯着我们看么？”

有人讥讽尚书左仆射周顗和亲友乱开玩笑，言语间杂乱低俗，毫无分寸。周觊反问："万里长江，每流千里就出现一段弯曲不是再正常不过了么？"

唐朝苏晋是苏颋的儿子，好佛。他曾得到胡地僧人慧澄所绣的弥勒佛一卷，视为珍宝，还说："此佛喜欢喝米汤，和我一样，我甘愿供奉他，其他的佛就算了吧。"

王忱看见王恭有一条六尺长的竹席，以为他还会有多余的，就让他把这条送给自己，王恭就送他了。后来王忱没见王恭再用过竹席，就问王恭怎么回事，王恭回答："我这辈子就没有什么多余的东西。"

袁丰住宅后面有六棵梅，他感叹说："烟姿玉骨，世外佳人，只可惜没有倾城一笑了！"

唐御苑中新添了一种千叶桃花，唐明皇亲手折下了一枝插在了贵妃的头上，说："这花让你更娇艳了。"

赵飞燕把妹妹赵合德进献给汉成帝，成帝非常高兴。赵合德冰肌玉骨，肌肤没有一处不细腻，成帝称之为"温柔乡"，自叹说："看来我将终老在温柔乡里，不能效法武帝寻求仙乡了。"

某年秋八月，太液池中有数株千叶白莲开得很盛，唐明皇与贵戚们一起宴饮赏荷，大家都赞叹不绝。过了好一阵儿，明皇指着杨贵妃对身边的人说:“此荷怎么比得上我这株解语花！”

孟万年好酒，即便喝多了也不糊涂。东晋桓温曾问他:“酒有什么好？你怎么这么喜欢喝？”孟万年回答:“只是你不知道酒中的乐趣罢了。”

皇甫亮一连三天不到内阁上班，北齐文宣帝让他解释旷工的原因，皇甫亮回答:“一天喝酒了，一天醉倒了，一天酒后难受了。”

谢耳伯、宋献儒在潘景升家里小聚，席间有三名妓女佐酒。谢耳伯信佛教，不饮酒，不近女色，在座免不了做些自我约束。宋献儒对他说:“过得了美人关就算达到圆通境界了，能成佛成仙的，正是我们这类人。”

东汉末北海相孔融闲居在家，失权失势，他惜才爱贤，即便宾客们每天都去他家拜访，也嫌不够。他经常感叹说:“座上客常满，樽中酒不空，这样我就无忧了。”

琅琊人王肃在南朝做官时喜欢喝茶和莼菜汤，后来回到北方时又爱上了羊肉酪浆。有人问："茶和酪浆哪个你更爱？"王肃说："茶连给酪浆做仆人都不配。"

郭顺卿排行第二，人称"郭二姐"，她与王元鼎很要好。当时阿鲁温在中书省做参政，对郭顺卿有点儿意思。有一天阿鲁温开玩笑地问郭顺卿："我和王元鼎相比怎么样？"郭顺卿回答："参政是重臣，元鼎是文士。论管理朝政、效忠皇上、造福百姓，元鼎比不上参政；但若论惜玉怜香的话，参政就不能和元鼎相比了。"阿鲁温笑着离开了。

郎基为官廉洁谨慎，无欲无求。他曾说："在任所，连木枕都不要做，就更别说更贵重的东西了！"但有一条，他喜欢让人抄书，樊宗孟对他说："以职权组织抄书也是一种风雅之过啊。"郎基回道："观察一个人的过失，就可知道他的贤愚，这也就可以了。"

任育长曾从棺材店前走过，难过得痛哭流涕。东晋丞相王导说："又是个情痴啊。"

东晋桓伊只要一听到清雅的歌声，就呼喊“怎么办”，谢安听到后说：“桓伊可以说是一往情深的人啊。”

晋代王恭说：“名士不一定都是奇才。只要经常能有闲暇的时间，可以痛快地饮酒，可以熟读《离骚》，便可以称为名士。”

晋代司徒长史王廞登上茅山，放声痛哭：“琅玡王廞终究会为情而死。”

唐玄宗坐在沈香亭等贵妃杨玉环，杨贵妃因为早晨喝醉了酒，还没有完全清醒，唐玄宗就传令高力士让侍女扶她过来。只见迎面走来的杨贵妃面带醉容，装扮慵懒，鬓发散乱，玉钗倾斜，因为无力连跪拜之礼都行不了。皇上笑着说：“这哪里是妃子醉酒，真是个海棠花没有睡够呀！”

蒲传正做杭州知府时，有个方术之士前来求见，年龄估计已过了九十，脸色却仍像婴儿一样红润。蒲传正跟他谈得挺投机，便问他长寿的秘方。方士回答：“极其简单，除女色外百无禁忌。”蒲传正低头想了好久，然后说：“如果这样的话，即使活上一千年，又有什么意思！”

李舟被任命为昌州刺史，正在闹情绪。彭渊材安慰他说：“昌州是个好地方，最好别放弃啊。”李舟问：“那里物资丰饶么？”彭渊材回答：“不丰。”李舟又问：“那里诉讼稀少吗？”彭渊材回答：“不少。”李舟再问：“那你从哪里知道它好呢？”渊材回答：“天下的海棠花都没香气，只有昌州的海棠花有香气。”

陈眉公说：“香令人幽深，酒令人辽远，石令人隽逸，琴令人平静，茶令人爽快，竹令人清凉，月令人孤寂，棋令人悠闲，杖令人轻松，水令人空灵，雪令人旷放，剑令人悲慨，蒲团令人枯索，美人令人爱怜，僧人令人淡泊，花令人风雅，金石彝鼎令人高古。”

杜陵的杜先生擅棋艺，号称为天下第一。有人讥笑他执迷于棋艺是浪费时间，杜先生说：“精通了棋盘中的道理，可以对圣人的教义大有补益。”

北齐文宣帝高洋性情凶暴，贵嫔薛氏犯了点小错，文宣帝就下令将她杀掉分尸，之后抱着用她的大腿骨做成的琵琶摩挲着，叹息道：“佳人难再得啊！”

米芾有点洁癖，挑选女婿时，选中了建康的一个姓段名拂字去尘的人。米芾说：“都擦过了，还要去尘，正是我想要的女婿呀。”便将女儿嫁给他为妻。

屠长卿说：“坐在椅子上谈话应该平心静气，好好地听豪杰之士的慷慨议论；端着酒杯喝酒应该头脑清醒，细细地看喝酒时人们的各种醉态。”

陈继儒说：“天上的风月，地上的花柳，人间的歌舞，没有这些，就构不成所谓的三才。”即便是玩笑话也是有道理的。

唐玄宗性情豪迈，特别不喜欢琴。有一次听到别人弹琴，一曲还没弹完，他就呵斥宦官说：“快叫花奴把羯鼓拿来，为我解解秽气。”

南朝梁武帝萧衍非常推崇陈郡谢朓的诗，曾经说：“三天不读谢朓诗，便觉得口中气味不正。”

刘伶常坐着一辆小车，带着一壶酒，让人扛着铁锹在后面跟着，说：“死了就把我埋掉。”

汉朝平恩侯许广汉乔迁之喜时，丞相、御史、郡守都前来祝贺。盖宽饶来得比较晚，许广汉亲自给他倒酒，念叨："盖兄来晚了。"盖宽饶说："别给我倒多了，我可是个酒狂。"丞相魏侯笑着说："盖先生清醒时就已经很狂了，哪里还需要喝酒呢！"

尚方禁年轻时曾经与别人妻子偷情，被正主儿砍了一刀，脸上留了伤疤。左冯翊朱博任命他为都尉时问："脸上的伤怎么来的？"尚方禁知道朱博肯定是知道实情了，便叩头认罪。朱博笑着说："男人偶尔发生这种事情，也是难以避免的。"

刘伶超爱喝酒。有一次他口渴得厉害，向妻子要酒喝。妻子藏了酒、扔了酒器，劝他说："饮酒不是养生之道，得戒。"刘伶说："好吧！不如祭祀鬼神、立下誓言好了，你现在去准备祭祀的酒肉。"妻子就照他的话办了。刘伶跪在鬼神面前祷告说："天生我刘伶，饮酒出了名；一次饮一石，五斗除酒病。妇女说的话，千万不可听。"随后便喝了酒，吃了肉，醉倒在地上。

马援因攻打贼寇有功，被封为新息侯，食租税三千户。为此他杀牛摆酒，犒劳军士，从容地对下属说："我的堂弟马少游经常叹息我激昂慷慨、胸怀大志，说：'士人活一辈子，只需做到衣食够用，乘个简易的车，骑个慢行的马，做个郡中属官，守住先人坟墓，乡里称你是个好人，这样也就够了。硬要追求更多的盈余只是自讨苦吃罢了。’当初我转战在浪泊、西里一带，敌寇未灭的时候，下面是积水泛滥，上面是迷雾、毒气熏人，仰看飞鹰跌落水中，躺下后想起少游所说的那些话，真不知怎样才能做得到呢！”

郝之玺说：“看花跟在男子后面，应该做个女人；寻花跟在女子后面，应当做个男人。”

江之生做僧人的时候，坚持苦行，曾在石岭山房拜访过黄玄龙。两人分别后，江之生蓄发还俗，等再到金陵去拜访黄玄龙的时候，黄玄龙已经认不出他了。江之生说：“黄先生忘记了吗？我是江某人呀。”稍微寒暄了几句，江之生就惊恐地说：“我实在是痛苦极了！”黄玄龙问他哪里不舒服，江之生说：“不小心染上的花柳病都三个月了还没好。”

大司徒杜公在扬州时，曾和幕僚聊道：“我辞官后，就准备花八九千买一匹小马，吃饱饭后就骑着它溜达，身穿粗布麻衣到集市上去看看盘铃傀儡戏，这样的生活就不错。”杜公辞官后果然就这么做了。谏官向皇上上书，弹劾他身为三公就不应当到集市上，杜公说：“这也在我的意料之中。”

陈惟允家藏有元代王蒙的《泰山密雪图》，张廷采听说后就到他家去赏画，在画的下面躺了两天还不肯走。家里派人过来催他，张廷采临走的时候，还回过头来对着画说："王先生，你哪里知道百年之后，还有个张廷采爱慕着你呢！"

南宋赵孟坚曾得到一幅完好的定武《禊帖》（即王羲之《兰亭集序》），乘船夜行回家的时候，在雪溪岸边的昇山附近遭遇了大风，船被打翻了，行李衣被都掉到了水里，啥都不剩了。赵孟坚披着湿透的衣服站在水里，手里举着《禊帖》，说道："《兰亭集序》还在这里，其他的都不用管了。"

唐代晋国公裴度性情宽宏通达，从不服食丹药，他常对别人说："鸡猪鱼蒜，逢着就吃；生老病死，时到则行。"

李宗闵的府邸经常有客来访，他喜欢和客人一起喝酒谈笑。盛夏的一天，他在池塘边设宴，用荷叶做酒杯，把酒酌满后紧紧地系住拿到嘴边，用筷子戳一个口接住喝。喝不完就再来一次。酒宴散了以后，有人说喝得特别尽兴。李宗闵就说："今天尽兴，就说明昨天不尽兴，从此以后好坏都不能说啊。"

袁中郎说："如果有人隔着帘子听到了玉钗落地的声音而不

动念头，那这个人不是傻瓜就是智者，幸好我处在傻瓜和智者的中间位置。”

吴巽之坐在畸庄亭内看桃花，忽然风起花落，便不住地叹惜道：“万点落花，令人忧愁。”郝公琰对曹臣说：“吴巽之这种惜花怜花的心情，就好像是花的心肠。”

王元宝有钱但没有文化。有次他和宾客聚会，第二天亲友问他：“昨天肯定有些高妙的言谈吧？”王元宝说：“只是拿些锦缎赏给歌姬罢了。”

晋代阮成早先曾经与姑母家的一个鲜卑族丫鬟不清不楚，不久母亲去世，他在家守孝。此时姑母要迁居外地，开始说要将丫鬟留给阮成，临走时却改变主意把丫鬟带走了。阮成赶紧借了客人的一头驴，穿着孝服就追人去了。最后两人一块儿骑着驴回来了，阮成说：“不能让我的骨肉有流落在外的风险。”

唐玄宗开元年间，朝廷赏赐边地将士的衣裳都是宫中缝制的。有个将官在战袍中寻到一首诗，写道：“留意多添线，含情更着绵。今生已过了，重结后身缘。”将军拿诗去给主帅看，主帅又把这件事禀报给唐玄宗。唐玄宗问出此诗出自一宫女之手，宫女自认罪该万死。唐玄宗就下令给宫女和得诗的将官赐婚，说道：“给你们缔结今生缘。”

王献之夜晚躺在书房里，有个小偷潜入房中，献之跟他说：“那件青毡是我家祖传的旧物，最好把它给我留下。”

第十一章　俊语：俊人俊语，引人耳目

鸟生得俊，会被人扒皮做成帽子；兽生得俊，会被人捉住驯为坐骑；人生得俊，会被人盯着一直看；话说得俊，会有许多耳朵竖着听。除非人少了一副耳目，要不然怕是没有厌俊而爱丑的。只有俊人才能说出俊语，这可不是墨香生出的口花啊。列俊语为第十一。

东晋褚裒对孙盛说："北方人做学问，渊深、广博，有条理。"孙盛回道："南方人做学问，玄妙、通达，又简要。"支遁听到后说："不说圣贤，只看大众的话，北方人看书就像是在开阔处远望月亮，南方人求学就像是从窗户里窥视太阳。"

唐代宰相毕诚幼时家境贫寒，李中丞家族的几房子弟都和毕诚有点交情。有一次毕诚到了李家儿子的书房中，几人正在写诗，毕诚便也跟着写。不一会儿，李中丞来检查作业，看了几个儿子和毕诚的诗，觉得毕诚的诗写得最好，就问是谁写的，儿子们不敢隐瞒就回答说："是好友毕秀才写的。"李中丞说："让他出来见见吧。"毕诚出来后，李中丞故意叫来身边的人责骂道："为什么让马跑到池子里，踏得浮萍都打结、芦苇都倾倒了。"见李中丞盛怒，谁都不敢搭话。这时毕诚说："萍聚只因今日浪，荻斜都为夜来风。"李中丞听了十分高兴，以后对他都以客人之礼相待。

贾逵精通经义，传道授业，东汉章帝刘炟很看重他。贾逵的母亲生了病，皇帝拿出二十万钱让颍阳侯马防交给贾逵，说："他母亲病了，贾逵又没有什么给力的人事关系，如果总这样穷，就怕要随孤竹君的两个儿子伯夷、叔齐去首阳山了！"

孙宝任命侯文做东部督，吩咐侯文说："现在正是鹰隼搏击的时候，你要根据具体情况对奸邪之人毫不留情地严厉诛杀。你的辖区内有没有这样的诛杀对象？"侯文说："自然是有的，要不然我就白白接受这一任命了。"孙宝问："是谁？"侯文回答："霸陵杜稚季。"孙宝说："然后呢？"侯文回答："豺狼当道，哪管得了狐狸！"

南朝谢灵运喜欢戴曲柄的斗笠，孔彦深问他："你志向高远，胸襟洒脱，怎么还舍不下一个曲柄的斗笠呢？”谢灵运反问：“一个不怕自己影子的人，怎么却对此事念念不忘呢？”

明代文徵明（字衡山）从不到河下访客，严嵩（字介溪）路过苏州时等了两天，也没等到文徵明，气愤地对顾东桥说：“不拜别人就算了，他竟然也敢把我同其他人一样对待！”顾东桥说：“如果不是衡山有恒，哪能让介溪有芥（芥蒂、不快）？”这才让严嵩消了点气。

东郡人商铿给儿子取名为外臣，外臣长大后被任命为廷尉评。商铿入朝谢恩，北周武帝宇文邕问：“你给儿子取名为外臣，为什么又让他到朝内做官？”商铿回答：“外臣生于齐朝末年，那时人们都想隐避不出；现在已是明君盛世，民间再也没有被遗弃的贤人了。”

晋朝庾亮去探望周颉，周颉说：“是有什么喜事么，你忽然变胖了！”庾亮反问：“你是有什么烦心事么，忽然变瘦了。”周颉回答：“没什么烦心事，只是清纯空灵与日俱增，尘滓污秽与日俱减罢了。”

唐朝卢肇初次参加科举考试时，有前辈问他家乡在哪里，卢肇回答："我是袁州人。"有人问："袁州能出举人吗？"卢肇回答说："能啊，虽然就像沅江有九肋甲鱼一样，少得可怜。"

苏味道的才学和识见都为大家肯定，王方庆却体形丑陋，口齿不伶俐，智力不超凡，才华不出众。两人都为中书侍郎，有人问张元一："苏味道、王方庆两人谁更出众？"张元一说："苏味道是九月里经秋霜磨砺的苍鹰，王方庆是十月里被寒气冻蔫的苍蝇。"

裴廷裕字庸馀，唐昭宗乾宁年间做过宫廷近臣，文笔练达，才思敏捷。同僚们都说："裴廷裕就像一只顺水的船。"

前蜀韩昭在王氏朝廷里做礼部尚书，略懂文章，对琴、棋、书、算、射、法等都有涉猎，但不够精通。臣士李台瑕说："韩尚书的技艺，就像袜子上拆下来的线，没一条长的。"

萧引的书法遒劲飘逸，南朝宣帝陈顼曾指着他的署名，对在场的人说："这字笔势翩翩，就像小鸟振翅起飞。"萧引回道："这是因为陛下给了它羽毛。"

宋广平心系百姓，爱惜物力，很受人们赞赏爱戴，大家都称他是“有脚阳春”，说他所到之处，如阳春温暖万物。

颜延之曾经问南朝宋人鲍照：“我的诗与谢灵运的比，谁好谁坏？”鲍照说：“谢灵运的五言诗如初开的荷花，自然可爱；你的诗像华丽锦绣，也彩绘满眼。”

南朝梁刘峻觉得刘彦度超脱世俗，像是空中的红霞；刘士光凌驾凡尘，像是云中的白鹤。此二人都是荒年中的米粮，寒冬里的棉丝。

三国刘备很讨厌张裕的不恭顺，又恼火他泄露机密，便将他关进了监狱，准备杀了他。诸葛亮上表刘备请求赦免张裕的死罪，刘备说：“虽然是香兰，却生在了门口，不能不除。”

东晋谢安非常看重褚裒，曾说：“褚裒虽然不声不响，但一年四季之气样样不缺，做事胸有成竹。”

满奋怕风。有一次他坐在晋武帝旁边，北面是琉璃屏风，这琉璃屏风看着疏松实际上却很挡风，但满奋的为难之情依然显在脸上。武帝取笑他，满奋回道：“臣就像吴地怕热的水牛，不分日月，见了月亮也下意识地发喘。”

顾悦与简文帝司马昱同年出生，却早生华发。简文帝问："你的头发为什么这么早就白了？"顾悦回答："蒲柳的体格，到了秋天就纷纷凋零；松柏的躯干，经了霜冻却更加茂盛。"

晋代丹阳尹刘琰说："人们想象王徽很优秀，就好比是想象高大的松树下必定会有清风一样。"

任城的何休喜欢研究"公羊学"，有《公羊墨守》《左氏膏肓》《谷梁废疾》三部著作。东汉郑玄却指出《墨守》的错误，针砭《膏肓》的病患，治疗《废疾》的症结。何休见到后叹息道："郑玄这是跑到我家，拿了我的武器，来讨伐我啊！"

宋之问在武则天当政时曾上奏请求做北门学士，武则天没同意，宋之问就写了《明河篇》来明志。武则天见了他的诗后对崔融说："我不是不知道宋之问有才华，但是他的嘴真的是不好。"宋之问听了惭愧得要命。

裴子余做鄠县尉时，同僚李隐朝、程谌都以文法著称，只有他以词学知名。有人问雍州长史陈崇业："三人该如何排序？"陈崇业说："就像春兰秋菊，一个都不能少。"

苏州知府姚善去拜访韩奕时，韩奕躲进了太湖，姚善叹息道："我与韩先生，看来只有耳闻的缘分啊！"

苏轼的性子忍不住事儿，曾说过："这就像吃的东西中有只苍蝇，非吐出来不可。"

北宋唐庚说："笔的寿命以日计算，墨的寿命以月计算，砚的寿命以年计算。"

平康妓女马湘兰很有身价。有一个举人慕名而来，她避而不见。过了几十年，举人成了进士，做了南京御史台的御史。马湘兰因受到一桩案件的牵连而入狱，御史审讯她时说："看你这副样子，空有往日的虚名。"马湘兰答道："就因为往日的虚名，才遭到今日的实祸。"御史同情她，就把她放了。

丰城龙头山旧名叫鸡头山，叶御史在风景优美的地方建了一座江天阁。熊神阿说："假如山不改名为龙，鸡头上有角（方音同'阁'）的话，会显得更雄伟之极。"

周伯仁以宽宏大度获得了海内的盛名，之后却屡次因为醉酒而损害了形象。庾亮说："周伯仁可以说是风德（指士大夫德行名望）之衰呀。"

明代汪道昆问王十岳："我的文章与王世贞的相比如何？"王十岳回答："凿海，是为容纳百川；补天，重在不疏不漏。你二位虽然志向不同，但各自都达到了最高境界。"

侍郎刘伯刍所住的巷子里，有一户卖饼的人家，刘伯刍每天早晨从这户经过时，都能听到卖饼的在酒垆前唱歌。刘伯刍给了卖饼的一万钱，算是扩大生意的本钱，每天来取饼抵债。但是此后再来就听不到歌声了，刘伯刍问卖饼的："怎么不唱歌了？"卖饼的回答："生意大了，心计也粗了，顾不上唱歌了。"

东晋李充常叹自己怀才不遇，扬州刺史殷浩知他家穷，问道："让你做个县令觉不觉得委屈？"李充回道："先前我的牢骚想必大人早就听说了。无处可归的猿猴终于有机会奔进树林，哪还顾得上挑选树木呢？"

潘岳、石崇两人同时在东市被执行死刑，石崇问潘岳："天下杀英雄，你来干什么？"潘岳说："俊士填沟壑，余波涉及我。"

齐高帝有个老下属叫竺景秀，因为犯了事儿被抓进监狱。高帝问荀伯玉：“你去看过景秀了吗？”荀伯玉回答：“看过多次了，该批评的也批评了，景秀说如果能给他改过自新的机会，他一定吞刀刮肠、饮灰洗胃。”齐高帝觉得竺景秀的话有点意思，就把他放了。

魏恺多年来仕途沉沦，始终得不到重用，他曾遇到杨愔，跟他略微说了下自己的情况。杨愔说：“发诏令任命官职，这都是皇上的意思。”魏恺说：“虽然说雨是从天上落下来的，但终究要先从四岳聚集云啊。”

东晋庾亮夜上武昌南楼，殷浩、王胡之等名士也在那里。后来王羲之东下建康，丞相王导对他说：“庾亮的风范，肯定是不如当时了啊。”王羲之回道：“但是那种幽深情致是变不了的。”

鉴湖是会稽太守马臻主持开凿的，东西二十里，南北数里，郊野环绕在四周，和清澈的湖水互相映照，有如图画。王羲之说：“在山阴道上行，如在明镜之中游。”

孔融与蔡邕关系很好。蔡邕死后，孔融每当酒兴上来时，就把一个长得像蔡邕的虎贲军士，拉来一起喝，说道：“虽然老臣不在，好在还有典型在身边。”

东晋简文帝司马昱在殿内走，王羲之和孙绰跟在后面。王羲之指着简文帝对孙绰说：“这是位爱名声的先生。”简文帝回头对王羲之说：“天下就是有牙尖嘴利的家伙。”后来王蕴做会稽内史时，谢玄到曲阿为他饯行，罢去了秘书丞之职的王孝伯也在座。谢玄说到了王羲之和简文帝的语段时，便看着孝伯说：“王丞您的牙齿似乎就不钝。”王孝伯回答：“是不钝，已经一再验证过了。”

东晋王坦之在扬州参加了林法师的讲法活动，韩康伯、孙兴公等人也都在席。林法师的说法稍有理屈时，孙兴公就说：“法师今天就像穿着破棉絮在荆棘中走，到处牵牵扯扯。”

车骑将军谢玄说：“谢安尽情游玩时，还会放声歌唱；但只要一坐下来触鼻沉思，便自然有一种安居山泽之间的悠闲仪态。”

晋代王长史说：“丹阳尹刘惔对我的了解，胜过我自己。”

桓玄问太常卿刘瑾说：“我和谢安相比怎样？”刘瑾回答：“您高，谢安深。”桓玄又问：“我和你舅舅王献之相比怎样？”

刘瑾回答道："山楂、梨子、橘子、柚子，各有各的美味。"

有人随便议论谢尚，言语间很不尊重，大司马桓温说："诸位不要小瞧谢尚，他在此窗下踮起脚弹琵琶的样子，会让人误以为是天边的仙人。"

苏峻叛乱时，孔群曾在横塘受到叛将匡术的围攻。叛乱平息后，王丞相想保住匡术，便在宴席上让匡术给孔群敬酒，希望能化干戈为玉帛。孔群回答道："我的德行不能和孔子比，却同样遭了匡人之祸。虽然现在春意融融，鹰变成了鸠，但认识它的人，还是憎恶那双凶恶的眼睛。"

东晋孙绰说："曹毗的才华，就像是用白底光亮的锦缎裁成了穷人款式的裤子，不是没有文采，只是缺乏剪裁技能。"

东晋桓温看完谢安所作的《简文谥议》以后，将它扔给了在座的客人，说："这是谢安文章的散碎珍品。"

东晋孙绰评价："潘岳的诗文灿烂如展开的锦缎，无处不美丽动人；陆机的诗文如沙石中淘金，往往能见到珍宝。"

东晋王坦之很看重张天锡，问他："你看南渡的这些人治理江东的方略有什么大的不同？后来之秀和中原比起来又怎么样？"张天锡说："深谋远虑的话，要数王导、何充；因时制宜的话，得推荀勖、乐广。"王坦之问："你如此有见识，怎么会被苻坚击败？"张天锡回答："阴盛阳衰，天命不好，卦数太坏就会形成灾祸，你又何苦再说风凉话！"

第十二章　讽语：隐晦给警示，迂回揭人短

讽是一种精妙的讥刺。讽字以言从风，有什么含义呢？若有风吹过，草就会倒伏，让有形状的草，顺从无形迹的风，这不就是精妙么？所以说，讽是一种精妙的讥刺。列讽语为第十二。

唐代刘晏因神童之名而任职秘书省正字，唐玄宗把刘晏召来，贵妃把他抱到自己膝上给他整理梳妆。唐玄宗问刘晏："你现在做正字，校正了几个字？"刘晏回答："天下字都校正过了，只剩'朋'字还没校正（暗指朝中的朋党之争）。"

晋朝罗友家境贫寒，便去大司马桓温那里谋一个挣钱的差事。桓温觉得虽然他算是个人才，却放肆荒唐，难当治理民众的大任，便对他只赞许不重用。后来有个同府的人被任命为郡守，桓温为他设酒宴叙别，罗友也被邀请参加，却来得很晚。

桓温问他为什么会迟到，罗友答："我昨天接到了赴宴的消息，出门以后在路上遇到一个鬼，他戏弄我：'我只见你送别人赴任，却不见别人送你赴任。'我听了特别尴尬，只能勉强应付几句，没承想就来晚了，是我的罪过。"桓温听罢虽然脸上笑着，心里却有愧感。

郝隆被任命为南蛮参军，三月三日这天，他作诗说："娵隅跃清池。"桓温问他娵隅是什么，郝隆回答："蛮族称鱼为娵隅。"桓温又问："为什么用蛮语？"郝隆说："我千里迢迢来投奔您，才得了个蛮府参军，哪能不用蛮语？"

南齐太祖萧道成曾当面许诺让张融做司徒长史，但诏书一直没有发出，张融骑着一匹瘦得不能再瘦的马四处溜达。太祖看见了就问："你的马怎么这么瘦，每天喂多少粮食啊？"张融回答："我每天给他喂一石。"太祖疑惑："那为什么还这么瘦啊？"张融说："因为我只口头答应给，实际却不给。"第二天，任命张融为长史的诏书就发下来了。

后魏孙绍先后担任了中央和地方的许多官职，直到年迈时才被任命为太府少卿。入宫谢恩那天，灵太后说："你的年纪似乎太老了些。"孙绍郑重叩拜回答："我的年纪虽老，但我的卿位最少。”太后笑着说：“以后会让你做正卿的。”

唐朝有个民间艺人叫高崔嵬，唐太宗让人把他的头按进水里，过了好一会儿才让他出来，高崔嵬抬起头时是面带笑容的。唐太宗问他：“在水里看到了什么？”高崔嵬回答：“我见到了三闾大夫屈原，他问我：‘我生逢楚怀王这个无道昏君，不得已才自沉汨罗江中；你生逢圣明君主，怎么也来了？’”

唐玄宗喜欢打马球，但是官棚里饲养的马都不太合他的意。有一次他与黄幡绰闲谈时说道：“我盼望良马已经很久了，遗憾没有通晓《马经》的人啊。”黄幡绰回奏道：“我知道谁精通《马经》，三个丞相都是个中好手啊。”唐玄宗接着说：“可是除了政务之外，我也和三个丞相谈及其他学问，怎么没听说他们精通《马经》呢？”黄幡绰回答：“但我天天都能在沙堤上看见丞相们骑着良马。”

秦始皇和大臣们商讨要扩大皇家园林的范围，想要东至函谷关、西至陈仓关。优旃应和：“不错。还要在里面多放些珍兽，万一东边有贼寇进攻，好放麋鹿来抵抗他们。”

优旃站在大殿上侍奉秦始皇。秦朝的律法很严苛，没有皇帝的命令，连动都不能动。当时天寒地冻，空中还飘着雨雪，侍卫们背着盾牌站在庭院中，苦不堪言。优旃想解救他们，就开玩笑说："披盾郎，你虽魁梧，却在雨中站；我虽矮小，身上衣服干。"秦始皇听到后就下令让侍卫们移到走廊下面去待命。

汉武帝要处死自己的乳母，乳母向东方朔求救。东方朔说："皇帝发怒时，旁边的人说情的话，是火上浇油。你要在临去时频频地回头看武帝，我会想办法来让他改变主意的。"乳母照东方朔的方法办了。东方朔当时就站在武帝旁边对乳母说："你还是赶快走吧，皇帝现在已经长大了，不需要你喂奶了。"武帝忽然被触动了伤感的神经，就赦免了乳母。

蜀国简雍年轻时曾经与刘备有过交情，论功行赏做了昭德将军。当时天下大旱，朝廷禁酒，酿酒者要受重罚。有一户人家被搜出了酿酒的器具，被判处与造酒者同罪。一天，简雍随刘备出游，看见一个男子走在路上，就问刘备说："那个人怕是要奸淫妇女，怎么不把他抓住？"刘备不解地问："你怎么知道的？"简雍回答："他具备奸淫妇女的条件，与想要酿酒的人是同一种情况啊。"刘备听了大笑，随后放宽了禁酒令。

唐玄宗问乐师黄幡绰："什么样的小孩最招人喜欢？"黄幡

绰回答："自家的小孩最招人喜欢。"唐玄宗低头想了很久。

曹丕任五官中郎将时，临淄侯曹植的才名正盛，朝野内外屡有夺嫡的议论。有一天曹操问贾诩对此事的意见，贾诩沉默不语。曹操问："为什么不回答？"贾诩说："我在想事情。"曹操又问："想什么呢？"贾诩回答："我在想袁绍和刘表父子的事情（袁绍和刘表因偏爱而立少子为太子，动乱朝纲）。"曹操听了后就决定立曹丕为太子。

齐高宗萧鸾的堂弟季敞性格豪放，不讨齐高宗喜欢，齐高宗曾经对他说："你没事儿的时候就去王思远那里走走。"因为王思远是个谨慎严肃的人。

梁元帝萧绎即位前曾率兵入京援救台城，将军队驻扎在武城，不再进军。中记室参军萧贲认为萧绎不该延误战机，应该及早东下。有次萧贲与萧绎下双陆棋时，萧绎要吃对方却没有立即落子，萧贲借机插话说："您这是完全没有'下'的意思啊！"

祢衡被魏武帝曹操贬为鼓吏，正月十五击鼓时祢衡扬起鼓槌，奏了一曲《渔阳掺挝》，铿锵有力，有金石之声，让人听了振奋精神。孔融说:“祢衡的罪过和殷代的传说差不多，但是却没有像传说一样出现在明君的梦中。”魏武帝被说动了，赦免了祢衡。

王方庆在朝廷做宰相，他的儿子在眉州做司士参军。武则天曾问他:“你身为宰相，怎么会让儿子离得那么远？”王方庆回答:“庐陵王（唐中宗李显）是陛下爱子，尚且在远方，我的儿子就更不用说了。”武则天听了特别不高兴。

唐高宗外出打猎时遇到了大雨，就问谏议大夫谷那律:“油衣怎么才能不漏雨？”谷那律回答:“用瓦来做的话就不会漏了。”高宗听了以后就再也不外出打猎了。

张彦频真人的府宅遭了火灾，便请求皇帝赐钱重造一所，给谏黄臣说:“栾巴喷口酒，成都的一场大火就灭了。想来彦频真人是缺了酒，所以才导致这次灾害。陛下您除了赐钱给他重造府宅之外，还应该再赐些酒给他啊（讽刺张彦频并非‘真人’）。”于是这事儿就没有下文了。

翟永龄不信佛，但他的母亲每天佛不停口。一次，翟永龄故意叫了一声母亲，母亲应了一声。接着他又连叫了几声，母亲不高兴了："没事你老叫我干什么？"翟永龄说："我只叫了母亲三四声，你就生气了，那你天天叫佛千万遍，佛就不生气吗？"母亲这才渐渐不念了。

晋武帝没意识到太子的懦弱性格，有传位于太子的打算，众位大臣为这事都说破了嘴。有一次，武帝坐在凌云台上，身边的卫瓘想再次劝皇上三思储君人选，于是就装出酒醉的样子，跪在武帝前面，用手拍着龙椅说："这个座位很值得珍惜呀！"武帝虽然悟到了卫瓘的意思，却还是笑着问："你醉了吗？"

晋代王衍的妻子是郭泰宁的女儿，无才无能却性情刚愎，搜刮钱财，贪得无厌，甚至还想插手政务。王衍劝不得，管不了，愁得要命。当时他们的同乡幽州刺史李阳侠骨仁心，郭氏对他心有畏惧。王衍有一次规劝郭氏时就说："不光我说你这样不行，就连李阳也说你这样不行。"郭氏这才有所收敛。

陆玩被任命为司空，有人去拜访他，向他讨酒喝，之后便站了起来把酒倒在了梁柱旁边的空地上，双手合十，说："这是个缺人才的时代，既然让你担负了柱石的重任，可千万不要让人家的栋梁倾塌了啊。"陆玩笑着说："我一定牢记你的叮嘱。"

颜驷是侍奉汉文帝时的郎官。后来武帝的车驾经过郎官的衙署，见到宽眉毛、白头发的颜驷，武帝便问：“老人家是什么时候做的郎官，怎么这么大年纪了？”颜驷回答：“臣是文帝时的郎官，景帝好美而臣貌丑，陛下好少而臣已老，所以三代都没得到重用。”武帝听后，便把他提升为会稽都尉。

五代后唐时期的李茂贞，自称岐王，在岐地置官署设官员，以宽仁爱民为宗旨。由于岐地土地狭小，赋税太少，李茂贞下令实行油类专卖，同时在城门设关卡禁止百姓带柴火入城，因为柴火可以做火炬。有个艺人就对李茂贞说：“草民请求您连月光也一并禁了。”李茂贞听后笑了，也不生气。

黄州解元黄麻与荆州状元张茂修在蓟门小聚。黄麻年轻，玉树临风；张茂修背景强大，是权相张居正的儿子，张居正当时正总揽朝廷大权。黄麻调侃张茂修说：“思公子兮未敢言（屈原《湘夫人》）。”张茂修应声回答：“怀佳人兮不能忘（汉武帝《秋风赋》）。”

邹元标曾弹劾过张江陵，张江陵一心要置他于死地。侍郎周思敬早晨上朝时与张江陵碰上了，因为还不到时间，朝门口有两头大象勾着鼻子不让人进。周思敬问张江陵说：“这两只畜生挡了大人的路，你为什么不上奏皇上把他们处死呢？”张江陵说：“它们也是为了朝廷，杀不得。”周思敬说：“那前阵子邹元标弹劾大人，不知是为了什么？”张江陵勉强接受了周思敬的话，免邹元标一死。

南宋高宗初年，杨存中在建康看到有的军队以双胜交环作为军旗的图案，称为“二胜环”。杨存中受到启发，便取谐音“二圣”赋予宋徽宗、宋钦宗自北南还的含义。他将一块美玉琢成了一个帽环，献给了高宗，高宗把帽环戴在皇冠上。一次，高宗指着帽环对身边伺候的伶人说：“这是杨太尉进献的，名叫‘二胜环’。”伶人答话说：“可惜二胜环（二圣还），被放在了脑后。”

佛印禅师登上宝殿为军师王观文祈祷，说：“这一瓣香，是为扫烟尘博士、护世界大王、杀人不眨眼上将军、立地成佛大居士供奉的。”

辛京杲为报私仇而杖杀了士兵，有人上书皇帝，说辛京杲论罪当死，皇上也这么认为。李忠臣赶紧说：“辛京杲很久之前就应当处死了。”皇上问为什么，李忠臣回答：“辛京杲的叔伯及兄弟们都已经战死疆场，只有他还活着，所以我觉得他也早就该死了。”皇上听后怜悯他的身世，只给了他一个降职处分。

姚崇在便殿上面见皇上。皇上问：“你有脚疾吗？”姚崇故意绕开问题，回答道：“臣是腹心有病，脚上的病并不可怕。”

楚昭王与吴国作战惨败，率残兵逃亡，忽然鞋子跑掉了，楚昭王要回去捡。身边的人劝他说：“楚国虽然贫穷，但还不至于缺一双鞋子。”楚昭王说：“我是可怜它与我同出却不能共回啊。”楚国士兵深受感动，决心不离不弃。

晋文公准备出兵攻打卫国，公子锄知道后就笑了。晋文公问：“你笑什么？”公子锄说：“我笑我的邻居。我有个邻居送他的妻子回家，路上遇到了一个采桑的少妇。邻居被少妇迷住了，和她聊起天来。但回头看自己的妻子时，发现也有人在和她搭讪。”文公听后幡然醒悟，停止了伐卫的计划。

有个人犯了罪惹得齐景公大怒，齐景公下令将他肢解，并说：“谁敢谏阻就给他陪葬！”晏子左手抓住那个人的头，右手握着刀，抬起头来问景公：“自古以来的明君圣主，肢解人时是从哪个地方开始下刀的？”齐景公听了，立刻就将那个人放了。

齐湣王亡了国，王孙贾是追随齐湣王的，却也找不到湣王了。王孙贾的母亲说：“你早出晚归，我都是倚着门等你；如果是晚出未归，我就在巷口等你；如今你侍奉君王，竟然不知道他在哪里？”王孙贾最后只好设法把王子立为国王。

齐景公酗酒，大醉七天七夜还想继续。弦章进谏说：“您已大醉七日七夜了，请您不要再喝了，如果您还要喝的话，就先把我赐死吧。”晏子入宫觐见齐景公，齐景公说：“刚才弦章劝谏我不要喝酒了，如果再喝，就先把他赐死。我如果听他的，不就等于让臣子命令了？不听的话，又不舍得真让他死。”晏子回答：“弦章很幸运，遇到了明君，假如让他遇到了桀纣那样的君王，早就被处死了。”齐景公到底还是没继续喝。

宋徽宗宣和年间的一天，乐部官员焦德跟随宋徽宗游禁苑，皇上指着花竹草木问它们的名字，焦德回答：“都叫芭蕉。”皇上问为什么，焦德说：“禁苑的花竹都是从四面八方弄来的，路途遥远，它们一直巴望着，终于到了上林苑，却都已经枯焦了。”

常州人苏掖官至监司，家里挺有钱但是为人很吝啬，每当买房购地时，他都想以最少的钱成交，往往为了一文钱，和卖主争得面红耳赤。有次买别墅时与卖主反复争讲价钱，弄得很苦。他儿子在旁边劝说：“您可以稍加一点钱，这样我们将来再卖时，也可以卖个好价钱。”苏掖听后愣了一下，此后行事方式也稍有改变。

晋代桓温任荆州刺史时，一心想以恩德征服江、汉一带民众，而不想用权势和刑罚来警诫他们。有一次一个令史犯了事被判杖刑，掌刑的人只是将木杖从他的红色官服上滑过。桓温年少的儿子桓式从外面回来，说：“刚见一个令史受杖刑，木杖只是上打云根，下扫地面。”

钱镠为浙江统帅，当时越州的五千多叛军前来归顺他，钱镠就把他们收入麾下，作为心腹。当时罗隐屡次劝谏说敌军的兵将不可轻信，但钱镠不听。杭州新修了一座城垒，楼阁很壮观，钱镠带着僚属们去观看。罗隐指着御敌的建筑，装作不解地问：“设置这些东西做什么？”钱镠问：“你不知道这是用来防备敌人的吗？”罗隐又问：“那为什么不朝里面构筑？”钱镠大笑：“这是要抵御敌人的，朝向里面有什么用处？”罗隐回答：“在我看来，正应当设在里面。”

第十三章　讥语：杀人不用刀，伤人全靠口

若论讥语，没人能超过诗人。诗人的讥语是蕴藉的，所以圣人也不厌；辩者的讥刺是露骨的，所以君子都不爱。如今曹臣将这些语段纂辑起来，再加以编排，目的是什么呢？因为风可以吹倒草木，却不能吹入顽石、钝金，要入顽石、钝金，只能靠烘炉、利凿了。“讥”的功用就好比是烘炉、利凿，是可以雕刻顽石、钝金的他山之石，这正是编排这些语段的目的。列讥语为第十三。

卢藏用起初隐居在终南山，后在中宗朝历任要职。睿宗派一个叫司马承祯的道士到京城去，返程前，卢藏用指着终南山对司马承祯说：“此中很有些美好之处，你为何要舍近求远？”司马承祯徐徐回答：“在我看来，此处不过是做官的捷径罢了！”

裴玄本做户部郎中时，左仆射房玄龄正病得很厉害，省郎

们商量着要前去探病，裴玄本开玩笑说：“仆射的病如果能好的话，确实需要去探望一下；现在既然已经病得很重了，就不用去了吧？”这话传到了房玄龄耳朵里。随后，裴玄本也照惯例去探望房玄龄了，房玄龄笑着说：“裴郎中都过来了，看来我房玄龄不会死了。”裴玄本听了特别不安。

李义府曾经赋诗说：“镂月成歌扇，裁云作舞衣。自怜回雪影，好取洛川归。”当时的枣强县尉张怀庆喜欢评论名士文章，便作诗道：“生憎镂月成歌扇，出意裁云作舞衣。照镜自怜回云影，时来好取洛川归。”人们便为他编了个段子：“活剥王昌龄，生吞郭正一。”

武则天称帝之初，怕人心不服，便让众人自我举荐来做官，在正式名额之外，增设了里行、拾遗、补阙、御史等无定额散官，当时人称官员以“车载斗量”。有一个御史台的令史正要入台，正遇上好几个里行一起站在门内，这个令史从驴上下来，把驴赶进了他们中间。里行们气得要对他施杖刑。令史说：“今日之祸都是这驴惹出来的，请允许我先收拾它一顿再受罚吧。”里行们答应了。令史开始数落驴的罪状：“你无才无能，精神愚钝，算个什么东西，还敢在御史里行！”几个里行听了都很羞愧，杖罚的事也就不了了之了。

北宋黄庭坚调侃苏轼说：“之前王羲之的书法被称为‘换鹅字’。最近韩宗儒得到你的一幅字帖，从殿帅姚麟家换到了几斤羊肉，是不是可以给你的书法取名‘换羊书’了。”苏轼在翰林院任职，他生日这一天有很多公文要处理，韩宗儒有个急件要处理，就写了封信给苏轼让他优先处理自己的公文。送信人催得很紧，苏轼便笑着说：“传话过去，本官今日不杀生。”

苏轼有一天邀客人们过府小聚，客人们提出行酒令，要以两个卦名合证一个故事。一人说：“孟尝门下三千客，‘大有’‘同人’。”一人说：“光武兵渡滹沱河，‘既济’‘未济’。”一人说：“刘宽婢羹污朝衣，‘家人’‘小过’。”苏轼说：“牛僧孺父子犯事，‘小畜’‘大畜’。”苏轼所说其实是含沙射影王安石父子。

晋代陆玩到丞相王导那里去商议事情，之后却没按照说好的方法去办。王导很奇怪他为什么要这样，便去问他。陆玩说：“您尊我卑，当时不好直接驳您的面子，但事后仍觉得那样做不妥。”

晋代王询与张玄两人关系不错。王询做了吴郡长官后，有人问他的弟弟小令：“你哥哥做郡守之后，政绩怎么样？”小令回答:“不知道他的政绩如何，只知道他与张玄的感情越来越好了。”

晋武帝司马炎对和峤说:“我想先痛骂王济一顿，再给他加封官爵。”和峤说:“依王济的性情，恐怕不会屈服的。”晋武帝便召来王济，狠狠地训了一顿，然后问:“感到惭愧没？”王济说:“我常常想到‘尺布斗粟’这个民谣，为陛下感到羞耻。别人能让疏远的人亲近，我却不能让你们亲人亲近，因为这个，我深感愧对陛下。”(“尺布斗粟”指汉文帝兄弟二人，不能相容。王济借此讽刺晋武帝也兄弟不和。)

晋代顾显曾向周顗劝酒，周顗不肯喝。顾显便转而去向柱子劝酒，对柱子说:“你这样怎么能以栋梁自居呢？”

大司马桓温去造访丹阳尹刘惔，刘惔卧床不起。桓温便拿弹弓去射刘惔的枕头，弹丸迸碎，散落一床。刘惔一脸怒气地起身说:“你这等样子，怎么打胜仗？”桓温听后气得脸色都变了。

周仲智喝醉了酒，瞪着眼睛往回走，途中遇到周伯仁，当面对他说道:“你才能比不上老弟，空有虚名。”不一会儿，又将点着的蜡烛扔向周伯仁。周伯仁笑着说："你小子用火攻，真是一个下策！"

王珣、郗超都才华出众，得到了大司马桓温的赏识和提拔。王珣做主簿，郗超做记室参军。郗超脸上胡子多，王珣长得个子小，当时荆州人为他们编了歌谣："髯参军，短主簿。能令公喜，能令公怒。"

嵇康、阮籍、阮咸、山涛、刘伶在竹林饮酒，王戎迟些才来。阮籍说："俗物又来败坏我们的兴致了。"王戎笑着说道："你们的兴致也会被败坏吗？"

陈万年的儿子陈咸多次议论皇帝近臣，语带讽刺。陈万年病了，把儿子叫到床前训话，一直说到半夜，陈咸困得不行，一脑袋撞到了屏风上。陈万年怒了，说："做父亲的教育你，你为什么不听？"陈咸说："你所说的我都懂，大意就是让我学会谄媚。"陈万年顿时语塞。

明代王翱退朝后，见到一个大臣目送一个美貌的女子，并且频频回头。王翱调侃道："这女子非常有力气啊。"大臣诧异："为什么这么说？"王翱说："不然的话，你的头怎么会被她给拧得转向一边？”

陆经给人写了不少墓志碑铭，得了可观的报酬。有人问陆经：“最近又写了多少？”陆经回答：“最近没怎么写，都在街上喝道的仪仗行列中忙活了。”

明代程敏政主持京城会试的时候，曾因受贿泄露考题而受到弹劾。考试结束后，同僚们设宴聚会，有个艺人扮作一个卖打鸣鸡的小贩，喊叫：“我有一只鸡，卖价一千两。”有人问：“谁家的鸡，卖这么贵？”艺人回答说：“是程学士的鸡，只卖个‘五更啼’（谐音‘五经题’）罢了。”

韩愈对李程说：“我与丞相崔大群是同榜人，来往密切，他真是聪明过人。”李程问：“什么地方过人？”韩愈回答：“相交二十多年，却从来没一起探讨过文章，这不就是聪慧过人吗？”

严嵩生日那天，众位翰林学士都来给他祝寿，争先恐后地作揖跟他拉关系。当时菊花满堂，只有陆平泉独自退在最后面。同僚们问他：“为什么躲后面？”陆平泉回答：“我怕见到陶渊明（婉指菊花）。”

卫懿公喜欢养鹤，甚至还给有些鹤封了官爵。后来狄人攻打卫国时卫懿公准备迎战，卫国的士兵们都说："让有爵位的鹤去迎战吧，我们哪会打仗啊？"

王赞是北宋名士。有个叫杨蘧的弘农人，曾在岭南欣赏过阳朔、荔浦的山水，觉得特别美，见谁跟谁都赞不绝口。后来杨蘧出入于王赞门下，熟悉之后杨蘧便禁不住心中的兴奋，对王赞说："侍郎可曾见过阳朔、荔浦山水？"王赞说："我又不曾把人打得烂嘴掉牙，怎能见到那里的山水？"闻者大笑，因为没有遭贬的人是不会去岭南一带的。

卢从愿任吏部侍郎时，杜暹自婺州参军被调任郑县尉，后来杜暹做到了户部尚书，卢从愿以益州长史的身份入朝。此时杜暹官位在卢从愿之上，便问他："你选拔人才的工作做得怎样？"卢从愿回答："正是由于我的考量评定，才使您有机会展现千里马的才能。"杜暹无言以对。

朱泚作乱时，源休、姚令言等仿效当年萧何的做法，收集政府档案图籍，藏在仓库里。源休退朝后对黄门侍郎蒋练说："若论才能，我就是萧何，姚令言等就是曹参。"认识他的人听说后，觉得源休是着急当官。乔琳对旧时的同僚说："源公真可谓是‘火迫酇侯（萧何的封爵）’啊！”

崔湜为吏部侍郎，主管人才的铨选。有个候选的人自我介绍说：“我能翘关（翘关为考武举的举重科目）背米。”崔湜问：“你这么强健，怎么不去兵部？”那人回答：“前辈们都说，在崔侍郎门下，有力者（实指有势力的人）就可以做官。”

唐朝吏部侍郎郑愔掌管人才选拔，贪污受贿，行为不法。在荐选时，有个候选人在靴子上系了一百文钱，郑愔问他是怎么回事，那人答道：“非钱不行（行字双关：一指‘行走’，一指‘可以’）。”郑愔默不作声。

孔稚珪宅院里的野草高得可以把人遮住，院子的南面有山池，春天时蛙声一片。有一次，仆射王晏带着鼓乐队吹吹打打地去拜访孔稚珪，听到群蛙乱叫，就说：“这蛙声太聒噪了。”孔稚珪回答：“比不上您带来的鼓乐吹打。”

孙一元隐居在西湖，故作清雅，不娶妻室，仿效宋代林逋以梅为妻、以鹤为子。后来他改变主意搬到了湖州，接连娶了两个女人。有一个士人路过吴兴时去拜访孙一元，对他说：“我从西湖来，有人让我捎话指责你，这确实是你的不是。”孙一元问是什么人，那人故意不说。孙一元不停地问，那人才回答："就是你的梅夫人、鹤令郎啊。"孙一元听了无地自容。

东晋王导和朝廷官员一起喝酒，举起琉璃碗问周伯仁："这只碗腹中空空，却被称作宝器，为什么呢？"周伯仁回答："这只碗轻盈明亮，因为足够清澈，所以是宝物呀。"

晋代谢鲲对周侯说："你就像社庙前的树木，远远望去高耸入云；就近一看，树根周围集聚了成群的狐狸，到处污秽。"周侯反讽道："枝条上接青天，不自以为高；群狐聚众作乱，不自以为污浊；聚积茅厕的污秽就是你在做的事，有什么好得意的？"

东晋谢安在东山隐居，屡次对朝廷的征召令置之不理。后来他出山做桓温的司马，由新亭启程西上前，朝廷官员们都来给他送行，中丞高嵩也在其中。高嵩来之前喝了一点儿酒，便借着醉意调侃谢安："你屡次抗朝廷意旨，高卧东山，我们常常讨论：'谢安不肯出山，该对苍生百姓如何是好呢？'那今天，苍生百姓又该对你如何是好呢？"谢安只是笑而不答。

慈溪的某个县令刚刚到任，想给大家来个下马威，就对下属们说:“你们听说过‘破家县令、灭门刺史’吗?”有位父老应道:“这里有很多读书的士子,只听说过‘恺悌君子,民之父母’。”县令无言以对。

马援在隗嚣的手下任绥德将军,还曾出使过公孙述的蜀国。隗嚣又让马援奉书洛阳,世祖刘秀出外迎接马援时对他说:“你周旋于两位帝王之间,今日一见,真是令人惭愧。”马援叩头答谢说:“当今社会,不单君主能挑选臣下,臣下也能挑选君主了。”

东晋谢安起初有隐居东山的想法,但在朝廷屡次下达的征召令的逼迫下,不得已出山接受了桓温手下的司马一职。正巧有人给桓公进献草药,其中有一味药叫远志,桓公拿了远志问谢安:“这药又叫‘小草’,为什么一种东西有两个名字?”谢安没立即回答,当时也在座的郝隆却应声道:“这很容易解释,在山中就叫远志,出山后就叫小草。”谢安听了面有愧色。

晋代范汪和简文帝在一处谈话,渐渐有些词穷,就向司徒左长史王濛求救:“快来帮帮我。”王濛说:“这不是有拔山之力就能帮得了的。”

苏轼住在黄州时，有位姓陈的人士带着纸笔想求苏轼的一幅墨宝。正巧当时有位客人在弹琴，苏轼便写道："有人对着一位贵人弹琴，天气阴，声音也不响，贵人感到很奇怪，问：'是弦慢吗？'弹者回答：'弦也不慢。'"（"慢"字双关，一为松弛，二为傲慢）

王世贞去拜访权相严嵩，严世蕃把他请进门内，说："家父伤风了，不能出来会客。"王世贞问："老爷居相位，怎能说伤风？"

晋代卫展在浔阳任江州刺史时，有老友前来投奔他，卫展不做任何招待，只送给了客人一斤名为"王不留行"的草药。这人拿了草药，立即上车走了。李弘范听到后说："我舅舅太刻薄了，竟然驱使草木为他打发客人。"

南齐何昌寓做吏部尚书时，有个姓闵的人来求官，何昌寓问他："你是谁的后代？"那人回答："是孔子门生闵子骞的后代。"何昌寓捂住嘴笑道："真是历史悠久的名门之后啊。"

刘宋时期的颜延之与何偃在路上相遇，何偃远远地就喊："颜公。"颜延之认为何偃太轻佻，便说："我既不是三公之公，又不是田舍之公，又不是你家阿公，为什么呼我为公？”何偃惭愧地走开了。

唐太宗任命李纬做民部尚书，正好有人从京城过来，太宗问：“房玄龄听到李纬为尚书的任命后，有没有说什么？”那人回答：“他只是称赞李纬有一口好胡须，别的没说什么。”

北宋王安石做参知政事时，偶读了晏殊的一首小词，笑着说：“当宰相却作艳词，这合适吗？”他弟弟王安国说：“只是偶然作的罢了。”一同在座的还有当时任馆职的吕惠卿，他马上说：“当政者必须弃俗乐，更别说自己去写了！”王安国又说：“抛弃俗乐，不如远离小人。”吕惠卿以为王安国在讥讽自己，从此嫉恨上他了。

唐朝湖州参军陆蒙的妻子蒋氏文章写得挺好。僧人知业当时也有些诗名，他与陆蒙关系不错。有一天知业去拜访陆蒙，两人大谈玄理。蒋氏让丫鬟敬酒，知业说：“我受过戒，不喝酒。”蒋氏隔着门帘问道：“您曾有诗说‘接岸桥通何处路？倚楼人是阿谁家？’这等风韵，难道会不想喝酒吗？”知业惭愧地回去了。

宣州经略安抚使王知训进京朝见皇上，皇上赐宴招待。有艺人故意扮成绿衣人，戴着一个很大的鬼脸面具。有人问："你是干什么的？"艺人回答："我是宣州的土地神。"又问："到这儿来干什么？"艺人回答："王知训入朝觐见，把地皮一块儿卷了过来（暗指贪污受贿，搜刮民财），所以我也来了这里。"

明成祖朱棣继承大统，陈迪因其名不正而抗旨不屈，连同儿子丹山、凤山一同被判处当众施以磔刑。皇帝命人割下陈迪身上的一块肉塞到他的嘴里，问："你的肉味道怎么样？"陈迪答道："忠臣孝子，肉里绝无腥膻之味儿，我尝到了它的甜美，别人闻到了它的芳香，陛下难道没有闻到吗？"

南齐武帝萧赜驾临豫章王萧嶷的宅第，设宴召集其他众王，唯独没有武陵王萧晔。萧嶷说："今天风景这么美，让我想起了武陵王。"武帝便让人将萧晔召来射箭助兴，萧晔屡发屡中，武帝惊奇。萧嶷说："阿五（萧晔排行第五）平常可没这样，今天估计是仰借了陛下的天威。"

佐吏许掾喜欢游山玩水，健壮的身体也方便他游历攀岩。当时的人们说："许掾不光有雅兴，也有配合雅兴的体魄。"

皇甫度辽解官还乡，当时有个用钱买官做了雁门太守的人上门拜见。皇甫度辽躺在床上没有起身，等那人进来之后，皇甫度辽问道："听说你在郡上吃雁（指搜刮雁门民脂），味道好不好？"

丘灵鞠曾去拜访南齐褚渊，褚渊并不起身，说："我这只脚有病，不能站起来了。"丘灵鞠说："脚病是大事，您是一代鼎臣，不能再做倾覆食鼎的事情了（讽刺他曾助齐伐宋）。"

武陵人吏部尚书张翰与大理卿陈某去拜见一位朝廷指派来的使君。当时陈某因为两次按例晋升官阶洋洋得意，便私自在腰中佩戴了玉饰，使君看见玉饰后惊异地问："你什么时候受赐了玉饰？"陈某十分慌乱，不知如何作答。张翰笑着说："不过是大理石罢了。"

李白在开元年间曾去拜见宰相，上书一封，写道："海上钓鳌客李白。"宰相问他："先生临沧海，钓巨鳌，用什么做钩和线呢？"李白回答："我以风浪驰骋情思，以乾坤维系志向，以虹霓为丝，以明月为钩。"宰相又问："那用什么东西作钓饵呢？"李白回答："以天下无义男人作为钓饵。"丞相听了心惊胆战。

刘叉从韩愈那里拿了几斤金子走了，说：“这是阿谀奉承死人得来的钱（韩愈好为人写墓志铭，多爱称誉死者），不如让我拿去延长阳寿。”韩愈也没法说什么。

詹坚老曾因受人牵连而被送到大理寺监禁，他悲哀地跟大理寺少卿李端初诉说冤情，李端初却操着土话骂他：“嘴巴这么尖，一看就不是好人。”监禁期间也没给詹坚老好日子过。不久进士榜张贴出来，詹坚老榜上有名，按例释放。此后两人也没有往来。十年后，李端初出任淮南转运使，詹坚老以郎官身份代替李端初的原职。俩人见面后，李端初没想起从前的事，却觉得詹坚老很面熟，便问：“我和郎中好像是见过面的，难道是曾在朝堂上碰过面么？您现在风采堂堂，不是昔日可比的了。”詹坚老回道：“风采堂堂不敢当，只是不知道和从前相比，我的嘴还尖不尖？”李端初一下子想起当初来了，羞愧难当。

刘穆之年轻时很穷，经常到妻兄江某家里去混饭吃，江某从来不给他好脸色。有次江某家要摆喜庆酒宴，嘱咐他别来，但他还是去了。吃过饭后，刘穆之又要槟榔吃，江某问他：“槟榔消食，你何须此物？”

唐朝崔清被任命为濠州刺史，接替的是李逊的职务。崔清上任前去户部侍郎李巽家告别，俩人叙了一会儿话。崔清谈起他所要代替的李逊时说：“我真不知道李逊竟然这样不会做官。”之后又再三重复此语。李巽说：“李逊就是我（巽、逊同音），只不过是独独不称你的心意罢了。”

齐国晏婴身材矮小，他出使楚国时，楚国故意在大门旁边开了一个小门，让晏婴从这里进来。晏婴不肯，说：“出使狗国的才从狗门进去，现在我是出使楚国，不该从狗门进去！”

春秋时齐国晏婴出使楚国时，楚王问：“齐国没有人了吗？”晏子答道：“齐国让贤德的人去见贤德的君王，让无能的人去见无能的君王。我是无能的人，所以只能到大王您这儿来了。”

东汉马融的女儿嫁给袁次阳为妻。新婚夜里，袁次阳问新娘说：“弟弟比哥哥先去应举，会被世人当成笑话；现在你的姐姐还未出嫁，你却先出嫁了，这样合适么？”新娘回答道：“我姐姐品行高洁，非同一般，不遇到出色的郎君是不肯嫁人的，不像我这样普普通通，随便找个人就凑合了。”袁次阳听了无话可说，没从嘴巴上占到一点便宜。

孙权问蜀国的益州太守张裔：“蜀郡寡妇卓文君，和司马相如私奔，贵地风俗难道就这样么？”张裔回答：“我认为卓家寡女还是比朱买臣的妻子要贤惠得多。”（朱买臣为汉代会稽吴人，妻子因嫌他家贫离家出走，后朱买臣发迹，妻子大悔。）

张融与谢宝积一起去拜见南齐太祖萧道成，张融在皇帝面前放了一个屁，谢宝积马上起身谢罪说：“臣的兄长冒犯了陛下。”皇上笑了笑，没说什么。不一会儿，饭菜上来了，张融把谢宝积挤到一边，不和他一块儿吃。皇上问：“为什么不和贤弟一起吃饭？”张融说：“我不能和因为放屁而道歉的嘴巴共餐。”皇上听了大笑。

南朝刘宋的江夏王刘义恭喜欢古董，常向朝中大臣索求。侍中何勖已经把古董给送过去了，刘义恭还是不停地向他索要，何勖对此很不满。一次，何勖在路上看见了别人丢弃的狗枷和短裤，便让手下的人把它们捡回家，然后用箱子装起来送给了刘义恭，附了说明书：“得知您仍要寻求古物，现在特地奉上当年李斯的狗枷和司马相如的短裤。”

梁朝徐陵以通直散骑常侍的身份出使东魏，东魏负责接待的魏收说：“这么炎热的天气，一定是徐常侍您带来的。”徐陵答道："之前王肃来这里，给魏国制定了礼乐；如今我来这里，让你感知了寒暑。"魏收听了无可答对。

唐朝吏部侍郎李安期掌管官吏的选拔任用，曾有个被淘汰的候选人员说自己羞于再踏上来时的路。李安期问："你从哪个关口来的？"那人回答说："蒲津关。"李安期说："那你就从潼关这条路回去。"那人又说："我也耻于再见妻子。"李安期说："你妻子应该很清楚你是个什么样的人。"

朱温做了皇帝，姚洎为学士，朱温问起裴延裕的情况，姚洎回答："近年他被降了职，听说如今在外地客居。"朱温说："常听说这个人才思敏捷。"姚洎回答："原先在翰林院时，被人称为'下水船'（喻才思敏捷）。"朱温说："那你便是'上水船'了。"

晏子与楚王同坐，忽然侍卫绑着一个人带了过来。楚王问："他是什么人？"手下的人回答："他是齐国人，犯了盗窃罪。"楚王看着晏婴问："齐国人善于偷盗吗？"晏婴回答："我听说橘生在江南，移到江北就成了枳，二者枝叶虽然相似，但味道不同，这是因为水土不同的缘故呀。"

东汉郑玄在冀州牧袁绍那里做客，正巧汝南人应劭也投靠了袁绍，应劭站起来自我介绍道："昔日泰山太守应劭，给您做弟子怎么样？"郑玄笑笑说："孔子收门徒时考察德行、言语、政事、文学四科。颜回、子贡等人，从来不自称官阶门第。"

北朝李谐来到南朝，梁武帝与他漫步到了放生池。武帝问："你们国家也放生吗？"李谐回答："我们不猎取，所以也不放生。"武帝听了面有惭色。

任昉在南齐时曲意巴结宠臣梅虫儿，当上了中书郎。后来到尚书令王亮家里去致谢时，王亮说："你应该去谢梅虫儿，怎么却谢起我来了？"

晋代王澄有一次路过陈留地界，陈留在当时是个大郡，有许多名士。陈留太守派郡吏去迎接王澄，王澄问郡吏："本郡名士有谁？"郡吏回答："有蔡子尼、江应元。"当时陈留出了不少身居高位的人，王澄举出他们问郡吏说："某甲、某乙等不也是你们郡里的人吗？怎么刚只提到两个人？"郡吏说："刚才只以为您是问郡中的名人，没承想您是在问郡里的大官。"王澄笑了笑，不吱声了。

齐武帝萧赜当政时，和几个弟弟都不亲近。有次在武帝举办的宫宴上，武陵王萧晔因为喝醉了伏在地上，拿着貂皮去端盛肉的盘子。武帝笑着说："你把貂皮弄脏了。"武陵王反问道："陛下为什么只爱惜皮毛，却疏远骨肉呢？"

高爽有一次经过晋陵时去拜访了晋陵县令刘蒨，刘蒨不见他，高爽为此怀恨在心。不久，高爽代替刘蒨做了晋陵县令，到任后刘蒨送了他很重的礼品。高爽收下了礼品，写了一封答谢信，上写："高晋陵亲自答书。"有人问他为什么要这样写，高爽说："他的东西是送给晋陵县令的，与我高爽没什么关系啊。"

支道林托人到晋代高僧竺法深那里去买印山，竺法深笑着说："没听说过巢父、许由是买山隐居的。"

卢询祖有辩才，喜欢褒贬人物。他曾对别人说："我昨日天没亮的时候从和家门外路过，见到了二陆、两源，他们密密地与槐树、柳树并列在那里。"

北宋王安石做了宰相后，大力提倡在全国兴修水利。有一次刘攽到王安石那里去，正遇上一个人向他献计："如果把梁山泊挖开，让水流干，可以得到良田万顷，只是没有找到一个合适的地方可以储存那么多湖水。"王安石歪着头想了半天，刘攽高声说："这事儿简单。"王安石以为他有良策，高兴地追问是什么办法，刘攽说："另外再挖一个梁山泊，就可以把这些水全装下了。"王安石听了笑了笑，没再说话。

宰相狄仁杰有一位姓卢的堂姨住在午桥别墅，过年过节时狄仁杰对她也都尽了礼数。有一次雪后比较闲暇，他就去看望卢氏，正好遇见表弟拿着弓箭、带着猎物回家。珍馐美味端上桌后，表弟对狄仁杰拱了拱手请他入席，态度却不是很友好。狄仁杰便说："我好歹是宰相，表弟有什么愿望，我可以尽最大努力去帮他实现。"堂姨便说："我只有一个儿子，不想让他去侍奉武则天。"狄仁杰非常惭愧，不再言语。

郭昱心胸狭小，诡诈怪僻，中进士后不想参加常规的选官，就献书给宰相赵普，自比为古代隐士巢父、许由。朝廷上下都反感他这种矫情做作，所以很久没有给他授官。后来郭昱又去路上截赵普，看见赵普的车子临近就赶紧迎上去，开始自我推介。赵普笑着对他说："今天太荣幸了，竟然能见到巢父、许由跪拜于马下。"

宋代张耒有一次问张方平："司马光为什么直言不讳地说王安石不明事理？"张方平说："你去看看王安石写的《字说》就明白了。"张耒说："《字说》也只是二三分不合人意。"张方平说："如果这样的话，那么你也有七八分不明事理了。"

明代王世贞参加了宰相严嵩召集的宴席，席间拿出了桑落酒来招待众人。严嵩说："唐朝诗人张谓诗有'不醉郎中桑落酒'，看来这种酒是创始于唐朝了。"王世贞说："北魏郦道元的《水经注》中也记载了这种酒，想必就是采录于张谓的诗吧。"

解缙、胡俨一起去看进士榜。胡俨不是科举出身，解缙便指着进士榜对胡俨说："这些都是黄榜上的大丈夫啊。"胡俨笑说："也不乏侥幸中榜的。"

卢肇考中了唐文宗开成年间江西的最后一名举人，他向试官投帖致谢说："巨鳌壮猛，首冠蓬山。"试官回应："无奈应试人数太多，很惭愧让你的排名受委屈了。只是'首冠'怎么讲呢？"卢肇说："顽石在上面，巨鳌驮着它，这不就是'首冠'么？"

魏代刘桢因为对魏文帝曹丕的夫人甄氏不恭敬而获罪。魏文帝问他:“你为什么不能谨守法纪规章呢？”刘桢回答:“臣下的确是平庸浅陋，不过也是因为陛下的法纪规章太严。”

竺法深在简文帝司马昱那里做客，丹阳尹刘惔问他:“僧人为什么也出入朱门贵家？”竺法深回答:“您眼里的朱门贵家，在贫僧看来和蓬户贫家是一样的。”

刘惔做丹阳尹时，恰巧许询离京外出，便到刘惔那里住宿，住得好，吃得好。许询说:“如果能保全这个地方，真是比东山高卧还好。”刘惔说:“如果吉凶能由人定，我哪会不尽力保全？”当时王羲之也在座，便说:“假如巢父、许由遇到了稷、契，一定不会说这样的话。”

孙绰写了《遂初赋》来表达隐居山水的想法，还在畎川建了房子，声称住在这里可以严守知足知止的本分。孙绰在房前种了一棵松树，经常亲手培土修剪。高世远当时和他做邻居，对孙绰说:“松树不是不楚楚动人，只是永远也不能作为栋梁来用。”孙绰回道:“枫树、柳树即便粗到可以合抱，又有什么用呢？”

张天锡任凉州刺史期间，便在西北地区自立为王。后被苻坚俘获，成为苻坚属下，苻、张两军在寿阳兵败。张天锡辗转到了京都，得到了孝武帝司马曜的器重，常常被召进宫来，一谈就是一天。不少人都十分嫉妒他，有的就在座位上问张天锡："北方什么东西最可贵？" 张天锡说："桑葚又香又甜，鸱鸮飞得很快，淳酪涵养情性，人无嫉妒之心。"

第十四章　愤语：郁结至极爆发的口无遮拦

愤怒因郁结而爆发。风愤怒会疾走呼号，泉水愤怒会决口而出，老虎愤怒会不择对象，人愤怒会口无遮拦，这些都是愤怒至极的表现。愤怒差不多是豪杰人物才有的情绪，那些贪恋衣食的猥琐之辈，即便是将他们任意杀戮、弃尸沟壑，也不过像是鱼鳖在砧板上任人宰割一样，是见不到他们的愤怒的。天地就像一颗弹丸那样渺小，万物又都有数量，所以才要生生不息，让有限的生命得到无限的生发，人们不去发愤图强都不行啊。列愤语为第十四。

汉武帝任命主父偃为郎中，一年连续升官四次，做到了中大夫。公卿大臣们都怕他弹劾自己，便纷纷给他送礼，光礼金就累计达上千金。有人劝他行为别这么骄横，主父偃说："我刚成年就外出求学，四十年来不得意，双亲不把我当儿子，兄弟不理我，宾客不睬我，我的苦日子过得太久了。大丈夫生前不能五鼎食，死时也要五鼎烹。我已经没有多少年好活了，所以才敢这样倒行逆施。”

沈攸之年迈时喜欢读书，曾感叹说：“如果早知道穷达自有天命，恨不能专心读他十年书。”

刘孝孙虽博学多才却仕途多舛。他曾感叹：“都说古人有凭一种主张就官至卿相的，也有凭片刻交谈就获赏白璧的，我看这些都是书上骗人的。”

明代屠隆满怀希望地赴京赶考却落第而归，郁闷至极便喝酒，醉后慨叹大呼：“我的手可以触碰日月，却被一桩科第给困住了，东海茫茫无边，像是要取我而代之。”

豫章有个狂放的读书人叫李如龙，曾参加科举考试败北而回，路上遇到了一头耕牛，便骂牛道：“你胸无点墨，但好歹头上还有两只角，我连你都不如。”说完就用头去撞牛，差点把牛撞倒。

鲍无雄官场失意，始终得不到赏识，一直盼着能科举及第。有一天他在西湖边上喝醉了酒，忽然低头在湖水中看到了自己的倒影，大声哭道：“大丈夫三十岁了，怎么还是这样一个没戴上官帽的脑袋呢？”

吴王下令将伍子胥赐死。临终前，伍子胥说：“在我的墓前栽上梓树，让它长大后能成为我的棺材；再把我的眼睛挖出来，挂在吴国都城的东门上，我要亲眼看着越国是怎么践踏我吴国土地的。”

赵嘉在仕途上郁郁不得志，后来因重病卧床七年，在觉得自己熬不过去了时，他嘱咐哥哥的儿子：“大丈夫世间走一遭，隐居没有箕山许由那样的操守，出仕没有伊尹、吕尚那样的功勋，苍天不肯助我，我没什么好说的了。你记得在我的墓前立一块碑，墓志铭就写：‘汉有逸人，姓赵名嘉。有志无时，命也奈何！’”

苏峻被朝廷任命为历阳太守，他对下诏书的使者说：“你说我反叛，反叛的人还能活命吗？我宁可占山为王，遥望官府大狱；也不要待在监狱，再巴望着占山为王。”

和州士人杜默多次参加科举考试都名落孙山。有一次路过乌江时，他去拜谒项王庙。当时他因喝酒也带了点儿醉意，烧了香叩了头，便径直登上了神座和项羽并排坐着，还搂着神像的脖子、抚着神像的脑袋失声恸哭，喊道："大王真亏啊，像大王这样的英雄，却没得到天下；像我这样的文采，却没有官做，上天待我不公呀！"说完泪如泉涌。庙祝上前把杜默拉了下来，却发现神像的眼睛好像流了眼泪。

晋代阮裕听说何充做了宰相，慨叹道："我可怎么谋生路啊？"

桓玄篡权失败后，殷仲文回朝做了大司马的咨议，但对朝政已三心二意了。司马府厅前有一棵老槐树，枝杈四散，殷仲文在初一那天与众人一起赏树，感叹道："槐树纷披衰败，已经没什么生机了。"

殷仲文一向很有声望，自认为能主掌朝政，却被派去当东阳太守，心里很不平衡。他到达驻地后就慨叹："看这样的山川形势，一定会再出一个孙策的。"后来他果然因为谋反而被诛杀。

阮籍登上广武城，感叹："当时没有英雄，才使刘邦之辈得以成名！"

北宋翰林侍读学士梅询晚年热衷于官位利禄。他有脚疾，常揉着自己的脚骂道："脚这里一定有占怪，我不能入主中书省、枢密院就是因为你！"

晋代桓温躺在床上对人说："这样碌碌无为地待着，肯定会被汉家的文帝、景帝耻笑的。"不一会儿翻身坐起来，又说："就算不能流芳百世，难道还不能遗臭万年吗？"

晋代王恭问王忱："阮籍和司马相如相比怎么样？"王忱说："阮籍胸中多有郁结不平，所以需要用酒来浇。"

东晋孝武帝太元年间，天上出现了长星，孝武帝很不喜欢它。夜里，他在华林园中举杯对星星说："长星，敬你一杯酒，自古以来何时有过能万岁的天子呢！"

郭昶先前曾与三教九流的奴仆、小民在店铺中一起吃饭，他说："经常跟我打交道的，都是你们这一类人。"

南宋丘灵鞠是新上任的骁骑将军，他不喜欢当武官，就对别人说："当初顾荣小子率领江东人士参与拥立晋元帝司马睿，我真想东下去挖顾荣的坟。江南土地数千里，风流士子数不尽，顾荣却迎接了那么多北方的家伙南渡，阻碍了我们前进的道路。”

虞仲翔被放逐到南方后，对别人说:“我活着时没人能跟我交流，死了估计只有苍蝇来当吊客，哪怕有一个能作知己的人，我都可以了无遗憾了。”

王彦深不受子侄的尊重，对此他觉得特别羞愤，便以当将领的目标来激励自己。他常用手抚摸着刀剑说:“龙泉剑、太阿剑，你们是最了解我的了。”

南朝宋人萧惠开被任命为少府，却对这个任命特别不满意。他所住的斋房前原本种了许多美丽的花草，一气之下便让人全部铲除掉，改种了白杨树。他常对别人说:“人若不能实现自己的抱负，即使活到百岁，也还是个短命人。”

王融自负人品和家世都相当不错，指望着三十岁之前就能位列公辅大臣。夜里在中书省值班时，他叹息道:“这样默默无闻，肯定会遭邓禹（二十四岁时封侯）耻笑的。”

毛伯成自负才气过人，常说：“我宁可做被折断的兰花、被摧毁的玉石，也不做疯长的野蒿、繁茂的臭草。”

晋代庾亮想让周邵出来做官，周邵坚决推辞。庾亮每次去见周邵时从前门进去，周邵便从后门溜掉。庾亮有一次突然造访，周邵来不及避开，只能和庾亮面对面坐了一整天。临近饭点儿，周邵拿出些青菜粗饭招待，庾亮虽然吃得勉强，但心情很不错。庾亮跟周邵讲了许多世事，并承诺一定举荐他来共同挽救国家的危难。周邵出仕后官至将军，俸禄二千石，却仍不满意，半夜里大发感慨说：“我堂堂丈夫，竟然被庾亮给出卖了。”郁闷之下，背疽发作，不久便去世了。

罗逸读书万卷，却没给自己带来什么实际的好处。他常慨叹说：“男儿在世应当万事都经历过。我却只有贫困而无缘富裕，只有低贱而无缘高贵。虞卿过的那种寂寞穷困的日子，不是男儿的长久之计啊。我应该到东街去喝个大醉，来了结我的这些心愿！”

王维宁有一次路过棺材铺时叹息：“人生前若能求得金印紫绶加身，死后也就不用这些东西了。”

第十五章　辩语：无坚不摧的舌尖武器

善辩的人无锋不摧、无坚不入。对方直着来，我就横着往；对方顺着加，我就逆着受。这种口舌之争战场的主人公就是战国时代所谓的辩士。辩论也像打仗，但是君子们即便不打仗也要辩论。细致盘查，明确辨析，这些都是辩的前提。不辩就难分是非，这使得辩论接近于道了。武断点儿说，善辩的人多是君子，没什么好担忧的。列辩语为第十五。

北宋刘攽有一天问苏轼："'老身倦马河堤永，踏尽黄榆绿槐影'，这不是你的诗吗？"苏轼点头："是啊。"刘攽又问："这里说的是日影还是月影啊？"苏轼反问："韩愈的诗句'竹影金琐碎'，说过是日影还是月影么？"刘攽无言以对。

荀慈明与汝南袁少朗两人在聊天，袁少朗问起颍川有哪些杰出的人才。荀慈明先把自己的几位哥哥列出来，袁少朗叹说："你这不是偏心自家人嘛。"荀慈明问："凭什么给我定这样的罪？"袁少朗说："我问颍川的杰出人才，你就说出自己的几位哥哥，这样不合适吧。"荀慈明说："曾经祁奚荐举人才时，对内说了自己的儿子，对外说了自己的仇人，大家都认为他最公正。周公旦是周文王的儿子，他编的《诗经》中没歌颂尧、舜的功德，而歌颂文王、武王。他们也都是'首重亲人'。《春秋》也是把周王室当作内，把诸侯国当作外。如果一个人不先爱自己的亲人而去爱别人，这才是违背了常情吧！"

高定七岁的时候，读到《尚书·汤誓篇》，便问父亲："臣子为什么要讨伐君主呢？"父亲回答："这是上应天命，下顺人心。"高定又问："谁听从命令就在祖宗神位前赏谁，谁不听命令就在社神牌位前杀谁，这也是顺应人心吗？"父亲无言以对。

杨修从小就非常聪明，九岁时，孔坦登门拜访，杨修的父亲不在家，杨修便拿出水果招待孔坦，有杨梅，孔坦就说："这可是你杨家的果子。"杨修接话："没听说过孔雀是孔夫子家的禽鸟。"

东晋光禄大夫祖纳幼年丧父，家境贫寒，但他特别孝顺，常常为母亲烧火做饭。平北将军王乂听说后，便送给祖纳两个婢女，并让他做了从事中郎。有人便嘲笑他说："一个奴仆比一个婢女贵一倍啊。"祖纳反问道："难道百里奚就比五张羊皮还轻贱吗？"（百里奚，春秋时人，秦穆公以五张公羊皮从楚人那里将他赎回，任为大夫。）

南宋刘绘曾任南康郡太守，郡里有个叫郅类的人住在一个叫秽里的地方。刘绘就调侃他："你是不是做了什么污秽的事，所以才住在秽里呀？"郅类反问："不知孔子是因为有了什么缺失才住在阙里的？"

晋朝人王浑带领晋兵平定了吴国后，在建业宫设宴，饮酒作乐，酒性正酣的时候，王浑问吴国人："吴国灭亡之后，各位作为吴国旧臣，难道都不哀伤么？"当时在座的周子隐回答："汉末分裂，三国鼎立，魏国灭亡在前，吴国灭亡在后，亡国的哀伤可不是一国的事儿。"王浑听了觉得惭愧。

岳柱八岁那年，有一天站在画师何澄身边看他画《陶母剪发图》，他指着陶母手中的金钏问道："拿这东西就可以换酒了，为什么还要剪发呢？"何澄听了大吃一惊，马上把作品改了。

曾经有一群白头鸟聚集在吴国的宫殿前，孙权问群臣："这是什么鸟？"诸葛恪回答道："这鸟名叫白头翁。"当时在座的人中数张辅吴年纪最大，他怀疑诸葛恪是在戏弄自己，便说："诸葛恪在欺骗陛下，从没听过有叫白头翁的鸟，您可以让诸葛恪再找到一种叫白头母的鸟来。"诸葛恪说："有鸟名婴母，未必就有鸟名婴父，不然请辅吴再找出一个婴父来吧。"张辅吴无言对答。

某个县令贪污，监司依法要罢免他，当时的中丞陈渠想保他，就跟监司说："这个地方那么穷，不像贵乡那样富有，贪污的钱财还装不满一口袋。"监司反问："难道抢劫了贫困人家的盗贼，就可以无罪么？"

东晋右军将军王羲之与谢安一起登上了冶城的城墙。谢安悠然远思，有超脱凡世的心志。王羲之对谢安说："夏禹勤劳王事，治理洪水，手脚都起满了老茧；周文王为了多到忙不过来的国事，总是不能按时吃晚饭。现在四处都有敌人的营垒，我们正应该人人都效法夏禹、文王，而不是空谈些没用的事务，以虚浮的文字来影响大事。"谢安说："秦国任用商鞅，二世而亡，难道也是因为清谈招来的祸患吗？"

北宋苏轼曾问王安石“坡”字是什么意思，王安石说：“坡就是土之皮。”苏轼说：“这么说的话，滑就是水中骨喽？”王安石沉默了。

东汉边让拜见袁阎时有些举止失仪。袁阎就嘲笑他说：“当年尧帝征聘许由时也不见许由面有怯色，边先生怎么乱得像是穿反了衣裳呢？”边让回答：“主要是太守您刚到这里，尧帝那样的盛德还没有显现出来，所以小民才乱得一塌糊涂。”

东汉的太丘长陈寔与朋友相约同行，但过了约定的时间朋友还没出现，陈寔没继续等，自己先走了。陈寔走后朋友才姗姗来迟，碰到了陈寔在外玩耍的七岁的儿子陈元方。朋友问陈元方：“你父亲呢？”陈元方回答：“他等您没等到，已经先走了。”朋友生气地说：“真不是人！都约好了还撇下别人自己走了。”陈元方说：“您和我父亲约好的是中午见面，过时不来，就是不守信用；当着儿子的面骂父亲，就是没有礼貌。”朋友听了很惭愧，就下车来想牵陈元方的手。陈元方也没理他，径直进了自己的家门。

东汉光武帝召见第五伦咨询政务，谈话间调笑道：“听说你做衙吏的时候曾打过岳父，这事儿是真的么？”第五伦回答：

“为臣曾经三次娶妻，可是她们都没有父亲。”光武帝听了大笑起来。

明代大臣倪岳五岁时曾侍立在父亲倪谦的身边，父亲对他说：“天上更有天。”倪岳接着说：“地下更有天。”父亲笑说：“小孩子胡说，地下怎么会有天？”倪岳反问：“鸡蛋清难道只在一面有吗？”

明代余肃敏担任户部侍郎时，曾有两个权势之家争夺田产，闹得不可开交。部里让余肃敏来处理这件事。其中一家认为那块地的名字与自己的姓氏相同，所以应该是自己家的旧产业。余肃敏说：“没听说过有姓张的打官司争夺张家湾的事。”

张敞一直坚持为爱妻画眉，长安城中便盛传他画的眉样好看，这件事传到了皇帝的耳朵里。皇上询问张敞时，他回答：“闺房之内，夫妻之情，有些比画眉有过之而无不及呢。”皇上爱惜张敞的才能，也就没有因为这事而责备他。

刘恕四岁时就聪明颖悟、才智过人。有一天，在座的一位客人说到孔子没有兄弟，刘恕就说：“‘以其兄之子妻之’，这里不就提到了他的兄长吗？”

淮海人周辉与别人争论化腐朽为神奇的问题，有人否认：“没有这种道理。”周辉就说：“那药中的秋石是怎么来的呢？”

王绪将军下令在他的军队里不得携带老弱的亲属，违犯者处斩。当时只有王潮兄弟仍然把母亲留在身边，王绪训斥他们：“军有军法，无法不成军队。”王潮兄弟说：“人人都有母亲，没有没母亲的人。”王绪听了后免去了对他们的责罚。

王圣美做县令时还不知名，有一次他去拜访一个高官，高官正与客人谈论《孟子》，没顾上搭理王圣美。过了好一阵儿，高官忽然问王圣美：“你读过《孟子》没？”王圣美说：“我很爱读《孟子》，但不懂它是什么意思。”高官问：“哪里不懂？”王圣美说：“‘孟子见梁惠王’，这句话我就不懂。”高官惊讶地问：“这有什么难懂的么？”王圣美说：“既然其中说‘不见诸侯’，为何又见‘梁惠王’？”

唐德宗问司徒平章事李勉：“大家都说卢杞是奸佞，我怎么不知道？”李勉回答：“就因为能让陛下不知道，所以才是一个奸佞。”

周彬不事生产，只顾潜心钻研儒学。他的妻子责备他说："你的兄弟们都努力耕作，赚钱养家，你这么没能耐，还不思悔改，以后可怎么办？"等到南唐烈祖李昪出镇金陵时，周彬带着自己的文章去拜见，李昪给了他特别丰厚的赏赐。周彬回家后将所得的金银细软堆放在院子里，问妻子："今天的我和兄弟们相比谁更有能耐？"妻子说："你们男人的事，不是我们女人能了解的。"

唐朝的御史大夫李承嘉曾经斥责那些御史们说："近来御史向皇上奏事，不和本大人商量，这合乎规矩吗？"萧至忠说："按照制度规定，御史台没有长官。御史是皇上的耳目，大家平等地侍奉皇上，可以自主地弹劾人物事件。如果遇事先向大夫报告，那么弹劾大夫时，要先向谁报告呢？"

三国魏人嵇康对赵景真说："你的眼睛黑白分明，有秦国大将白起的风范，可惜身材瘦小了些。"赵景真说："一尺长的日晷能测量巨大天体的量度，一寸长的律管能测量往复气候的变化。为什么一定要大呢？"

北宋王安石初任参知政事时，雄心壮志，目中无人。推行新法后，他总是怒视着反对变法的同僚，说："你们会反对都是因为不读书。”当时赵清简公和王安石同为参知政事，反驳王安石说：“此言差矣，在皋、夔、稷、契的时代，有什么书可读？”王安石沉默不语。

西晋诸葛厷少时就有好名声，王衍很看重他，当时的舆论也把他比作王。后来诸葛厷被继母家族的人诬蔑为狂逆，官府要把他流放到远方去。王衍等朋友到囚车前与他告别，诸葛厷问：“朝廷为什么要流放我？”王衍回答：“因为你狂逆的罪名。”诸葛厷问：“如果是悖逆，自然罪该万死；但如果仅是疏狂，难道也要流放么？”

晋代司空郗愔被任命为北中郎将，黄门侍郎王徽之前去郗家拜贺，口中不住赞叹：“应变将略，非其所长。”郗愔的二儿子郗仓对宾客说：“今天是我父亲的好日子，王大人说话这么不客气，实在让人难以容忍。”宾客说：“这是陈寿对诸葛亮的评语，王大人是将你父亲比作武侯，没什么好抱怨的。”

鸿胪卿孔群特爱喝酒，王丞相问他：“你为什么总是喝酒？难道没看见酒家盖坛子的布在一天天糜烂么？”孔群说：“不能这么说。难道你没看见用酒腌过的糟肉更能经久不坏么？”

许允担任吏部侍郎时多任用其乡里，被人检举了，魏明帝派虎贲郎去抓他。临行时，许允妻子提醒说：“对待贤君要晓之以理，动之以情是行不通的。”许允面见明帝时就说：“《论语》中说‘举尔所知’，我的同乡就是我所了解的人，所以才举荐他们啊。”

许允的妻子是三国魏卫尉卿阮共的女儿，长得特别不好看。新婚夜，许允一揭盖头就吓得要往外跑。妻子知道他一旦跑了就肯定不会再回来，便紧抓住他的衣襟要将他留下。许允问她：“女子有四德，你能占几条？”妻子回答：“我所缺的只有妇容这一条。但是士有百行，你又能占几条？”许允回答：“我都有。”妻子问：“百行当中以德为首。你好色不好德，怎能说自己都有？”许允听了有些惭愧，从此两人互相敬重。

东晋许询隐居在永兴南面幽深的山谷中，常收到四方官员的礼物。有人跟他说：“听说箕山许由可不是这样的。”许询回答：“那不一样，我收到的不过是些普通的小礼物，这是和天下至尊的帝王之位没法比的。”

晋代荆州刺史殷仲堪问僧人惠远：“‘易’的主体观念是什么？”惠远回答：“是感应。”殷仲堪又问：“铜山在西方崩塌，灵钟在东方回应，这便是‘易’吗？”惠远笑而不答。

晋代阮瞻因为三句出彩的话，被太尉王衍直接任命为掾吏，卫玠嘲笑阮瞻：“一句话就可以授官了，何必要三句呢？”阮瞻说：“如果闻名天下的话，不说话也可以授官，又何必要那一句呢？”

第十六章　颖语：巧语锋言的查缺补漏

语言有锋芒如强弓有机关，都是天下极厉害的器具。巧妙锋利这一特点广泛存在于语言艺术之中，以谐、谑、讥、辩几类语言中最为多见。这四类语言已经各立门户，所以在“颖语”中就不再重复收录了。只有无法归入谐、谑、讥、辩四类中的巧妙锋利的语段子，才收进“颖语”之下。列颖语为第十六。

诸葛靓在吴国做官，一次朝堂大会时，孙皓问他：“你的字是仲思，你都思些什么？”诸葛靓回答：“我在家时，思的是孝敬父母；侍奉君王时，思的是竭尽忠心；对待朋友时，思的是坚定诚信。我所思的就是这些了。”

南朝刘宋时梁州人范百年觐见宋明帝。宋明帝谈到了广州的贪泉，问范百年：“你家所在的州有没有这样的贪泉？”范百年回答:“梁州只有文川、武乡、廉泉、让水。”明帝又问:“你家在哪里?”范百年说:“我家住在廉泉、让水之间。”

南朝齐武帝曾问群臣:“我百年后会得到什么谥号呢?”没人敢答话。只见王俭使眼色让庾杲之来答,庾杲之出列说:“陛下您寿比南山,与日月齐明,千年之后,哪里是为臣能够轻易度量的?”

王俭任吏部尚书时有一个姓谭的人前来求官。王俭说:“齐桓公灭了谭国,哪里还有你?”那人回答说:“谭子奔亡到了莒国,所以有了我。”(齐桓灭谭、谭子奔莒,出自《左传》。)

南朝梁武帝曾拿枣来投兰陵人萧琛,萧琛便也拿栗子来投武帝,打中了武帝的脸。武帝气得脸色都变了,质问:“你怎敢这么做?我倒要听听你有什么说法!”萧琛回答:“陛下投给臣下一颗赤心,臣下不敢不为陛下而战栗。”

在武帝的宫宴上,萧琛向北使员外常侍李道固敬酒,李道固不肯喝,还说:“公庭上无私礼,我不能接受您的劝酒。”众人紧张得都变了脸色,就怕萧琛无法应对。只听萧琛慢慢说:“《诗经》中说:‘雨点洒落公田之内,同时淋我私田秧苗。’”李道固这才不情愿地喝了酒。

张后胤在并州时曾教授过唐太宗《春秋》。后来唐太宗做了皇帝，召张后胤入宫赏宴，谈起了过往的事情，唐太宗从容地问张后胤："今天的学生怎么样？"张后胤回答："从前孔子领有弟子三千人，其间显达的人中也没有一个有子爵、男爵。臣只辅助过一个人，那个人就成了万乘之君。要论臣的这一功劳，真是要超过先圣孔子啊。"唐太宗听了很高兴。

晋代崔豹来到郡城，当地一名姓陈的郡将问崔豹："你离崔杼（春秋时齐国大夫，曾杀庄公而立景公）有几代了？"崔豹回答："下民距离崔杼的代数，和大人您距离陈恒（春秋时齐人，曾杀简公而立平公）的代数是一样的。"

据唐朝张林讲：当初灭佛的时候，分派御史检查天下所废弃的佛寺，没收登记金银佛像。其中有个姓苏的监察御史巡察两边街上的各个佛寺时，见到一尺以下的银佛就揣进袖子里带回家去，人们都叫他"苏捏佛"。有人让温庭筠想个词语跟"苏捏佛"作对子，温庭筠说："'密陀僧'（药名）是最合适不过的了。"

钟毓、钟会兄弟小时候便有才名。钟毓十三岁的时候，魏文帝曹丕想见见这对兄弟，就让钟繇把两个儿子带过来。曹丕召见他们时，钟毓的脸上有汗，曹丕问:“你脸上怎么有汗？”钟毓回答:“战战惶惶，汗出如浆。”曹丕又问钟会:“你为什么不出汗？”钟会回答:“战战栗栗，汗不敢出。”

晋武帝刚登基时，按惯例要向天求签，得到的签是一。这个数字是决定帝位能传几代的，所以武帝特不高兴，群臣都大惊失色，没人敢说话。这时侍中裴楷进言道:“《老子》有言:‘天得一可以清净，地得一可以安宁，侯王得一可以成天下至尊’。”武帝听了很高兴，群臣也表示赞叹佩服。

钟繇白天小憩一会儿，发现他的两个儿子钟毓和钟会一块儿偷喝他的药酒，钟繇假装睡着了来观察儿子们。钟毓行了礼才开始喝酒，钟会则光喝酒不行礼。后来钟繇问起两个儿子行礼的事儿，钟毓说:“酒是一种礼仪，不敢不行礼。”钟会说:“偷着喝本来就是不合规矩的，还行什么礼呢？”

孙齐由、孙齐庄两兄弟小时候曾一起去拜见庾亮，庾亮问齐由的字是什么，齐由说:“我的字是齐由。”庾亮问:“你想向谁看齐？”齐由回答:“看齐许由。”庾亮又问齐庄的字是什么，齐庄说："我的字是齐庄。"庾亮说："那你想向谁看齐呢？"齐庄回答："看齐庄周。"庾亮又问："为什么不仰慕孔子，而要仰慕庄周呢？"齐庄说："圣人是很难企及的。"庾公听了很高兴。

三国时蜀汉先主刘备任命伊籍为左将军从事中郎，派他出使吴国，孙权听说伊籍有辩才，想当面挫一挫他。伊籍向他叩拜时，孙权说："难为先生这么辛苦地侍奉一个无道之君（指刘备）。"伊籍应声回答："一拜一起，算不上什么辛苦（指孙权）。"孙权听了特羞惭。

陆机去拜见王济时，王济指着成百斛的羊酪给陆机看，问："你们东吴有什么能比得上这个？"陆机说："我们有千里湖的莼羹，只是还没撒上盐豉罢了。"

孔融与祢衡俩人放荡不羁，志同道合。祢衡说孔融："你便是孔子不死。"孔融回应："你如同颜回再生。"

唐朝管城人辛郁，旧名叫太公。辛郁二十岁时与出行的唐太宗相遇，唐太宗问辛郁："你是谁？"辛郁回答："我是辛太公。"唐太宗再问："你和旧太公相比怎样？"辛郁说："旧太公八十岁时才遇到了周文王，我现在刚十八岁，就遇到了陛下，我比他强太多了。”

三国蜀人李令伯曾出使吴国，遇上吴国君主与群臣在讨论道义的问题，有人说愿做弟弟。李令伯说：“我愿做哥哥。”吴主孙权问他：“为什么愿做哥哥？”李令伯答道：“做哥哥供养父母的时间要更长一些。”

南朝宋孝武帝刘骏曾赐给中书令谢庄一把宝剑，谢庄把宝剑作为送别礼物给了鲁爽。后来鲁爽造反，孝武帝曾在一次宴会上问起宝剑的下落，谢庄便说：“我和鲁爽告别时，已经替陛下对他做了杜邮之赐（杜邮之赐，指赐剑让人自裁）。”

张说将女儿嫁入卢家，女儿曾托父亲为公公谋个官职，张说没说话，只是指着床腿下的一只床龟给她看。女儿回家后便告诉丈夫说：“公公得了一个詹事的职务（龟甲可以占事，音同詹事）。”

耿九畴调迁盐运使，素有廉名。他曾经坐在水边，有个小孩子在他旁边玩耍，耿九畴对孩子说：“看这水多清！”小孩子应声说：“还是比不上使君您清。”

解缙学士小时候就被父母定了娃娃亲，岳父到他家拜访时，解缙的父亲把他抱起来放在椅子上，岳父说：“父亲站着，儿子坐着，这合乎礼节吗？”解缙回答：“这就好比嫂子落水，小叔子去救，只是权宜之计而已。”

晋代王济、孙楚各自夸赞自己家乡的风土人情之美。王济说：“我家乡的地坦而平，水淡而清，人廉洁而坚贞。”孙楚说：“我家乡的山崔巍而高峻，水叠浪而扬波，人雄壮而英俊。”

晋代尚书仆射周顗雍容大方、英俊魁梧。有一次，他去拜望丞相王导，下车时他的身体遮住了好几个人，王导含笑看着他。大家都列坐之后，周顗便开始傲然啸咏。王导问：“你这是想效法嵇康、阮籍吗？”周顗回答：“哪里敢舍掉近处的明公，而去效法远处的嵇、阮呢？”

孙盛在庾亮手下担任记室参军，有一次他随从庾亮出去打猎，也带上了他的两个儿子一起。庾亮起先不知道，后来在猎场上见到了孙盛七八岁的小儿子齐庄。庾亮问齐庄：“你也跟来了吗？”兄弟俩应声说：“这就是所谓的‘无小无大，从公于迈’（臣无尊卑，皆从君而来）。”

毗陵人丁常任在宋孝宗淳熙年间任户部侍郎。冬至那天，他上殿奏事。宋孝宗说："今天早晨的云彩非常奇丽，你看见了吗？"丁常任回答："岂止是臣看见了，四海的万姓民众都看到了。"

相国袁履善六七岁的时候与小孩们一块儿玩耍，自称小相公。潞溪人彭公见到后，跟他开玩笑说："愿为小相。"（《论语 · 先进》中"愿为小相焉"的"小相"指宗庙祭祀中的傧相。）袁履善应声说道："窃比老彭。"（《论语 · 述而》中"窃比我于老彭"中的"老彭"指彭祖，这里谐指彭公。）

北宋杨亿正在与客人下棋，石延年从外面进来，坐在房间一角。杨亿突然联想到贾谊的《鹏鸟赋》，便说："止于坐隅，貌甚闲暇。"石曼卿立即也以《鹏鸟赋》回答："口不能言，请对以臆。"

宋太祖赵匡胤第一次到相国寺，在佛像前烧香时问需不需要向佛跪拜，僧官赞宁回答："不须跪拜。"宋太祖问为什么，赞宁说："皇上是现在佛，不须跪拜过去佛。"

杨大年小时候就有才名，十一岁时，太宗皇帝在便殿召见了他，杨大年对太宗的问题对答如流，太宗给他授官为秘书省正字，并问他："你离开家乡这么久，难道不想念父母吗？"杨大年回答："臣见到了陛下，就像见到了父母一样。"皇上听完叹赏了好久。

晋代谢尚八岁时，父亲豫章太守谢鲲在家设席宴客，那时谢尚的谈吐已经十分出色，俨然小大人一样，在座客人都称赞谢尚："这个少年真是一座当中的颜回。"谢尚说："座中又没有孔子，怎么能辨别出谁是颜回呢？"

袁宏以吏部侍郎的身份出京去做东阳郡守，太傅谢安欣赏他的机敏迅捷，在冶亭为他设宴饯行，当时的贤士都前来参宴。谢安想以猝不及防的方式测一下袁宏的应变能力，便在和袁宏拉手告别时，忽然从别人手中拿过一把扇子赠给袁宏，袁宏马上说道："我一定会继承发扬您的仁爱之风，好好抚慰那里的黎民百姓。"

南齐武帝萧赜调侃散骑常侍周盘龙说："你现在戴上了貂蝉（官帽的一种），和从前戴着兜鍪（头盔）的感觉相比有什么不同？"周盘龙回答："这貂蝉就是从兜鍪中出来的呀。"

崔邪利、崔模都投降了魏国，崔邪利的儿子闻讯立即和妻子分居、吃素、穿布衣，像为父亲守丧一样。崔模的儿子却照常结婚和做官。崔元孙出使魏国时，魏国人问这两人的表现为什么会如此不同，崔元孙说：“这就好比从前王尊行至九折坂时让车前进，王阳行至九折坂时却令车转头一样，他们是想让人臣、人子两项职责都能尽到，忠心、孝心两种心意都能弘扬。”

南朝宋的刘瑀官位本来在何偃之上，孝武帝刘骏举行郊祀，当时何偃任吏部尚书，刘瑀想做侍中却没做成，两人一起随同孝武帝去郊祀。何偃乘车走在前面，刘瑀骑马走在后面，两人相距数十步。刘瑀踢马赶上何偃，问：“您的车子怎么走得这么快？”何偃说：“马儿强壮，驾驭技术也娴熟，所以快呀。你的马怎么跑得这么慢？”刘瑀回答：“骏马不给力，可不就落后了嘛。”何偃问：“你为什么不抽上几鞭，它肯定就跑得快了。”刘瑀回答：“踢它一下它就青云直上了，犯不着去跟些劣马争路。”

吴国的使者张温到蜀国去访问，问秦宓：“天有头吗？”秦宓答：“有。”张温问：“在哪里？”秦宓答：“《诗经》中说‘乃眷西顾’，照此推断天的头在西方。”张温又问：“天有耳朵吗？”

秦宓答："天在高处，能听到低处的声音。《诗经》中说'鹤鸣九皋，声闻于天'。"张温再问："天有脚吗？"秦宓答："《诗经》中说'天步艰难'。没脚怎么走路？"张温再问："天有姓吗？"秦宓答："姓刘。"张温不明白，秦宓解释："天子姓刘，由此可知。"

东晋戴逵隐居东山来砥砺节操，他的哥哥戴逯却想建立抗敌御侮的军功。太傅谢安纳闷道："你们兄弟的志向为什么如此不同？"戴逯说："我是'不能忍受贫穷之苦'，我弟弟是'不因贫穷而改变安贫乐道的志向'。"

卢志当着满座宾客问陆士衡："陆逊（陆士衡之祖）、陆抗（陆士衡之父）是你什么人？"陆士衡答："与你和卢毓（卢志之祖）、卢珽（卢志之父）的关系一样。"

陈元方十一岁时曾去拜望袁绍，袁绍问他："你父亲在太丘做官时远近称赞，他都做了些什么？"陈元方说："父亲在太丘时，用德行去感化强悍的人，用仁心去抚慰懦弱的人，让百姓过自己喜欢的生活，久而久之百姓就越发尊敬他了。"袁绍说："我之前在邺县为令时也是这么做的，不知是你父亲仿效我，还是我仿效你父亲？"陈元方说："周公和孔子生在不同的时代，都为人们所称颂，他们虽远隔万里，但行为举止却高度一致。周公不师法孔子，孔子也不师法周公。”

桓玄篡夺皇位以后，打算改设直馆，他问身边的人虎贲中郎省应在哪个地方，有人回答：“没有这个省。”桓玄对此人的回答特别恼怒，问道：“你怎么知道没有？”那个人回答：“潘岳《秋兴赋》的叙中说：‘我兼任虎贲中郎将，在散骑常侍的那个省里办公。’”桓玄听后消了气，称赞此回答极好。

陆逊慕车浚才名前来拜访，感叹：“武陵地区的蛮人中竟也有您这样的奇人！”车浚说：“吴太伯以周礼教化百姓，改变他们披散头发、身刺花纹的习俗，现在上有圣明君主，下有贤能辅臣，是我有幸能生存在这盛世啊！”

第十七章　浇语：狂妄过头成轻薄

擅长写作的人有才华，就像是天上有云露，草木有花卉。才华这种秘藏的财富，上天是不肯轻易送人的。有才者，是得了上天的宝物，有资本就难免会狂妄，一味狂妄而不加收敛的话，就成了轻薄了，所以轻薄其实是狂妄过分的表现。一般来说，文人不一定要有德行，因为上天给予文人的主要是才华，如果浑浑噩噩的话就是蔑视上天，这罪过可是要比轻薄严重多了。拔舌地狱是对轻薄的报应，毗沙天王也不会轻易宽容饶恕人的轻薄。尽管如此，这毕竟是上天对才子的放纵，也没有理由弃之不理。列浇语（轻薄之语）为第十七。

南朝宋的会稽太守孟颉特别信佛，谢灵运看不起他，就对他说："得道成佛也是要有智慧的业缘的，老人家您升天应该比我早，但成佛必定比我晚。"

许敬宗为人轻率狂傲，见过别人之后总是忘记。有人说他这样是因为不够聪慧灵敏，许敬宗回应说："是你本来就难让人记住，如果我遇到的是何逊、刘孝绰、沈约、谢灵运他们的话，就算是闭上眼睛摸索，也能辨别出来。"

梁朝到洽是个担粪种园的农夫的后代，后来得了一个官位。他曾问刘孝绰："我东面的邻居家有一块好地，我想买过来，但是主人不愿意卖，有没有什么办法能让我得到那块地？"刘孝绰说："这简单，你可以多拉些粪堆在他家的窗户下，天天折磨他。"到洽听后便开始记恨刘孝绰，到底还是设计报复了刘孝绰。

盈川县令杨炯每次见到朝廷官员时，总把他们称作"麒麟楦"。有人问他为什么要这么说，杨炯说："现在的店铺里喜欢摆弄假麒麟，刻出头，画出角，修饰皮毛，再盖到驴身上来冒充麒麟，这种驴不就是楦头么？"

杜审言刚中了进士，恃才狂傲，特不招人待见。苏味道是当时的天官侍郎，杜审言是参加选拔的士子，判词考试之后，杜审言对别人说："苏味道肯定会死的。"别人问他为什么，他说："苏味道看了我的卷子后，怕是会羞死的。"

陈通方与王播是同年及第，那年陈通方二十五岁，王播五十六岁。陈通方觉得王播成名太晚，便在聚会时拍着王播的背嘲讽道："王老王老，奉赠一第。"笑话他垂老暮年才科举及第，有点像是对亡故者的赠官。王播说："我本来是准备考三场的。"陈通方又说："一次已经足够了，还用再试吗？"王播把这些话都记在心里了。

薛能镇守许昌时，有一天和幕僚们齐聚一堂，幕僚们都惊讶薛能儿子佩弓带箭、一身戎装的扮相，薛能说："这样能让他消灾免祸。"

姚岩杰一直看不上卢肇，有一天两人同在江边亭子里喝酒，卢肇提议以眼前的景物为内容行酒令，酒令末尾必须有乐器的名字。卢肇先来："远望渔舟，不阔尺八（即箫管）。"姚岩杰马上喝了一坛子酒，然后趴在栏杆上就开始吐。吐完之后他又回到座位上，回了一个酒令："凭栏一吐，已觉空喉（即箜篌）。"

南朝梁吏部尚书张缵与何敬容不是一路人，何敬容居高位有实权，府里宾客会聚。其中有人又想去与张缵交好，张缵一概不见，说：“我可不接纳何敬容那儿出来的客人。”

柳季云喜欢弹琴饮酒，每次外出回来，家人问他外面有什么新鲜的事儿，他总回答：“没啥，就算听到了，我也不知道他们都在说些什么。”

元代名家倪瓒擅长画山水，唯独不画人物。有一次元世祖忽必烈问他：“总是见你的山水画，里面从来没有人物，为什么不画呢？”倪云林回答：“因为如今世上没有人值得我画。”

杜审言临终时对宋之问、武平一说：“我在的时候，一直压着你们，现在我要死了，对你们来说是个安慰吧，我只是遗憾没见到可以接替我的人。”

东汉祢衡从荆州向北来到许昌城，写了一个帖子揣在身上，帖上的字都磨掉了也没遇到合意的人。有人问他：“为什么不去投奔陈长文、司马伯达呢？”祢衡说：“难道让我去追随杀猪卖酒的人吗？”又有人问那当下还有谁能入他的眼，祢衡回答：“往大了说是孔文举（孔融），往小了说是杨德祖（杨修）。”

东汉荆州牧刘表曾写了一封信，想寄给孙策，送出之前先让祢衡看了下。祢衡撇撇嘴，不屑地说："这样的信是要让孙策帐下的小子们读吗？还是要给张昭看呢？"

有人问东汉祢衡："荀彧、赵雅长都能算是盖世豪杰吗？"祢衡答道："可以借荀彧的脸来吊丧，可以在请客时让赵雅长负责监厨。"

晋代褚裒与孙绰一起去游曲阿后湖，船到了湖心时遇上了大风，小船被吹得摇摇晃晃，眼看就要翻船了。褚裒当时已经喝醉了，说："我们都不应该遭天罚，只有孙绰身上的世俗污秽太多，正好可以拿他来满足上天的欲望。"于是便要抓住孙绰扔到水里去。孙绰无计可施，急得大声哭叫："褚裒，你得可怜可怜我呀！"

王奂新任仆射一职，刘祥与王奂的儿子王融坐在一辆车上，刘祥对驾车的驴说："你得努力啦，你们一伙的已经当了仆射了！"

散骑常侍徐陵出访北齐。当时魏收是北朝文学的突出代表，魏收将自己的文集拿给徐陵，想让他带到江南传播。徐陵在渡江南归的途中便把魏收的文集扔到了江中，说："我这是为魏收藏拙呢。”

庾信在北方时最喜欢温子昇的《寒山寺碑》。回到南方后，人们问他北方文坛是什么情况，庾信回答:“只有《寒山寺碑》值得讨论，薛道衡、卢思道稍微懂点儿皮毛，至于其他人就都是驴鸣狗叫，聒噪死了。”

刘昼作了一篇《六合赋》，自认为是绝世佳作，就找魏收给品评一下。魏收说:“以‘六合’为赋名就已经很蠢了，文章比赋名更蠢，你的肢体更是不能再蠢了。”刘昼气得要命，就把文章送给邢子才看。邢子才说:“您的这篇赋就像一匹得了疥疮的骆驼，趴在地上，毫无美感。”

崔信明曾经自夸他的文章赛过李百药。郑世翼在过江时遇到了他，说:“听说您有‘枫落吴江冷’的诗句，我想拜读下您其他的诗作。”崔信明高兴地拿了许多给他，郑世翼还没看完便说:“所见不如所闻啊。”说完就令船掉头开走了。

严、杜两家世交，因此严武对杜甫很客气。杜甫性格偏狭急躁、骄傲荒诞，他曾经在醉酒之后踩着严武的坐具，瞪着眼睛说:“严挺之（严武之父）竟有个这样的儿子！”

南齐谢朓很瞧不起江祏。江祏去拜访谢朓时，谢朓命人去拿一首自己的诗给江祏看，片刻后又让他别去了。江祏问怎么了，谢朓说："静下来一想，又觉得不用那么着急了。"

钱端学奔着汤胤绩的大名前来拜访，并请汤胤绩评论下自己的诗作。汤胤绩先前赞他写得不错，但后来被他屡次请评弄得烦了，就向他道歉说："我先前骗了您，因为觉得说'不'是一种罪过。"

杨君谦常拿自己的文章给别人看，那人如果说"好"的话，他就收起文章问："好在哪里？"那人如果回答不出来的话，杨君谦就把文章往袖子里一塞，说："你这是在践踏自己的嘴巴。"说完转身就走。

明代蔡汝楠喜欢在酒后唱自己歌咏夔州的几首诗。每次只要蔡汝楠一开始唱，吴国伦便开始打着鼾声睡觉，鼾声与歌声此高彼低地相互应和。歌声停，鼾声也便停了。有人劝吴国伦别这样，吴国伦说："我用睡梦板，伴奏他的夔州腔，有什么不可以呢？"

明代陈继儒说："品茶，一个人可以品出神韵，两个人可以品出情趣，三个人可以品出味道，但如果七八个人一起喝的话，就只能叫施舍茶水了。"

崔赵公曾经问径山："官家子弟出家行不行？"径山回答："出家修行是大丈夫的事，不是王侯将相这些人能做的！"

郑光业有一个巨大的皮箱，里面装的都是别人投献的可笑诗文，他指着皮箱说："这是一个苦海呀！"

东平人王锡晚年时很穷，但却经常从嘴里省出钱来买碑刻。有一天他跟客人夸耀说："我最近得到一幅十分奇特的碑刻。"客人让他拿出来展示下，没想到那碑刻上竟没有一个字可以辨认出来。客人笑说："这叫作无字碑，难怪您这么喜欢。"

明代谢兆申在五明寺组织了一个放生社，以作文章为活动项目。谢兆申还提议："如果没写成文章，就罚他出钱放生。"沈曼长听到后说："谢兆申已经大有功德了，何必再让他放生？"别人不明白这是什么意思，沈曼长解释："人们听了他这话的效果要胜过放生了。"

丁度、晁宗悫在同一个衙门办公，后来晁宗悫升了官，就写了一封信跟丁度告别。丁度开玩笑地说："就不给你写回信了，我要弄一车粪土给你作为回报。"晁宗悫回道："粪土比你的回信更好。"

宋朝林逋清雅脱俗，高傲博学，但是不会下棋。他曾跟别人说："世上所有事我都能做，除了挑粪和下棋。"

桓温与谢奕交情很好，桓温任命谢奕为安西司马，两人私底下还是关系平等的好友。谢奕曾逼着桓温一块儿喝酒，桓温躲了起来，谢奕就带着酒到了他的大厅，拉了桓温的一个兵帅共饮，说："失了一个老兵，又得了一个老兵。"桓温听说后，也不跟他计较。

尧要把天下让给许由，许由听说后便逃掉了，巢父听说后觉得此事污了他的耳朵，便到池塘边去清洗。池塘的主人看见后，便牵着牛到上游去喝水，说："别污了我这牛的口。"

谢鲲任豫章太守时，王敦以诛杀刘隗为名起兵造反。王敦看中了谢鲲的名望，逼他和自己一起行动。大军攻陷京城之后，就准备返回武昌。谢鲲说："来了京城都不去朝见皇上的话，怕会遭天下人议论。”王敦说：“你能担保不发生变故么？”谢鲲回答：“我前阵子曾入朝觐见皇上，他似乎在等着您，宫中官署次序井然，应该不会有变故发生。您如果入朝，让我做您的侍从吧。”王敦说：“即便再动手杀死几百个你们这样的人，对时局又能有什么损害？”最终还是没入宫，而是带兵离开了。

大学士丘浚仰慕桑悦的名望，便让他来评论下自己的文章，并骗他说这是某某人写的。桑悦心里明白丘浚打的小算盘，就问他：“您的意思是我不怕垃圾么？”

东汉戴良恃才傲物，但每次见到黄宪（其父为牛医）时都规规矩矩的。直到回家之后还是一副怅然若失的样子。母亲见了就问他：“你又是从牛医的儿子那里回来的吗？”

吴鹿长为人坦率，毫不矫揉造作。每当遇到附庸风雅、故作超脱的人时，他都要挖苦一番。有人劝他：“你不能总这样鲁莽地对待别人。”吴鹿长说：“我总是以鲁莽的态度对待故作风雅的人，又以风雅的态度对待真正鲁莽的人，怎么就是改不了呢？”

潮阳人苏福八岁时就写了这首《初月》：“气朔盈虚又一初，

嫦娥底事半分无？却于无处分明有，恰似先天太极图。”有人把这首诗吟给王世贞听，王世贞说：“和陈献章晚年开悟后的诗句很相似呀。”

钱塘妓女郭步摇和情人一起泛舟西湖。船舱里有个年轻人，玉树临风，郭步摇频频扭头去看年轻人，对情人爱搭不理的。情人生气地质问：“你看上他了？”郭步摇假装没听见，只见那年轻人举起酒杯对着岸上的花祭奠了一杯，说：“春风吹进树林，哪是为了松柏呢？”

王勃、杨炯、卢照邻、骆宾王都以文章齐名，天下人称“王杨卢骆”，号为“四杰”。杨炯常说：“我愧在卢照邻前，耻居王勃后。”

殷浩才名冠世，庾翼却不重视他，常对别人说：“他这种人就应该束之高阁，等天下太平了，再考虑他们的任职。”

东晋桓温每当见到别人不愉快，就生气地问：“你得到了哀家的梨，该不会再去蒸了吃吧？”（据说秣陵人哀仲家有大而味美的好梨，却被蠢人蒸了吃。）

东晋僧人支遁东行，见到了王徽之兄弟。回来后，有人问他王家的几个兄弟人品怎样，他回答：“见到了一群白脖子乌鸦，就听到它们叫唤的声音。”

苻宏背叛前秦，归降晋朝，到京城之后常被谢太傅邀请到府上小聚。苻宏自认为才华高人一等，府上宾客没人能压过他。正巧王子猷前来，谢太傅便让他们认识认识。王子猷直着眼睛看了苻宏好久，才回太傅说：“也没发现他有什么与众不同之处。”

东晋王坦之和支遁两人一直不对付，王坦之说支遁善于诡辩，支遁评论王坦之：“戴个油乎乎的脏帽子，穿件粗布单衣，抱着一套《左传》，跟在郑康成的车子后面跑，不知道是个什么样的脏皮囊呢！”

右军将军王羲之少年时认生腼腆。有一次，他在征西大将军桓温那里，正巧王导、庾亮二人来了，王羲之便起身想走。桓温不让，说：“来的是自家人王导、庾亮，你还有什么不好意思的？”

东晋竺道潜说：“人们都说庾亮是名士，其实他胸中只有约莫三斗的荆棘和柴草（暗指庾亮心胸狭窄）。”

晋代魏颢很有气量，相比之下才学就逊色了。魏颢刚上任时，虞存嘲笑他：“咱俩约法三章，清谈者处死，舞弄文笔者判刑，商讨学问者抵罪。”魏颢只是笑笑，也不跟他置气。

王子猷到谢万那里去，林公已经在座，架子端得很高。王子猷说：“如果林公的胡子、头发都完好的话，神情会不会比现在好些？”谢万说：“唇齿相依，不可或缺，但是胡子、头发与精神状态有什么关系？”林公更不高兴了，说：“我这七尺身躯，今天就交给你们二位贤士品评了。”

东晋王濛、刘惔很不尊重司徒蔡谟。两人曾到蔡谟府上，聊了很久之后忽然问蔡谟：“您认为自己和王衍相比怎么样？”蔡谟回答：“我不如王衍。”王濛、刘惔相视而笑，问：“什么地方不如王衍呢？”蔡谟回答：“王衍那里没有你俩这样的客人！”

东晋刘惔初见丞相王导时正是盛夏。只见王导用肚皮去贴弹棋的凉棋盘，说：“怎么这么渹（吴地人把冷说成‘渹’）啊？”刘惔出来后，有人问他：“王丞相见了你都说了什么？”刘惔说：“没什么特别的，只听见他在讲吴语。”

晋代陆机刚到洛阳时，问张华都有哪些人应该去登门拜访，张华推荐的名单中有刘道真。陆机到刘道真府上拜访时，他还在守丧。刘道真嗜酒，与陆机见过礼后，张嘴就问："东吴有长柄葫芦，你带种子来了么？"陆机兄弟十分失望，后悔不该过来见他。

东晋王凝之的妻子谢道韫嫁到王家后，很看不起丈夫。回娘家时，不满意都写在脸上。太傅谢安劝解她说："王郎是王羲之的儿子，人品也不错，你为什么这样不满意？"谢道韫说："我们谢家的叔伯一辈中有谢尚、谢据，堂兄弟中有谢韶、谢朗、谢玄、谢渊。我真是想不到天地间竟还有王郎这样的人！"

晋代孙楚仗着自己有才华，便谁都不放在眼里，独独佩服王济。王济去世时，当时的名士都赶过去吊丧，孙楚来的算晚的。他一到就对着王济的尸身放声痛哭，大家也都跟着流泪。哭了一阵子后，孙楚又对着王济的灵床说："你生前喜欢听我学驴叫，现在我再给你学一次。"孙楚学得特别像，宾客们听了都笑了。只见孙楚抬起头来说："你们这些人都活着，为什么却让这个人死了！"

晋代庾和说："廉颇、蔺相如虽然千年之前就作古了，但他们那种懔然之气却让人觉得虽死犹生；曹蜍、李志虽然还活着，但无精打采得就像活死人。如果大家都和他们一样，那世道就可以倒退到结绳而治的远古时代了，人就怕也要被猪獾、貉子这些野兽吃光了。"

东晋刘惔引用孔子之言对谢尚说："自从我有了颜回，门人就与我更加亲近了。"又对许询说："自从我有了子路，就不再有恶言恶语传到我耳朵里了。"谢尚、许询两人听到刘惔以颜回、子路比喻自己，都欣然接受了。

司空郗愔家里有个奴仆会作文章，还凡事都有主见，王羲之曾在刘惔面前夸过他。刘惔问："他和方回相比怎么样？"王羲之说："他不过是下人当中比较聪明的罢了，哪能和方回比呢？"刘惔说："如果比不上方回的话，也就是个普通的奴仆罢了。"

晋代王衍曾嘱咐族人办件事，那人过了好久都没办。后来两人在一次宴会上碰见了，王衍便问："前些日子我嘱托你办的那件事怎么还没办呢？"那族人很生气，举起一个装食物的扁盒就扔到王衍脸上。王衍什么话都没说，清理干净自己后就拉着王丞相一块儿走了。上车之后，他照了照镜子，对王丞相说："你看我的目光，是出在牛背上的。"

晋代孙绰写了一篇《庾公亮诔》，文中有许多虚构的自己与庾亮生前情深意切的描写。写完之后，孙绰把文章送给庾亮三子庾羲看。庾羲看过之后，又把文章还给了孙绰，说："父亲和您的关系还达不到这种程度。"

东晋尚书左仆射江虨年轻时，丞相王导喊他来下围棋。王导的棋艺和江虨相比还是差不少的，但王导不许江虨让子儿，要他该怎么下就怎么下，以此来观察江虨的表现。江虨迟迟没有落子儿，王导问："你为什么不下子儿呢？"江虨说："怕是不能这样下。"

诸葛恢的大女儿嫁给了太尉庾亮的儿子，二女儿嫁给了徐州刺史羊忱的儿子。庾亮的儿子被苏峻害死之后，大女儿又改嫁了江虨。诸葛恢的儿子娶了邓攸的女儿。当时尚书谢裒想为自己的儿子求娶诸葛恢的小女儿。诸葛恢说："羊、邓两家与我家是世代姻亲，江家是我看上了他，庾家是他看上了我，我家是不能再和谢家联姻了。"

东晋丞相王导刚到江东时，为了结交当地的吴人，便想和太尉陆玩结为姻亲。陆玩说："小土包长不出高大的松柏，香草臭草不能放在一块儿。我陆玩虽然没什么能耐，但也不能开这个破坏伦常的先例。"

晋朝大臣杜预被任命为镇南将军，朝中百官都来祝贺，都坐在连在一起的坐榻上。羊琇是最后来的，看到这种情况就说："杜预你竟然又在连榻上安置客人！"说完就转身走了。

晋代夏侯玄与广陵的陈本关系很好，两人一起陪陈本的母亲吃饭，这时陈本的弟弟陈骞也回家了，径直走到堂屋门口。夏侯玄便要起身告辞，说："我可以和志同道合的人相处，不能和志趣不同的人混杂。"

东晋刘惔与殷浩谈玄理，辩论中刘惔有点理亏，殷浩说："你没做将军可惜了，因为你很擅长用云梯仰攻（喻指理亏之辩）。"

东晋支遁写了《即色论》，写完之后拿给王坦之看，王坦之看完什么都没说。支遁问："你是要默记在心吗？"王坦之说："既然没有文殊菩萨的慧眼，怕是赏识不了我无言的回答了。”

王濛、刘惔与林公一起去拜访骠骑将军何充，何充只顾着看文书，也没搭理他们。王濛对何充说：“我们特地和林公一起来看你，你能不能暂时丢开手头的事儿，咱一起探讨下玄理多好，怎么一直低头看这些东西呢？”何充说：“我如果不看这些，你们怎么平安地生活呢？”

第十八章　凄语：闻者悲凉，感者落泪

凄的意思就是西，在四季时序上代表秋天。秋天时草木凋零、悲风飒飒，凡是感性的人在耳闻目睹之间，没有不落泪的，它的蕴意就可想而知了。再者，西方也是万物的终结之处。列凄语为第十八。

李斯被判在咸阳市处斩。他和次子一起被押赴刑场，途中，他对儿子说："我还想和你一起牵着黄狗，去家乡东门外的野地里猎狡兔，可惜再也没法做到了！"

春秋齐景公杵臼登上牛山，望着北方齐国首都的城墙悲泣，说："我为什么要哭着离开这美丽的地方去送命呢？"

陈宫与吕布都被曹操俘虏了。曹操对陈宫说："如果你死了，让你的老母怎么办呢？"陈宫说："如何安置我的老母，取决于您，不取决于我。凡以孝治天下的人是不会伤人父母的。”曹公又说：“那你的妻子儿女怎么办呢？”陈宫说：“我听说能成就霸业的人主是不会让别人绝后的。”他宁死不屈，头也不回地离开了。

卫夫人觉得王羲之小时候写的字便有老成之气，流泪感叹道：“这孩子将来一定会超过我的！”

汉高祖刘邦灭黥布后班师回朝，路过家乡沛县时安营扎寨，在此设酒宴将从前的乡亲好友都召来喝酒。酒性正酣时，刘邦唱起了大风之歌，并随歌起舞，情绪激昂，却又忍不住悲伤感怀。他对父老兄弟们说：“游子思故乡，我虽然远在关中，但百年之后，我还是会魂归沛地的。”

狄仁杰登上太行山南望，看见天空中飘浮的孤零零的白云，便叹息：“我的父母就在那白云之下！”

汉末北海太守孔融被捕时，他九岁的儿子、七岁的女儿因为年幼而逃过一劫，被寄养在别处。后来有人建议曹操斩草要除根，就把这对小儿女也抓了起来。女儿对她哥哥说：“如果死后真有灵魂，我能想到的最大愿望就是见到父母！”于是不哭不闹，静静等着行刑。

东晋桓温灭了蜀地的成汉，娶了成汉皇帝李势的妹妹当小妾。他很宠爱李氏，总是把她藏在书斋后面。桓温的妻子南康长公主起初不知道李氏的事情，听说之后便带着几十个奴婢气势汹汹地要去杀了李氏。一行人赶到时，正遇上李氏在梳头，长发拖在地上，皮肤洁白如玉，面容光彩照人，见了她们也不惊慌。李氏慢慢地系好头发，恭敬地对公主说："我已经国破家亡，不得已才出现在这里。今天你们如果杀了我，倒是正合我的心愿。"

晋代孙楚为妻子服丧期满后，作了首诗拿给王济看。王济看后说："不知道是文生于情，还是情生于文。看完这篇文后内心十分悲凉，让人感到你们夫妻间的无限情义。"

曹操杀了杨修后，有一天在朝堂上与太尉杨彪（杨修之父）遇上了。曹操问杨彪："你怎么瘦得这么厉害？"杨彪回答道："虽然惭愧自己没有金日磾杀子那样的先见之明，但好歹还有老牛舐犊那样的爱子之心。"曹操听后变了脸色。

晋代王丞辞官后东渡长江，沿途盗寇出没、通行困难，大家都人心惶惶。王丞却每次遇到危险时都能处之泰然，即使是家人也看不出他的神色变化。到了下邳后，王丞登山北望，感叹："人们说起愁的时候我才想到愁。"太傅谢安说："你这种心态真是让人羡慕嫉妒啊。"

汉代彭城人龚胜因拒绝王莽的征聘，绝食而死，有位楚地的父老来吊唁他时痛哭流涕，稍后深深叹息："香草因为有芳香才会自燃，油脂因为能照明才会自受煎熬，可怜龚胜，竟然死于非命！"

晋代羊祜爱游山玩水，风和日丽的日子里，他肯定要登上岘山，摆酒吟诗，他很享受这样的生活，曾对从事中郎邹湛感叹："有了宇宙便有了这些山水，古往今来的无数贤士都曾登上此山远望，现在都已经泯灭无闻，真是感伤。如果人死了之后还有灵魂的话，我会再来此山的。"

在祭奠孝武帝司马曜的那天晚上，王恭去哭吊，跟他的几个弟弟说："虽然屋椽是新的，却让人感到了《黍离》诗中的那种宫室被毁的悲哀！"

雷宣徽读了很多道学的书，有一次读史书时，他伤感地放下书说："功名是引诱贪婪之人的钓饵，那些执戈矛开拓边疆、持宝剑讨伐叛逆的人，都是置万民死生劳苦于不顾。不管他们生前怎么风光，死后也是一副棺材了事，万事皆休，可悲啊！"

南齐张绪死后，他的堂弟张融捧着酒来到他的灵前，斟上酒，痛哭："再也看不到阿哥的风流了！"

韩雍升任江西巡抚，上任途中经过泰和县，为感念陈循的荐举之恩，便来到他的墓前祭拜，哭着说："士为知己者死，我该怎么做呢？"

江陵人陈元植和章华甫、张相期是好友。陈元植死后，章华甫将他批阅过的《东坡集》刻印出版，帮助好友完成遗愿。陈元植每次从刻印地点出来时，总说："我一听到敲字声，便激起了浓重的思友之情，久久不能平复。"

附录:《舌华录》原文

慧语第一

吴苑曰:佛氏戒、定、慧三等结习,慧为了语,慧之义不大乎?慧之在舌机也,有狂、智之别焉。狂之不别有智,如智之不识有狂也。是智者智,而狂者亦智,两而别之,则金粟如来氏矣。如来氏取法,一芥可以言须弥,刹那可以称万劫。其中倒拈顺举,无不中道。即智者不自知,而狂者能耶?乃次慧语第一。

1. 王元泽数岁时,客有一獐一鹿同笼以献。客问元泽:"何者是獐?何者是鹿?"元泽实未识,良久对曰:"獐边者是鹿,鹿边者是獐。"客大奇之。

2. 苏东坡一日退朝,食罢,扪腹徐行,顾谓侍儿曰:"汝辈且道是中何物?"一婢遽曰:"都是文章。"坡不以为然。又一婢曰:"满腹都是机械。"坡亦未以为当。至朝云乃曰:"学士一肚皮不合时宜。"坡捧腹大笑。

3. 庞安聋而颖悟,人与之言,以指画字,不尽数字,辄了人意。苏东坡戏之曰:"余以手为口,尔以眼为耳,皆一时异人也。"

4. 张玄之、顾敷,是顾和中外孙,皆少而聪慧。一日与至寺中,见泥涅佛像，弟子有泣者、不泣者。和以问二孙。玄之谓："彼亲故泣，彼不亲故不泣。"敷曰："不然。由忘情故不泣，不能忘情故泣。"

5. 杨德祖为主簿，时操既平汉中，欲讨刘备而不得进，欲守又难为功，护军不知进止。操出教，唯曰"鸡肋"，外曹莫能知晓。德祖曰："夫鸡肋，食之无所得，弃之殊可惜，公归计决矣。"乃令白外，称严装，操果回师。

6. 隋吏部侍郎薛道衡，尝游钟山开善寺，谓小僧曰："金刚何为怒目？菩萨何为低眉？"小僧答曰："金刚怒目，所以降伏众魔；菩萨低眉，所以慈悲六道。"

7. 王侍中尝因侍宴，高祖问群臣："朕为有为无？"侍中答曰："陛下应万物为有，体至理为无。"

8. 王介甫尝见举烛，因言："佛书日月灯光明佛，灯光岂得配日月！"吕吉甫曰："日昱乎昼，月昱乎夜，灯光昱乎昼夜，日月所不及，其用无差别。"介甫以为然。

9. 黄龙寺晦堂老子，尝问山谷以"吾无隐乎尔"之义，山谷诠释再三，晦堂不答。时暑退凉生，秋香满院，晦堂因问曰："闻木樨香乎？"山谷曰："闻。"晦堂曰："吾无隐乎尔。"山谷悟服。

10. 黄子琰少即辩慧。建和中尝日食，京师不见。子琰祖太尉，以状闻太后。诏问所食多少，太尉思其对，未知所况。子琰年七岁，时在侧，曰："何不言'日食之馀，如月之初？'"

11. 薛西源性好施，尝脱绵袄施贫者。或曰："安得人人而济之？"薛曰："吾为见者赠耳。"

12. 熊际华曰："梦以昨日为前身，可以今夕为来世。"

13. 永乐改元，徙江南富民实北京。黄润时年十岁，其父当行，乃诣官请代。官不从，对曰："父去日益老，儿去日益长。"官异，可从之。

14. 陆氏兄弟游龙潭寺，见一暗室。弟曰："是黑暗地狱。"兄曰："是彼极乐世界。"

15. 陈元方子长文有英才，与季方子孝先，各论其父之功德，争之不能决。咨于太丘，太丘曰："元方难为兄，季方难为弟。"

16. 徐孺子年九岁，尝月下嬉，人语之曰："若令月中无物，当更明耶？"徐曰："不然，譬如眼中有瞳子，无此必不明。"

17. 孔融被收，中外惶怖。时融儿大者九岁，小者八岁，二儿故琢钉戏，了无遽容。融谓使者曰："冀罪止于一身，二儿可得全不？"儿徐进曰："大人岂见覆巢之下，复有完卵乎？"寻亦收至。

18. 中朝小儿父病，行乞药。主人问病，曰："患疟也。"主人曰："尊侯明德君子，何以病疟？"答曰："来病君子，所以为疟。"

19. 庾公常入佛图，见卧佛，曰："此子疲于津梁。"

20. 庾法畅从庾太尉，握麈尾至佳。公曰："此至佳，那得在？"法畅曰："廉者不求，贪者不与，故得在耳。"

21. 晋武帝每饷山涛，恒少。谢太傅以问子弟，车骑答曰："当由欲者不多，而使与者忘少。"

22. 简文崩，孝武年十余岁，立至暝，不临。左右启："依常应临。"帝曰："哀至则哭，何常之有？"

23. 谢太傅问诸子侄："子弟亦何预人事，而正欲使其佳？"诸人莫有言者。车骑答曰："譬如芝兰玉树，欲使其生于阶庭耳。"

24. 孝武将讲《孝经》，谢公兄弟与诸人私庭讲习。车武子难苦问谢，谓袁羊曰："不问则德音有遗，多问则重劳二谢。"袁曰："必无此嫌。"车曰："何以知尔？"袁曰："何尝见明镜疲于屡照，清流惮于惠风？"

25. 范宁作豫章，八日请佛，有板，众僧疑之，或欲作答。有小沙弥在坐末曰："世尊默然，则为许可。"举众从其义。

26. 江夏冯京，知并州，谓王平甫曰："并州歌舞妙丽，闭目不窥，日以谈禅为上。”王答曰：“若如所论，未达禅理。闭目不窥，已是一重公案。”

27. 卫玠总角时，问乐令梦，乐云：“是想。”卫曰：“形神所不接而梦，岂是想耶？”乐云：“因也。未尝梦乘车入鼠穴、捣齑啖铁杵，皆无想无因故也。”

28. 殷中军问：“自然无心于禀受，何以正善人少、恶人多？”诸人莫有言者。刘尹答曰：“譬如写水着地，正自纵横流漫，略无正方圆者。”

29. 人问殷中军：“何以将得位而梦棺器，将得财而梦矢秽？”殷曰：“官本臭腐，所以将得而梦棺尸；财本粪土，所以将得而梦秽污。”时以为名通。

30. 司马太傅问谢车骑：“惠子其书五车，何以无一言入玄？”谢曰：“故当是其妙处不传。”

31. 楚王张繁弱之弓，载忘归之矢，以射蛟兕于云梦之泽，而丧其弓。左右请求之，王曰：“止。楚人遗之，楚人得之，又何求焉？”

32. 王戎七岁，尝与诸小儿游。看道边李树多子折枝。诸儿竞走取之，唯戎不动。（人问之，）答曰：“树在道边而多子，此必苦李。”取之果然。

33. 曹公少时见乔玄，玄谓之曰：“天下方乱，群雄虎争，拨而理之，非君乎？然君实是乱世之英雄，治世之奸贼。”

34. 晋明帝数岁，坐元帝膝上，因问长安何如日远，答曰：“日远，不闻人从日边来，居然可知。”元帝异之。明日集群臣宴会，告以此意，更重问之，答曰：“日近。”元帝失色曰：“尔何故异昨日之言耶？”答曰：“举目见日，不见长安。”

35. 韩康伯年数岁，家酷贫，至大寒，止得襦。母殷夫人自成之，令康伯捉熨斗，谓康伯曰：“且着襦，寻复作裈。”曰：“儿已足，不须作裈也。”母问其故，答曰：“火在熨斗中而柄热。”

36. 陈眉公曰:“武林西湖,有花朝而无月夜,有红粉而无佳人,于此不无少恨。”吴鹿长闻之曰:“既有此西湖,不得不有此缺恨。”

37. 王子猷居山阴,夜大雪,眠觉空室,命酌酒。四望皎然,因起彷徨,咏左思《招隐诗》,忽忆戴安道。时戴在剡,即便夜乘小船就之,经宿方至,造门不前。人问其故,王曰:“吾本乘兴而来,兴尽而返,何必见戴。”

38. 陈继儒曰:“有人闻人善则疑之,闻人恶则信之,此满腔杀机也。”

39. 石塔长老戒公,东坡居士昔赴登闻,戒公迓之。东坡曰:“吾欲一见石塔,以行速不及也。”戒公起曰:“这着是砖浮图耶?”坡曰:“有缝奈何?”曰:“若无缝,怎容得世间蝼蚁!”

40. 郝公琰曰:“忠臣孝子,无非钟情之至。”

41. 后魏陆馥谓子琇曰:“汝祖东平王有十二子,我为嫡长,承袭家业。吾今年老,属汝幼童,讵勘为陆氏宗首乎?”琇对曰:“苟非斗力,何患童稚?”

42. 郑翰卿曰:“世未有怜才而不好色者,好色怜才,总归一致。”

43. 管辂年七岁,与邻里小儿戏,画地为日月星辰之状,语言不常。父母禁之,答曰:“家鸡野鹄,尚知天时,况人乎?”

44. 贾思道至性谦和,遇士大夫,虽在街道,停车下马,接诱恂恂,曾无倦色。客曰:“公今贵重,宁能不骄?”曰:“衰至便骄,何常之有!”

45. 霍王元轨临徐州,与处士刘玄平为布衣之交。或问玄平王之所长,玄平答以无长。人问其故,玄平曰:“夫人有短,所以见长。”

46. 黄蘖祖师曰:“‘不是一番寒彻骨,争得梅花扑鼻香。’念头稍缓时,便宜庄诵一遍。”

47. 卢相迈不食盐醋,同列问之:“足下不食盐醋,何堪?”迈笑曰："足下食盐醋，复又何堪？"

48. 陶侃疾笃，都无献替之言，朝士以为恨。谢仁祖闻之曰："时无竖刁，故不贻陶公话言。"时人以为德音。

49. 昙秀往惠州见苏东坡，将归，坡云："山中人见公还，必求土物，何以应之？"秀曰："鹅城清风，鹤岭明月，人人送与，只恐他无着处。"坡曰："不如将几纸字去，每人与一纸，但向道此是言《法华》，里头有灾福。"

50. 王守仁初封新建伯，入朝谢，戴冕服，有帛蔽耳。或戏曰："先生耳冷耶？"王曰："是先生眼热。"

51. 宋王旦被服质素，有人货玉带者，弟以称佳，呈旦。旦命系之，问曰："还见佳否？"弟悟，急还之。

52. 李中溪无子，恒不乐。其友谓之曰："孔子不以伯鱼传，释迦不以罗睺传，老聃不以子宗传。待嗣而传，三教绝矣。"

53. 孙子荆欲云"枕石漱流"，误曰"漱石枕流"。王武子曰："流可枕，石可漱乎？"孙曰："所以枕流，欲洗其耳；所以漱石，欲砺其齿。"

54. 陈眉公曰："人生莫如闲，太闲反生恶业；人生莫如清，太清反类俗情。"

55. 殷仲文劝宋武帝蓄妓，曰："我不解声。"仲文曰："但蓄自解。"帝曰："畏解，故不蓄。"

56. 王诏之少贫而好学，尝三日绝粮，执卷不辍。家人诮之曰："困穷如此，何不耕？"王答曰："我常自耕耳。"

57. 庞仲达为汉阳太守，郡人任棠有奇节，隐居授教。仲达到郡，先候之。棠不交言，但以薤一大钵，水一盂，置户屏前，自抱孙儿伏于户下。主簿白以为倨。仲达思其微意，良久曰："棠是欲晓太守，水者欲吾清，拔大钵薤者，欲吾击强宗，抱儿当户，欲吾开门恤孤也。"

叹息而还。

58. 邢子才有书甚多，不甚雠校，尝谓人曰："误书思之，便是一适。"

59. 蒋性中为给事归，甚清介。忽驾小舟入城，遇潮落，舟不得进。二仆牵挽，蒋自刺船，大为他舟窘辱。二仆厉声曰："此事蒋给事，尔无横也。"蒋不欲人知，笑谓曰："渠岂为伊哄耶？"

60. 唐宪宗七岁，德宗抱置膝上，戏曰："汝是何人，乃在我怀中？"对曰："是第三天子。"

61. 人馈魏武一杯酪，魏武啖少许，盖头上题"合"字，以示众，众莫能解。次至杨修，修便啖曰："公教人啖一口也。"

62. 屠长卿曰："人常想病时，则尘心渐减；人常想死时，则道念自生。"

63. 丘长孺贷资于袁中郎，袁乃解所系带授之。丘有难色，袁笑曰："尔无求我，我无求带；尔求雅人，我求俗物，尔如何现我面皮？"

64. 刘忠宣致政，自为寿藏记，取其平生履历刻之石。人曰："后人为公可也。"公曰："恐后人诬我以美名，倘鬼趣异人，岂不怒耶？"

65. 唐六如画精极，尤倿佛，有诗曰："闲来写幅青山卖，不使人间作业钱。"吴鹿长指诗笑曰："问六如何处买来？"

66. 屠长卿曰："挞死尸不痛，个中痛者，便非形骸。"

67. 赵大周在京师，何吉阳问曰："大周近来何故不讲学？"大周曰："不讲。"吉阳又问曰："不讲何以成就？"大周曰："不讲便成就。"

68. 吴因之曰："造谤者甚忙，受谤者甚闲。"

69. 李崆峒作诗，一句不工，即弃去不录。何大复深惜之。李曰："自家物终久还来。"

70. 朱勃年十二，能诵诗书，常候马援兄况。勃衣方领，能矩步，辞言娴雅。援裁知书，见之自失。况知其意，乃自酌酒慰援曰："朱勃小器速成，智尽此耳。"后勃果劣援。

71. 杨奇为侍中，汉灵帝问奇曰：“朕何如桓帝？”对曰：“陛下之于桓帝，亦犹虞舜比德唐尧。”帝不悦曰：“卿强项，真杨震子孙。”

72. 方司徒定之不好观剧戏，曰：“涂面带须，一悲使人堕泪，一喜使人解颐。此辈本假，世人惑真。”

73. 李卓吾谓耿中丞曰：“世人白昼寐语，公以寐中作白昼语，可谓常惺惺矣。”

74. 宋元祐间，黄、秦诸君子在馆，暇日观山谷出李龙眠所作《贤己图》，博奕摴蒱之俦咸列焉。博者六七人，方据一局，投迸盆中，五皆六，而一犹旋转不已。一人俯盆疾呼，旁观皆变色起立，纤浓态度，曲尽其妙，相与叹赏，以为卓绝。适东坡从外来，睨之曰：“李龙眠天下士，顾效闽人语耶？”众贤怪请其故。坡曰：“四海语音，言‘六’皆合口。惟闽音则张口。今盆中皆六，一犹未定，法当呼‘六’，而疾呼者，乃张口也。”龙眠闻之，亦笑而服。

75. 祭仲专国政，厉公患之，阴使其祭仲婿反杀之。女知之，谓其母曰：“父与夫孰亲？”母曰：“父一而已，人尽夫也。”

76. 桓宣武常谓孟万年：“听妓，丝不如竹，竹不如肉，何也？”孟答曰：“渐近自然。”

77. 吴鹿长奉斋，惟饮酒挟姬，杂茹五辛诸菜。人或风之曰：“既奉戒，何得又食五辛？”吴答曰：“未闻鸡毛与鸡舌同声。”

78. 赵母嫁女，临嫁敕之曰：“慎勿为好。”女曰：“不为好，可为恶乎？”母曰：“好尚不可为，况恶乎？”

79. 钟士季粗有才理，先不识嵇康。钟要于时贤俊之士，俱往寻康。康方大树下锻，向子期为佐鼓排。康扬锤不辍，傍若无人，移时不交一言。钟起去。康曰：“何所闻而来？何所见而去？”钟曰：“闻所闻而来，见所见而去。”

80. 顾长康啖甘蔗，先食尾，人问所以，顾曰：“渐入佳境。”

81. 王荆公尝问张文定:“孔子去世百年而生孟子,自后绝无人,何也?”文定言:“岂无?只有过孔子者。”公问是谁。文定言:“江西马大师、汾阳无业、雪峰、岩头、丹霞、云门是也。”公问何谓,文定曰:“儒门淡薄,收拾不住耳。”荆公欣然叹服。

82. 庄子与惠子游于濠梁之上,庄子曰:“鲦鱼出游从容,是鱼乐也。”惠子曰:“子非鱼,安知鱼之乐?”庄子曰:“子非我,安知我不知鱼之乐?”惠子曰:“我非子,故不知子矣;子固非鱼也,子不知鱼之乐全矣。”庄子曰:“我知之濠上也。”

83. 孟敏尝至市贸甑,荷担堕地,坏之,径去不顾。适遇郭林宗,见而异之,因问曰:“坏甑可惜,何以不顾?”孟曰:“甑已破矣,顾之何益?”

84. 章子厚与苏子瞻少为莫逆交。子厚坦腹卧,适子瞻自外来,子厚摩其腹以问曰:“公道此中何所有?”子瞻曰:“都是谋反底家事。”子厚大笑。

85. 元丰六年十一月二十七日,天欲明,东坡梦数吏,人持纸一幅,其上通云:“请祭春牛文。”东坡取笔疾书其上云:“三阳既至,庶草将兴,爰出土牛,以戒农事。衣被丹青之好,本出泥涂;成毁须臾之间,谁为喜愠?”吏微笑曰:“此两句当有怒者。”傍一吏云:“不妨,此是唤醒他。”

86. 陈眉公曰:“闭门即是深山,读书随处净土。”

87. 明道、伊川兄弟同赴一宴,颐见坐中妓,即拂衣去,独明道与饮尽欢。明日明道过伊川斋,伊川犹有怒色,明道笑曰:“昨日本有,心上却无;今日本无,心上却有。”

88. 冯具区同潘景升游白岳,潘指壁上恶书,攒眉曰:“山受苦如此。”冯曰:“既作此山,不应辞苦。”中一同行者曰:“山苦耶?公苦耶?”公曰:“吾苦耳。”

89. 陈孝廉琮，构别墅于邑北之累累地。或造陈，颦蹙曰："目中日日见此，定不乐。"陈曰："日日见此，不敢不乐。"

90. 我太祖祀历代帝王庙，才举爵，见元世祖像泪出。太祖笑曰："我得中原之所固有，尔失漠北之所本无，复何憾？"像泪寻止。

91. 一士从王阳明学，初闻"良知"，不解，卒然起问曰："'良知'何物，黑耶？白耶？"群弟子哑然失笑，士惭而赧。先生徐曰："'良知'非白非黑，其色正赤。"

92. 潘景升家富巨万，皆为客尽。其弟辈皆风之曰："吾兄如此，除是银山，裁得相副。"其第四弟稚恭笑曰："银山何能济，除是银水耳。"

93. 郭进治第方成，聚族人宾客落之，下至土木之工皆与宴，设诸工之座于东庑。人咸曰："诸子安得与诸工齿？"进指诸工曰："此造宅者。"又指诸子曰："此卖宅者，固宜坐造宅者下。"

94. 吴给事女敏慧，后归陈子期。陈惑一妾，遂染风疾。一日亲戚来问，吴指妾曰："此风之始也。"

95. 叶丞相衡，罢归金华，日与布衣友还往。公忽染疾不怿，谓客曰："某且死，不知死后佳不？"客答曰："佳甚。"公问何以知，客曰："使死而不佳，死者当逃归耳。"

96. 徐月英，唐江淮间名娼也。有徐公子者，宠一营妓，死而焚之。月英送葬，谓徐曰："此娘平生风流，殇犹带焰。"

名语第二

吴苑曰：名者，铭也。所谓不磨之语，以垂则后世，非含仁啖义之口不能道。然垂世之法，宜经不宜权，此可以励常姿，不可以笼上智。是世间一种攻补至药，第于慧小差。次名语第二。

1. 苏琼谒东荆州刺史曹芝，芝戏曰："卿欲官不？"答曰："设官求人，非人求官。”芝异其对，署为参军。

2. 邢子才云：“岂有松柏后身化为樗栎？”

3. 韦敻子瓘行随州刺史，因疾物故。凶问至，家人相对悲恸，而敻神色自若，谓之曰：“死生命也，去来常事，亦何足悲？”

4. 庞公隐居岘山之南，未尝入城市。荆州刺史刘表往候之，问曰：“先生苦居畎田，而不肯官禄，后世何以遗子孙？”公曰：“世人皆遗之以危，余独遗之以安。”刘不能屈。

5. 王敬弘未尝教子孙学问，各随所欲。人问之，答曰：“丹朱不应乏教，宁越不闻被棰。”

6. 吴鹿长与诸友闲谈天下名士，及某某等，吴曰：“云间陈眉公，以艺藏道，吾敬其道；毗陵刘少白，以道藏艺，吾敬其艺。天下名士，不难于知显，而难于知隐。”或笑曰：“如沙宛在，以慧藏痴，人爱其慧，君爱其痴，是亦一道也。”吴亦肯服。

7. 西山先生问傅景仁以作文之法，傅云：“长袖善舞，多财善贾。”西山由此务读。

8. 张湛舍室修整，虽遇妻子如严君，人谓湛诈善耳。湛曰：“人皆诈恶，我独诈善，何伤乎？”

9. 陈婴者，东阳人，少修德行，著称乡里。秦末大乱，东阳人欲奉婴为主。母曰：“不可。自我为汝家妇，少见贫贱，一旦富贵，不祥。不如以兵属人，事成，少受其利；不成，祸有所归。”

10. 王黄门兄弟三人俱诣谢公，子猷、子重多说俗事，子敬寒温而已。既出，坐客问谢公：“向三贤孰愈？”谢公曰：“小者最胜。”客曰：“何以知之？”谢公曰：“吉人之辞寡。”

11. 庾公为护军，属桓廷尉觅一佳吏。乃经年，桓后遇见徐宁而知之，遂致于庾公，曰：“人所应有，其不必有，人所应无，己不必无，真海岱清士。”

12. 司马公与子瞻论茶墨俱香，云茶与墨二者正相反。茶欲白，墨欲黑；茶欲重，墨欲轻；茶欲新，墨欲陈。

13. 陈眉公曰："放得俗人心下，方可为丈夫；放得丈夫心下，方名为仙佛；放得仙佛心下，方名为得道。"

14. 陈眉公曰："男子有德便是才，女子无才便是德。"

15. 刘禹锡曰："季龙挟弹弹人，其父怒之，其母曰：'健犊须走车破辕，良马须逸鞅泛驾，然后能负重致远大。童稚不奇不惠，必非异器。'"

16. 吴苑曰："清雅之士非不佳，嫌其太矫；粗狂之士非不恶，喜其露真。若使清而不矫，真而不粗，非惟越俗名流，实是世间能士。"

17. 范忠宣公亲族间子弟，有请教于公者，公曰："惟俭可以助廉，惟恕可以成德。"

18. 鲁宗道为谕德，往往易服微行，饮于酒肆。一日，真宗急召公，将有所问。使者反复于肆间得之，与公谋曰："上若怪公来迟，当托何事？"公曰："但以告实。"使者曰："然则恐得罪。"公曰："饮酒人之常情，欺君臣之大罪。"使者叹服。

19. 李文靖公沆为相，沉正厚重，无所革易。尝曰："吾为相，无他能，惟不改朝廷法度，用此以报国耳。"

20. 马援落魄陇汉间，常谓宾客曰："大丈夫为志，穷当益坚，老当益壮。"

21. 陈仲微云："禄饵可以钓天下之中才，而不可啖尝天下之豪杰；名船可以载天下之猥士，而不可陆沉天下之英雄。"

22. 项羽入关后，谓人曰："富贵不归故乡，如着锦衣夜行耳。"

23. 唐李邕为左拾遗，俄而御史中丞宋璟奏张昌宗兄弟有不顺之言，请付发断。则天初不应，邕在陛下，应曰："璟言事关社稷，望陛下可其奏。"则天色解。既出，或谓曰："子名位尚卑，若不称旨，祸将不测。”邕曰：“不颠不狂，其名不张。”

24. 屠纬真曰：“荆扉才杜，便逢客过扫门；饭箩一空，辄有人求誉墓。万事从来是命，一毫夫岂由人？”

25. 高逞为中书舍人九年，家无制草。或问曰：“前辈皆有制集，焚之何也？”答曰：“王言不可存于私家。”

26. 盖宽饶曰：“富贵如传舍，惟谨慎可得久居。”

27. 刘忠宣教子读书，兼力农。尝督耕雨中，告人曰：“习勤忘劳，习逸成惰。困之息之，息之困之。”

28. 万士亨、士和举进士，将之官，其父戒之曰：“愿尔辈为好人，不愿尔辈为好官。”

29. 虞谦为大理卿，谳狱每加详慎，必得其平。尝谓人曰：“彼无憾，我无憾矣。”

30. 杨震为涿州太守，性公廉，不受私谒，子孙常蔬食步行。故旧长者，或欲令为开产，震不肯，曰：“使后世称为清白吏子孙，以此遗之，不亦厚乎？”

31. 王谌荐种皓于河南尹田歆，谓歆曰：“为尹得孝廉矣，近洛阳门下吏也。”歆笑曰：“当得山泽隐滞，近洛阳吏耶？”谌曰：“山泽未必有异士，异士未必在山泽。”

32. 汉明帝谓东平王苍曰：“天下何事为乐？”对曰：“为善最乐。”

33. 顾司马益卿云：“与其结新知，不若敦旧好；与其施新恩，不若还旧债。”

34. 马援初处田牧间，至有牛马羊数千头，谷数万斛。既而叹曰：“凡殖货财产，贵其能施赈也，不则守钱虏耳。”

35. 陈眉公曰：“士人当使王公闻名多而识面少；宁使王公讶其不来，勿使王公厌其不去。”

36. 薛道衡聘陈，作《人日》诗云：“入春才七日，离家已二年。”

南人嗤曰："是底言？谁谓此虏解作诗？"及云"人归落雁后，思发在花前"，乃喜曰："名下固无虚士。"

37. 闵文休狂放嗜酒，素不喜与道学场。人有强之者，则曰："吟诗劣于讲学，骂座恶于足恭。两而揆之，宁为薄行狂夫，不作厚颜君子。"

38. 卫玠为性通恕，常自戒曰："人之不逮，可以情恕；非意相干，可以理遣。"

39. 欧阳文忠公尝言曰："观人题壁，便识文章。"

40. 齐王晞为孝昭待遇深厚，而晞每自疏退，谓人曰："非不爱热官，但思其烂熟耳。"

41. 谢玄晖好奖人才，会稽孔闿粗有文章，未为时人所知。孔稚圭常令草让表以示玄晖。玄晖嗟叹良久，自折简写之，语稚圭曰："是子声名未立，应共奖成，无惜齿牙余论。"

42. 陆慧晓为晋熙王长史，寮佐造见，必起送之。或语云："长史贵重，不宜妄自谦屈。"陆曰："我性恶人无礼，不容不以礼处人。"

43. 魏佛助盛誉卢思道，以卢询祖为不及。询祖曰："见未能高飞者，借其羽毛；知逸势冲天者，剪其翅翮。"

44. 唐天后尝召徐有功责之曰："公比断狱多失出，何也？"有功答曰："失出，臣小过；好生，陛下大德。"

45. 许子将常到颍州，多长者之游，唯不诣陈仲弓。又陈仲举妻丧还葬，乡人俱至，许独不至。或问其故，子将曰："太丘道广，广则难周；仲举性峻，峻则少通。故不造也。"

46. 齐太祖奇爱张思光，时与款接，笑曰："此人不可无一，不可有二。"

47. 向子平读《易》，至损、益卦，喟然叹曰："吾已知富不如贫，贵不如贱，但不知死、生何如耳。"

48. 陈眉公曰："朝廷大奸不可不攻，朋友小过不可不容。容大奸必乱天下，攻小过则无全人。”

49. 陈眉公曰：“小儿辈不当以世事分读书，当令以读书通世事。”

50. 陈眉公曰：“做秀才，如处子，要怕人；既入仕，如媳妇，要养人；归林下，如阿婆，要教人。”

51. 陈眉公曰：“有一言而伤天地之和，一事而折终身之福者，切须检点。”

52. 胡居仁家贫甚，鹑衣箪食，尚不继。或为之虑，胡曰：“身已闰义，屋已闰书。大处足矣，不必琐求。”

53. 邵文庄云：“宁为真士夫，不为假道学。”

54. 都维明博学多艺，务为韬晦。乘兴画一梅，寻悔曰：“有一能即蔽一能。”

55. 梁王、赵王，国之近属，贵重当时。裴令公岁请二国租钱数百万，以恤中表之贫者。或讥之曰：“何以乞物行惠？”裴曰：“损有余补不足，天之道也。”

56. 陈眉公曰：“后生辈胸中落‘意气’两字，则交游定不得力；落‘骚雅’二字，则读书定不深心。”

57. 陈眉公曰：“看中人，看其大处不走作；看豪杰，看其小处不渗漏。”

58. 罗远游曰：“大豪杰用心，恩处难知，怨处易指；琐琐君子，行藏反是。”

59. 陈继儒曰：“势在则群蚁聚膻，势去则饱鹰扬汉。悠悠浊世，今古皆然。有识之士，不必露徐偃之刚肠，但请拭叔度之冷眼。”

60. 费文宪公云：“观书当如酷吏断狱，用意深刻，而后能日知其所无；记书当如勇将决胜，焚舟沉甑，而后能月无忘其所能。”

61. 南杨在内阁，其子来京师，所过州县，无不馈遗，惟江陵令范理不为礼。公异之，荐为德安守。或劝当致书谢，范曰：“宰相为朝廷用人，太守为朝廷捧命，一杨一范，私面何关？”

62. 陈继儒曰：“待富人不难有礼，而难有体；待贫人不难有恩，而又难有礼。”

63. 吴燕孺曰：“须眉之士在世，宁使乡里小儿怒骂，不当使乡里小儿见怜。”

64. 潘讱叔虽轻诺少恒，于友道实笃。或有受潘大恩不能报，反谤之者。人风潘曰：“君非圣人，安得以平报怨？”潘曰：“不然。吾安肯以怜人既错之目，复睨此自愧欲死之人？”闻者叹服。

豪语第三

吴苑曰：圣人尽而豪士出，圣人具德，豪士具才，此大略言也。盖世间才士，未有不豪者。五官六府，皆奇英之所灌溉，每喘一息，吐一语，几塞天地。虽过之者不无七八，而副之者亦有二三。故圣人既隐之后，不如此辈之强且干也。况志一不成，即视身如芥，慷慨之语，何其壮哉！嗟乎！波流宇宙，岂能少此辈乎？乃次豪语第三。

1. 荀中郎在京口，登北固望海，云：“虽未睹三山，便自使人有凌云意。若秦汉之君，必当褰裳濡足。”

2. 桓温读《高士传》，至於陵仲子，便掷去曰：“谁能作此溪刻自处！”

3. 石崇每与王敦入学嬉，见颜、原像而叹曰：“若与同升孔堂，何必去人有间。”王曰：“不知余人云何，去卿差近。”石正色曰：“士当令身名俱泰，何至以瓮牖语人？”

4. 胡总制宗宪读《汉书》，至终军请缨事，起叫曰：“男儿双足，当从此处插入，其他皆狼藉耳！”

5. 赵温子柔，京兆人，为郡丞，叹曰：“大丈夫当为雄飞，焉能雌伏！”遂弃官去。

6. 仪真王维宁，善诗赋，草书尤精绝。家资巨万，性豪侈，嗜酒。每日宴客，续至者常增数席。人或劝其后计，王曰：“丈夫在世当用财，岂为财用？”及业尽，不能自存，犹好酒不已。人又劝其耕砚可以自给，曰：“吾学书岂为口耶？”一日，无酒不能耐，出步江上，见落日射水粼粼，大喜曰：“此中有佳处，龙宫贝阙，或可乐吾也。”遂跃入，死焉。

7. 艺祖将北征，京师喧言欲立检点为天子。太祖告其家曰：“外间讻讻，将若之何？”时太祖姊在厨下，举面杖击之，曰：“丈夫临事可不当自决，乃来家恐怖妇女耶！”

8. 杨纂每云：“丈夫富贵，何必故乡？以妻子经怀，岂不沮人雄志！”

9. 宗少文问侄悫曰：“君志何若？”悫对曰：“愿乘长风，破万里巨浪。”

10. 石崇每要客宴集，常令美人行酒。客饮酒不尽者，使黄门交斩美人。王丞相导与大将军敦尝共诣崇，丞相素不善饮，辄自勉强，至于沉醉。每至大将军，固不饮，以观其变。已斩三人，第四姬奉酒，形色战恐，尚不饮如故。丞相让之，大将军曰：“彼自杀伊家人，何预卿事！”

11. 胡总制驻军海上，观海波汹涌，旷然自得。忽云尽山出，颦蹙呼曰：“宇宙已自局人，又何用彼山挠此万里长浪。”

12. 嵇中散灯下弹琴，有一人入其室，初时犹小，斯须转大，遂长丈余，颜色甚黑，单衣草带，不复似人。嵇熟视良久，乃吹灭灯曰：“耻与魑魅争光。”

13. 范晔初入狱，意便死，及上穷治其狱，遂经一旬，晔更有生望。谢综与孔熙先亦同事，笑曰：“詹事在西池射堂上跃马顾盼，自为一世之雄，乃扰攘畏死乃尔耶！”

14. 李太白登华山落雁峰，曰："此山最高，呼吸之间，可通帝座，恨不携谢朓惊人语来，搔首问青天耳。"

15. 澹台子羽赍千金文璧渡河，阳侯波起，两蛟夹舟。子羽曰："吾可以义求，不可以威劫。"操剑斩蛟。蛟死，波休，乃投璧于河。

16. 梁竦生长京师，不乐本土，自负其才，郁郁不得意。尝登高望远，叹息言曰："大丈夫居世，生当封侯，死当庙食。不然，闲居可以养志，诗书足以自娱。州郡之职，徒劳人耳。"

17. 祖车骑过江时，公私俭薄，无好服玩。王、庾诸公共就祖，忽见裘袍重叠，珍饰盈列。诸公怪问之，祖曰："昨夜复南塘一出。"

18. 荀济负气，每谓人曰："会盾上磨墨作檄文。"

19. 王融行过朱雀航，闻人争路，乃推车壁曰："车中岂可无七尺，车前岂可无八驺！"

20. 来护儿幼卓荦，读书至"击鼓其堂，踊跃用兵""羔裘豹饰，孔武有力"时，舍书叹曰："大丈夫当如是，会为国灭贼，以取功名，安能区区事砚乎！"

21. 梁曹景宗谓所亲曰："吾昔在乡里，骑快马如龙，拓弓弦作霹雳声，箭如鹅鸱叫。平泽中逐獐，数肋射之，渴饮其血，饥食其脯，甜如甘露浆，觉耳后生风，鼻端出火，使人忘死。今来扬州作贵人，路行开车幔，小人辄言不可。闭置车中，如三日新妇，邑邑使人气尽。"

22. 灌夫骂李贤曰："平生毁程不识，不直一钱，今日乃效女儿曹嗫耳语。"

23. 秦始皇游会稽，渡钱塘。项梁与籍同观，籍曰："彼可取而代也。"梁掩其口曰："毋妄言，族矣！"

24. 燕王垂议伐西燕，曰："吾比老，叩囊智足以取之。"

25. 魏武帝曰："宁使我负天下人，无使天下人负我。"

26. 我太祖高皇帝亲祀历代帝王庙，各献爵毕，独于汉高祖增一爵，曰：“我与公，不阶尺土而有天下，比他人不同，特增一爵。”

27. 杜伏威为陈稜偏裨射中额。伏威怒曰：“不杀射我者，终不拔此箭！”由是奋击而入，获所射者。

28. 祖逖渡江中流，望而叹曰：“不澄清中原，不复渡此！”

29. 吕蒙随姊夫邓当击贼，年十六，呵叱而前，当不能禁止。归，言于母曰：“不探虎穴，焉得虎子？”

30. 唐庄宗临斩刘守光，守光悲泣，哀祈不已。其二妻李氏、祝氏谯之曰：“事已如此，生复何益？妾请先死。”即伸颈就戮。

31. 邓文昌富贵后，打金莲花杯盛水濯足。或规之，答曰：“人生几何，要当酬平生不足也。”

32. 汉高祖尝游咸阳，纵观秦始皇，喟然叹曰：“大丈夫当如此也。”

33. 张敬儿拜车骑将军，王敬则戏之为褚彦回。彦回文士，故反戏之。敬儿曰：“我马上得之，不解作华林阁勋。”

34. 陈蕃尝处一室，庭宇荒秽。父友薛勤来候之，谓蕃曰：“孺子何不洒扫以待宾客？”蕃曰：“大丈夫当扫除天下，何事一室乎？”

35. 宋海翁才高嗜酒，侧睨当世。忽乘醉泛舟海上，仰笑曰：“吾七尺躯，岂世间凡土所能贮，合当以大海葬之耳。”遂按波而入。

36. 班超家贫，常为官佣书，以供养其母。久劳苦，尝辍业投笔叹曰：“丈夫无他志略，犹当效傅介子、张骞，立功异域，以取封侯，安能久事笔砚间乎！”左右皆笑之，超曰：“小子安知壮士哉！”

37. 马援将军还，将至，故人多迎劳之。平陵人孟冀名有计谋，于坐贺援。援谓之曰：“吾望子有善言，反同众人耶？方今匈奴、乌桓，尚扰北边，欲自请击之。男儿要当死于边野，以马革裹尸还葬耳。何能卧床上，在儿女子手中耶！”

38. 终军从济南当诣博士，步入关，关吏与军繻。军问：“以此何为？”吏曰：“为复传还，当以合符。”军曰：“大丈夫西游，终不复传还。”弃繻而去。

39. 扬子云曰：“雕虫刻篆，壮夫不为也！”

40. 毛澄七岁善属对，姻戚长老喜之者，赠以金钱，受归即掷之，曰：“吾犹薄苏秦斗大，安事此邓通靡靡。”时人奇之。

41. 项羽少时学书，不成，去；学剑，又不成，去。季父梁怒之，羽曰：“书足记姓名而已，剑一人敌，不足学，学万人敌耳！”于是梁奇其意，教以兵法。

42. 项王飨沛公，亚父谋欲杀沛公。樊哙居营外，闻事急，乃持盾入。初入营，营卫止哙，哙直撞入，立帐下。项王目之，问为谁。张良曰：“沛公参乘樊哙也。”项羽曰：“壮士！”赐之卮酒彘肩。哙既饮酒，拔剑切肉食之。项王曰：“能复饮乎？”哙曰：“死且不辞，岂特卮酒乎！”

43. 项籍与汉高相拒，项使人谓汉王曰：“天下匈匈，徒以吾两人耳。愿与王一战决雌雄，毋徒罢天下父子为也。”

狂语第四

吴苑曰：古人有言曰，狂夫之言，圣人择焉。圣人尚取之，而况其下者乎！夫狂者，视己虚若满，视人高若下，除一身之外，无足以当双眸者。其用志不过欲与霄汉比高，瀛海比大，但未省一假已有愈不足之义，此亦豪之亚者。次狂语第四。

1. 袁嘏诗平平耳，多自谓能，尝曰：“我诗有生气，须人捉着，不尔便飞去。”

2. 齐黄门郎吴兴沈昭略，侍中文叔之子。性狂俊，使酒任气，朝士常惮而容之。尝醉，负杖至芜湖苑，遇瑯玡王约，张目视之曰：“汝王约耶？何肥而痴？”约曰：“汝是沈昭略耶？何瘦而狂？”昭略抚掌大笑，曰："瘦又胜肥，狂又胜痴矣！"

3. 曾子固为中书舍人，尝白事都堂。时章子厚为门下侍郎，谓之曰："向见舍人《贺明堂礼成表》，天下奇作。"子固一无所辞，但复问曰："比班固《典引》何如？"

4. 王俭与王敬则同拜三公，徐孝嗣于崇礼门候俭，因誉之曰："今日可谓连璧。"俭曰："不意老子与韩非同传。"

5. 桑民怿好为大言，时铨次古人，以孟轲自况。何传问翰林文今为谁，曰："虚无人，举天桑民怿，其次祝允明，又其次罗圮。"

6. 桑悦调柳州倅，不欲赴。人问之，辄曰："宗元小生，擅此州名。吾一旦往，掩其上，不安耳。"

7. 上饶娄谅过姑苏，泊舟枫桥，因和唐人诗，有"独起占星夜不眠"之句，问客曰："我一起行，天象应动，君能见不？"

8. 袁中郎同陶石篑游鉴湖，袁谓陶曰："尔狂不如季真，饮酒不如季真，独两眼差同耳。"陶问故，袁曰："季真识谪仙，尔识袁中郎。"

9. 王仲祖与刘真长别后相见，王谓刘曰："卿更长进。"刘曰："卿仰看耶？"王问其故，刘曰："不尔，何由测天之高也？"

10. 王中郎坦之年少，江彪为仆射领选，欲拟之为尚书郎。有语王者，王曰："自过江来，尚书郎正用第二人，何得拟我也！"

11. 桓公少与殷侯齐名，常有竞心。桓问："殷卿何如我？"殷云："我与我周旋久，宁作我。"

12. 桓大司马下都，问真长曰："闻会稽王语奇进，尔耶？"刘曰："极进，然故第二流中人耳。"桓曰："第一流复是谁？"刘曰："正是我辈耳！"

13. 殷洪乔作豫章郡，临去，都下人因附百许函书。既至石头，悉掷水中，因祝曰："沉者沉，浮者浮，殷洪乔安作致书邮。"

14. 梁公公实荐一士于李公于鳞，士者欲以啖公，曰："吾有长生术，不惜为公授。”曰：“吾名在天地间，只恐盛着不了，安用长生！”士者惭而止。

15. 郝公琰好吟，每得一妙句，辄跃起大叫，谓人曰：“书言文、武五百岁而有孔子，孔子五百岁而有孟轲。诗道亦然，曹、刘五百岁而有李、杜，李、杜五百岁而有者非郝耶？”袁中郎笑而问曰：“我非李老君，能自退藏，以让尼父擅名也。”

16. 张伯玉过姑熟，见李太白十韵，叹美久之，周流泉石间。后见一水清澈，询地人，曰：“此水名明月泉。”公曰：“太白不留此题，将留以待我也。”

17. 徐文长为胡总制公客。有一将士病疟，恐胡公督练急，乃转求宽于徐。徐曰：“君正当求我，不当求胡。”令将士急磨墨，取笔书旧作诗一首付之，曰：“君可谨佩，百鬼自不敢来。”

18. 王仲祖有好仪形，每览镜自照曰：“王文开那生如馨儿。”

19. 梁伯鸾少孤，尝独止，不与人同食。比舍先炊已，呼伯鸾及热釜炊。伯鸾曰：“童子鸿不因人热者也。”

20. 王冕既归越，常言天下将乱。时海内无事，或斥冕为妄。冕曰：“妄人非我，谁当为妄哉！”

21. 王凤州与李于鳞燕论，常以己与古人相况。李谓王曰：“天生神物，必当有对，有孔仲尼，自有左丘明。”王瞪目不色受。李复曰：“有李老君也。”

22. 文帝问颜延之以其诸子材能，曰：“竣得臣笔，测得臣文，奂得臣义，跃得臣酒。”何尚之嘲之曰：“谁得卿狂？”答曰：“其狂不可及。”

23. 袁淑见谢庄《赤鹦鹉赋》，叹曰：“江东无我，卿当独秀。”

24. 庾元规语周伯仁：“诸人皆以君方乐。”周曰：“何乐？谓乐毅邪？”庾曰：“不尔，乐令耳。”周曰：“何乃刻画无盐，以唐突西子。”

25. 习凿齿尝造道安谈论，自赞曰：“四海习凿齿。”安应声曰：“弥天释道安。”

26. 宗子相才高，雄视一时，尝谓同社曰：“朝廷若无我辈文章之士，则灵鸟不必鸣岐山，而仁兽化为梼杌。”

27. 齐高帝尝与王僧虔赌书，毕，帝曰：“谁为第一？”僧虔对曰：“臣书，人臣中第一；陛下书，帝中第一。”帝笑曰：“卿可谓善自谋也。”

28. 瑯琊王僧虔，博通经史，兼善草隶。太祖谓虔曰：“我书何如卿？”曰：“臣正书第一，草书第三；陛下草书第二，正书第三。臣无第二，陛下无第一。”上大笑曰：“卿善为辞也。然‘天下有道，丘不与易也’。”

29. 郝公琰才高语放，尝谓人曰：“吾一懑时，则读曹莵之诗，可以消之；次则袁小修；再次则读吾诗耳。下此，反增其懑。”

30. 慕容俨少见潘乐，长揖而已。或劝屈节，俨扬袂曰：“吾状貌如此，望人拜，岂能拜人！”

31. 刘中郎性韵刚疏，轻言肆行。一日，遇褚司徒渊入朝，以腰扇障日。中郎从侧过，曰：“作如此举止，羞面见人，扇障何益？”渊曰：“寒士不逊。”祥曰：“不能杀袁、刘，安得免寒士？”（袁粲、刘秉以谋诛萧道成被杀。）

32. 谢胡儿语庾道季：“诸人莫敢就卿谈，可坚城垒。”庾曰：“若文度来，我以偏师待之；康伯来，济河焚舟。”

33. 温彦博为吏部侍郎，有选人裴略被放，乃自赞于彦博，称解白嘲。彦博即令嘲厅前丛竹，略曰：“竹，冬月不肯凋，夏月不肯热，肚里不能容国士，皮外何劳生枝节。”又令嘲屏墙，略曰：“高下八九尺，东西六七步，突兀当厅坐，几许遮贤路。”彦博曰：“此语似伤博。”略曰：“即扳公肋，何止伤膊？”博惭而与官。

34. 李于鳞少厌薄训诂，学古文词，众不晓何语，咸指于鳞狂生。

李曰："吾而不狂，谁当狂者？"

35. 薛西原应试，行至长湾，叱曰："薛公至此，河伯敢尔无献？"须臾大鱼跃入舟，公剖击，拉邻船食之，曰："薛先生不辞天禄，且为散诸邻里。"

36. 王冕尝大雪中赤脚独上潜岳峰，四顾大叫曰："白玉峰前渡仙客，合无陪人。"

37. 桑民怿曰："圣人之道，自文、武而传之孔子，孔子而传之我。"

38. 郑翰卿游海上，见一老翁观海，自语曰："世间能有物填此乎？曰不能也。"郑从旁抚老人背曰："惟吾异日名，可填此耳。"

39. 沈嘉则游金陵，日醉胡姬肆中，片语一出，人争诵不已。沈向人语曰："我，天上岁星也。"

40. 吴正子曰："郝公琰之枯，曹荩之之粗，此天之东南，地之西北。吾与二君交，实是女娲石、精卫鸟。"

41. 灵璧刘人龙性豪迈，不耐家居，每挟资而游，游则必尽资不能归而后已。妻子常备资觅之于江淮间，谓曰："君困游非一也，何自苦如是？"刘曰："卿看此刘郎，岂灵璧常有耶？"

42. 王丞相枕周伯仁膝，指其腹曰："卿此中何所有？"答曰："此中空洞无物，然容卿辈数百人。"

43. 郝公琰谓吴正子曰："近世不惟怜才者无有，即忌才者亦不再生。使世有曹老瞒、杨阿麽在，郝瘦头颅，已久作草际尘耳。"吴笑曰："若使我与君同遇，当庇君算一筹。"

44. 孙兴公作《天台赋》成，以示范荣期，云："卿试掷地，要作金石声。"范曰："恐子之金石，非宫商中声。"然每至佳句，辄云："应是我辈语。"

45. 苗振第四人及第，召试馆职。或曰："宜稍温习。"振曰："岂有三十年为老娘，而倒绷孩儿者乎？"

46. 张思光为中书郎，尝叹曰："不恨我不见古人，恨古人不见我。"思光善草隶，太祖尝谓曰："卿殊有骨力，但恨无二王法。"答曰："非恨臣无二王法，亦恨二王无臣法。"

47. 米元章初见徽宗，命书《周官篇》于御屏。书毕，掷笔于地，大言曰："一洗二王恶札，照耀皇宋万古。"徽宗潜立于屏风后，闻之，不觉步出纵观。

48. 会稽徐渭，嘉靖间为胡梅林公幕客，甚被亲遇。胡谓徐曰："君文士，君无我不显。"徐曰："公英雄，公无我不传。"又语公曰："公惠我以一时，我答公以万世。"徐渭真长者哉！

49. 桑民怿会试既毕，自喜必中，乃于卷后画一站船，因击桌曰："此回定坐官船矣。"竟以违式贴出。

傲语第五

吴苑曰：《易》云，不事王侯，高尚其志。此傲也。傲则不臣天子，不友诸侯。虽九有之大，不能屈一介之夫，下此可无论矣。然傲非全德，圣人不取。苟不能完，酌而取之，宁傲不宁媚，则傲之为偏德也审矣。次傲语第五。

1. 宗测代居江陵，不应招辟。骠骑将军豫章王嶷请为参军，答曰："何得谬伤海凫，横斤山木？"

2. 孔拯侍郎为遗补时，尝朝回，值雨而无雨备，乃于人家庑下避之。过食时，雨益甚，拯向其家叟求雨具，叟答曰："某闲居不预人事，寒暑风雨未尝冒也，置此又安施乎？"

3. 九山散樵，浪迹俗间，徜徉自肆。遇山水佳处，盘礴箕踞；四顾无人，则划然长啸，声振林木。有客造榻与语，对曰："余方游华胥接羲皇，未暇理君语。"客去留，萧然不以为意。

4. 司徒霸与严光素旧，欲屈到霸所语言，遣使西曹属侯子道奉书。光不起，于床上箕踞抱膝，发书读讫，问子道曰："君房素痴，今为三公，小差不？"子道曰："位已鼎足，不痴也。"光曰："遣卿来何言？"子道传霸言。光曰："卿言不痴，是非痴耶？天子征我三，尚不见，况人臣乎？"

5. 南阳宗世林，魏武同时而甚薄其为人，不与之交。及魏武作司空，总朝政，从容问宗曰："可以交未？"答曰："松柏之志犹存。"

6. 孙子荆为石苞骠骑参军，孙负其才气，初至不拜，但长揖曰："天子命我参卿军事。"

7. 王廷陈从翰林出知裕州，傲甚。台省监司过州，不出迎，亦无所托疾。人或劝之不宜如此，王怒曰："我揖，我辱死；彼受，彼愧死。一言而伤二命，此人不良！"终身绝之。

8. 僧贯休，婺州兰溪人。钱镠自称吴越国王，休以诗投献，内有"满堂花醉三千客，一剑霜寒十四州"之句。镠谕改为"四十州"，乃可相见，曰："州亦难添，诗亦难改。闲云孤鹤，何天而不可飞？"遂去而入蜀。

9. 王子猷作车骑参军，桓谓王曰："卿在府久，比当相料理。"初不答，直高视，以手板拄颊，云："西山朝来，致有爽气。"

10. 陈林道在西岸，都下诸人共要至牛渚会。陈理既佳，人欲共言折，陈以如意拄颊，望鸡笼山叹曰："孙伯符志业不遂。"于是竟坐不得谈。

11. 钟毓兄弟初欲交夏侯玄，玄以钟志趣不同，不与之交。及玄被桎梏，时毓为廷尉，会因便狎之。玄曰："虽复刑余之人，未敢闻命。"

12. 戴安道少有高名。武陵王闻其善鼓琴，使人召之。安道就使者前打破琴，曰："戴安道安能为王侯伶人！"

13. 下士蔚弱冠时为上虞令，甚有刚气。会稽太守孟颉以令长裁之，士蔚积不能容，脱帻投地，曰："我所以屈卿者，正为此帻耳，今已投之！"遂拂衣去。

14. 郭元瑜少为拔俗之韵。张天锡遣使备礼致之，元瑜指翔鸿示使人曰："此鸟安可笼哉？"

15. 王孟端夜泛舟，闻箫声清亮，移舟就之，乘兴写竹石一幅相赠。明日，吹箫人来访，具币以乞配幅，王曰："吾画箫声耳，君不得遽求。"

16. 孙太初寓居武林，费文宪罢相归，访之，值其昼寝。孙故卧不起，久之乃出，又了不谢。送及门，第矫首东望曰："海上碧云起，直接赤城，大奇，大奇！"文宪出，谓御者曰："吾一生未尝见此人。"

17. 卢山人枏初囚浚狱，滑令张肖甫时时问劳。及出犴狴，锒铛桎梏，犹然拘挛也。山人诣滑厅事稽首谢，张亟引副署中，从者以卢坐置侧。卢谓张曰："以囚，当仆阶前；以客，当居上座。"遂据上坐之。

18. 李谷平谪驿丞，上司过者只一揖。代巡以同年招之，使侧坐，李曰："驿丞，安敢望坐；同年，不敢居旁。"遂拂衣去。

19. 陶渊明为彭泽令，郡遣督邮至县，吏白："应束带见。"渊明曰："吾不能为五斗米，折腰事乡里小儿也。"遂解印逃去。

20. 申屠蟠性高傲，善谈论，莫有及者，唯江南一生与相酬对。既别，执蟠手曰："君非聘则征，如是相见于上京矣。"蟠勃然作色，曰："始吾以子为可与言也，何意乃相拘教乐贵之徒耶？"

21. 吴子正穷居一室，门环流水，跨木而度，度毕即抽之。人问其故，笑曰："土舟浅小，恐不胜富贵人之来踏耳！"

冷语第六

吴苑曰：冷者，暖之反。春风至为暖，暖则散色为花，散香为气，有目有鼻者，莫不睹不嗅焉。冷则为蕊为苞，色、香虽具，即鼻通目明者，了不能得。是冷者非含藏之自义乎？故水冷则结，云冷则痴，一结一痴，皆含藏之义。次冷语第六。

1. 王介甫与苏东坡论扬子云投阁为史臣之妄，《剧秦美新》之作，亦后人所诬。苏曰："轼亦疑一事。"荆公曰："疑何事？"苏曰："不知西汉果有子云不？"闻者莫不掩口而笑。

2. 武林张卿子有《野花》诗十首，佳极，盛传一时，人目之曰"张野花"。卿子善病，常数年不出户，面孔黄瘦，人复有见之者，曰："是野花张也。"

3. 唐中书令王铎文懦，出镇渚宫为都统，以御黄巢。挟姬妾赴镇，而妻妒忌。忽报夫人离京在道，铎谓从事曰："黄巢渐以南来，夫人又自北至，旦夕情味，何以安处？"幕僚请曰："不如降黄巢。"

4. 宰相王玙好与人作碑志。有送润毫者，误扣右丞相王维门，维曰："大作家在那边。"

5. 桓灵宝征殷仲堪，道出庐山，因诣远公，语次及征讨之意，远不答。又问以见愿，远答曰："愿檀越安稳，使彼亦复无他。"桓出山，语左右曰："实乃生所未见此人。"

6. 孔君鱼为姑臧长，清俭逼下。有讥之者，答曰："奋自处脂膏，不能自润。"

7. 王右军少重患，一二年辄发动。后答许椽诗，忽复，恶中得二十字云："取欢仁智乐，寄畅山水阴。清泠涧下濑，历落松竹林。"既醒，左右诵之，诵竟，右军叹曰："癞何预盛德事耶？"

8. 子瞻在惠州，天下传其已死。后七年北归，时丞相方贬雷州。子瞻见南昌太守叶祖洽，叶问曰："传端明已归道山，今尚尔游戏人间耶？"坡曰："途中遇章子厚，乃回返耳。"

9. 韩康公绛谢事后，自颍入京，以上元至十六日，私第会从官九人，皆门生故吏，一时名德，如傅钦之、胡完夫、钱穆父、苏东坡、刘贡父、顾子敦皆在坐。出家妓十余人，中宴，有新宠鲁生者，舞罢，为游蜂所螫，公意不喜。久之，呼出，以白团扇从东坡乞诗。坡书一绝：“窗摇细浪鱼吹日，舞罢花枝蜂绕衣。不觉南风吹酒醒，空教明月照人归。”上句记其姓，下句记其事。康公大笑，坡云：“但恐他姬厮赖耳。”

10. 苏公一日与温公论事，坡偶不合，曰：“相公此论，故为鳖厮踢。”温公不解，曰：“鳖安能厮踢？”坡曰：“是之谓鳖厮踢。”

11. 苏子瞻与章子厚同游南山诸寺。寺有山魈为祟，客不敢宿，子厚独宿，山魈不敢出。抵游仙潭，下临绝壁，岸甚狭，横木如桥。子厚推子瞻过潭书壁，子瞻不敢过。子厚平步过之，用索系树，蹑之上下，神色不动。以漆墨濡笔大书石壁曰：“章惇、苏轼来游。”子瞻拊其背曰：“子厚必能杀人。”子厚曰：“何也？”子瞻曰：“能自拼命者，能杀人也。”

12. 宰相杨再思晨入朝，值一重车将牵出西门。道滑，牛不前，驭者骂曰：“一群痴宰相，不能和得阴阳，而令我泥行，如此辛苦。”再思徐谓之曰：“尔牛亦自弱，不得嗔他宰相。”

13. 范忠宣谪永州，夫人不如意，辄骂章惇。舟过橘州，大风雨，船破，仅得及岸。正平持盖，公自负夫人以登，燎衣民舍。公顾曰：“岂亦章惇所为耶？”

14. 谢康乐小时，便文藻艳逸。祖车骑甚奇之，谓亲知曰：“我乃生瑍（谓瑍不慧也），瑍那得不生灵运？”

15. 真宗既封，访天下隐者，得杞人杨朴。上问：“有人作诗送卿不？”朴言：“臣妻有一首云：‘更休落魄耽杯酒，再莫猖狂爱作诗。今日捉将官里去，这回断送老头皮。’”上大笑，即放回。苏轼在湖州作诗，追赴诏狱，妻子见轼出门，皆哭。轼无以语之，但顾曰：“子独不能如杨朴之妻作一诗送我乎？”轼妻不觉失笑。

16. 东坡自海南还，过惠州，州牧故人出郊迎之。因问海南风土人情如何，东坡云：“风土极善，人情不恶。某初离昌化时，有十数父老，皆携酒馔，直至水次，送某登舟，执手泣涕而去。且曰：‘此回与内翰相别后，不知甚时相见？’”

17. 欧阳季默常问东坡：“鲁直诗何处见好？”东坡不答，但极口称诵。季默云：“如‘卧听疏疏还密密，晓看整整复斜斜’，岂是佳耶？”坡云：“正是佳处。”

18. 万历甲寅春，张卿子过新都黄玄龙，石岭看梨花，花已半谢。玄龙曰：“春老矣，奚不早来？”卿子曰：“余意正在凄凉。”

19. 汪南明架上牙签数万卷，客眦睨久之，谓曰：“公能遍识耶？”公曰：“汉高取天下，属意者关中耳。”

20. 宋世祖至殷贵妃墓，谓羊志曰：“卿等哭贵妃若悲，当加厚赏。”羊即呜咽甚哀。他日，有问羊者曰：“卿那得此副急泪？”羊曰：“我自哭亡妻耳！”

21. 杜少陵《宿龙门》诗云“天阙象纬逼”，王介甫改“阙”为“阅”，黄山谷对众极言其是。刘贡父闻而笑曰：“恐是怕他。”

22. 黄庭坚作艳语，人争传之。秀铁面呵之曰：“翰墨之妙，甘施于此乎？”庭坚笑曰：“又当置我于马腹中耶？”

23. 张宁晚年无子，祷于家庙曰：“宁何阴祸，至辱先人？”旁一妾云：“误我辈即伤阴骘耳。”

24. 我明旧例，科道俱乘马，不得乘轿。王化按浙，一举人入谒，化问曰：“若冠起自何时？”举人徐曰：“即起于大人乘轿之年。”

25. 陆树声请告，诸大老送之，时李已、赵锦皆在坐。赵曰：“陆公此行，使天下知朝廷有不爱爵禄之臣。”李谓陆曰：“公病愈乎？”

26. 一进士戏坐夏原吉公轿，或告公，公曰：“有志。”言者惭退。

27. 洪武，京城既完，上谓刘伯温曰：“城高如此，谁能逾之？”对曰：“人实不能，除是燕子耳。”

28. 王导末年略不复省事，正封箓诺之。自叹曰：“人言我愦愦，后人当思此愦愦。”

29. 松江张进士美容姿，过吴门访范学宪。范奇丑，二人同步阊门市中，小儿无不随观。张谓范曰：“为我看也。”范笑曰：“还是看我。”

30. 会稽张状元诸孙四五辈，皆不饮酒，善肴物。每至席所，箸下如林，必一尽乃止。沈曼长曰：“张氏兄弟，赋性奇哉！遇肴，不论美恶，只是吃；遇酒，不论美恶，只是不吃。”

31. 谢公问王子敬：“君书何如君家尊？”答曰：“固当不同。”公曰：“外人论殊不尔。”王曰：“外人那得知！”

32. 殷觊病困，看人政见半面。殷荆州兴晋阳之甲，往与觊别，涕零，属以消息所患。觊答曰：“我病自当瘥。”

33. 王子猷作桓车骑骑兵参军。桓问曰：“卿何署？”答曰：“不知何署。时见牵马来，似是马曹。”

34. 张苍梧是张凭之祖，尝语凭父曰：“我不如汝。”凭父未解所以。苍梧曰：“汝有佳儿。”

35. 张逸密学知成都，僧文鉴来求诗，华阳簿张唐辅同在客次。唐辅欲搔首，方脱乌巾，睥睨文鉴，置于其首。文鉴大怒，诉于张公。公问其故，唐辅曰：“某方头痒，取下幞头，无处顿放。见此师头闲，权顿少时，不意其怒也。”公大笑。

36. 胡九韶家贫力耕，仅给衣食。每日向天揖曰：“蒙赐清福。”其妻笑曰：“三餐苦菜和羹，此清福耶？”胡摇手止曰：“清福正在个中，上天甚所秘惜，无得轻示与人。”复顾其子曰：“汝不得不传。”

37. 王寅少喜子房策，故字曰仲房。后人有荐其赞画者，寅曰：“时晚矣。有赤松子不妨为予一觅。”

38. 张灵嗜酒傲物。或造之者，张方坐豆棚下，举杯自酬，目不少顾。其人含怒去，复过唐伯虎，道张所为，且怪之。伯虎笑曰："汝讥我。"

39. 司马德操徽括囊谨惄。人有以人物质之者，初不辨其高下，每辄言"佳"。其妇谏曰："人质所疑，君宜辨论，而一言佳，岂人所以咨君之意乎？"徽曰："如卿所言，亦复佳。"

40. 方逊志卧病绝粮，家人屡以告。方笑而言曰："古人有三旬九食、甑无储粟者，此时吾愁汝。"曰："主翁亦所不免，岂我耶？"曰："愁汝多告劳也。"

41. 谢公夫人帏诸婢，使在前作伎，使太傅暂见，便下帏。太傅索更开，夫人云："恐伤盛德。"

42. 李元忠虽居要任，惟饮酒自娱，不以物务干怀。时欲用为仆射，或言其常醉，不可。其子操闻之，请节饮。元忠曰："我言作仆射，不胜饮酒；尔爱仆射，劝勿饮。"

43. 张士简嗜酒疏脱，在新安，遣家僮载米三千斛还吴，失大半。士简问其故，答曰："雀鼠耗也。"士简叹曰："壮哉雀鼠！"

44. 温公喜慢语，卞令礼法自居。二人尝至庾公许，大相剖击。温发口鄙秽，庾公徐曰："太真终日无鄙言。"

45. 宋相郊居政府，上元夜在书院内读《周易》，闻其弟学士祁点花灯、拥歌伎，醉饮达旦。翌日，谕所亲令诮让云："相公寄语学士，闻昨夜烧灯夜宴，穷极奢侈。不知记得某年上元同在某州学内吃齑煮饭时不？"学士笑曰："却须寄语相公，不知某年同某处吃齑煮饭，是为甚的？"

46. 司马温公屡言王广渊，章八九上，留身乞诛，以谢天下，声震朝廷。是时滕元发为起居注，侍立殿陛。既归，广渊来问元发："早来司马君实上殿，闻乞斩某以谢天下，不知圣语如何？"发曰："我只听得圣语云：‘依卿所奏。’”

47. 杨大年与梁同翰、朱昂同在禁掖，大年未三十，而二公皆高年矣。大年呼朱翁、梁翁，每戏侮之。一日，梁谓大年曰：“这老亦待留以与君也。”朱于后亟摇手曰：“不要与！”

48. 严子陵隐迹富春山，司徒霸遣使奉书，使者求报。严曰：“我手不能书。”乃口授之。使者嫌少，可更足。严曰：“买菜乎？”

49. 米芾知无为军，见州廨立石甚奇，命取袍笏拜之，呼曰“石丈”。言事者闻而论之，朝廷传以为笑。或问曰：“诚有不？”徐曰：“吾何尝拜，乃揖之耳。”

50. 上虞江有一处名三石头，王弘之常垂纶于此。经过者不识之，或问：“渔师得鱼卖不？”弘之曰：“亦自不得，得亦不卖。”

51. 谢凤子名超宗，谢庄子名朏。宋明帝召二人由凤庄门入。超宗曰：“君命也。”乃趋而入。朏曰：“君处臣以礼。”遂不入。

52. 唐太宗之征辽，作飞梯临其城，有应募为梯首。城中矢石如雨，而竟无为先登。英公指谓中书舍人许敬宗曰：“此人岂不大健？”敬宗曰：“非健，要是不解思量。”太宗闻而欲罪之。

53. 阮孝绪所居，以一鹿床为精舍，竹树环绕。任昉寻其兄履之，欲造而不敢，望而叹曰：“其室则迩，其人则远。”

54. 隆兴初，有胡昉者，大言夸诞，当国者以为天下奇才，力加荐引。曾未数年，为两浙漕。一日，语坐客云：“朝廷官爵，是买吾曹头颅，岂不可畏？”闻人伯卿在坐末，趋前云：“有买脱空。”胡默然。

55. 冯公具区髯晚出而早白。人问曰：“公髯几年变白？”公拈髯良久，曰：“未记与黑周旋。”

56. 冯道、和凝同在中书，一日，和问冯曰：“公靴新，价其值几何？”冯举左足示和曰：“九百。”和性褊急，遽回顾小吏云：“吾靴何得用一千八百？”因诟责。久之，冯徐举其右足曰：“此亦九百。”

57. 崔膺性狂率，张建封爱其文，以为客。随建封行营，夜中大叫惊军。军士皆怒，欲食其肉，建封藏之。明日置宴，监军曰："某有与尚书约，彼此不得相违。"建封曰："唯。"监军曰："某有请，请崔膺。"建封曰："如约。"逡巡，建封又曰："某有请，请崔膺。"座中大笑，得免。

58. 王仲舒为郎官，与马逢友善。每责逢曰："贫不可堪，何不求碑志相救？"逢曰："适见谁家走马呼医，吾可待也。"

59. 朱异遍治五经，涉猎文史，博弈书算，皆其所长。年二十，诣都，沈约戏语曰："卿年少，何乃不廉？"

60. 赵宗儒为太常卿，赞郊庙之礼。罢相三十余年，年七十六，众论其精健。有常侍李益旁谓曰："赵乃仆为东府时所送进士也。"

61. 崔铣作南祭酒，罢归，囊无江南一物。谓人曰："人言祭酒是'金'，我道祭酒如'玉'耳。"

62. 徐献忠每见诗文之佳者，曰："此人肚内有丹。"

63. 罗汝鹏多髯，少年即白。一日，赴吊丧家，司丧者谓曰："公年尚未，何早白乃尔？"罗对曰："今日之来，不得不如此。"

64. 唐姚南仲廉察陕郊，有客投刺云李过庭者。南仲曰："过庭之名甚新，未知谁家子弟？"姚岘作熟思曰："恐是李趋儿。"

65. 窦怀贞为京兆尹，神龙之际，政令多门，京尉由墨敕入台者，不可胜数。或谓怀贞曰："县官相次入台，县事多办不？"怀贞对曰："倍办于往时。"问其故，怀贞曰："好者总在。"

66. 张华见褚陶，语陆平原曰："君兄弟龙跃云津，顾彦先凤鸣朝阳。谓东南之宝已尽，不意复见褚生。"陆曰："公未睹不鸣不跃者耳。"

67. 苏东坡在维扬，一日设客，米元章在座。酒半，元章忽起自赞曰："世人皆以芾为颠，愿质之子瞻。"坡笑曰："吾从众。"

68. 陆楚生远，进士陆大成从堂叔。大成发解南畿，颇有声望。远每对人呼大成“舍侄”，人多厌之，咸以为言。时王弇州在座，曰：“实是‘远阿叔’。”

69. 潘长官尝要苏东坡，以坡不能饮，以醴设之。坡笑曰：“此必错煮水也。”

谐语第七

吴苑曰：语之次序，自慧、名、豪、狂、傲五种之下，不能细有标辨，以定安排。如冷之一义，有何关说而居众语上耶？直以语之有致无致，顺手拈录之耳。若此之谐与谑，与后之讽与讥，此二种乃大同而小异，不得不有先后，故次谐语第七。

1. 龙图刘烨，尝与内相刘筠聚会饮茗，问左右曰：“汤滚也未？”左右皆应曰：“已滚。”筠曰：“佥曰鲧哉！”烨应声曰：“吾与点也！”

2. 东坡倅杭，不胜杯酌。部使者知公才望，朝夕聚首，疲于应接，乃目杭倅为“酒食地狱”。其后袁毂倅杭，适郡将不协，诸司缘此亦相疏。袁语所亲曰：“酒食地狱，正值狱空。”

3. 刘贡父觞客，苏子瞻有事欲起，刘以三果一药调之曰：“幸早里，且从容。”坡答曰：“奈这事，须当归。”满座大笑。

4. 汉武游上林，见一好树，问东方朔，朔曰：“名‘善哉’。”帝阴使人识其树。后数岁，复问朔。朔曰：“名为‘瞿所’。”帝曰：“朔欺久矣！名与前不同，何也？”朔曰：“夫大为马，小为驹；长为鸡，小为雏；大为牛，小为犊。人生为儿，长为老。且昔为‘善哉’，今为‘瞿所’，长少死生，万物败成，岂有定哉！”帝大笑。

5. 吴郡的张融，字思光，长史畅之子。尝谒太祖于太极西堂，弥时方登。上笑曰：“卿至何迟？”答曰：“自地升天，理不得速。”

6. 王俭尝集有才之士，累物而丽之，谓之“丽事”，自此始也。诸客皆穷，唯庐江何宪为胜，乃赏以五花簟、白团扇。宪坐簟执扇，意气甚自得。秣陵王摛后至，操笔便成，事既焕美，词复华丽。摛乃命左右抽簟掣扇，登车而去。俭笑曰："所谓大力者负之而趋。"诸士大笑。

7. 后魏高祖名子曰恂、愉、悦、怿，崔光名子励、勖、勉。高祖谓曰："我儿名旁皆有心，卿儿名旁皆有力。"答曰："所谓君子劳心，小人劳力。"

8. 礼部尚书范阳卢恺，兼吏部，选达野客师为兰州总管。客师辞曰："客师何罪，遣与突厥隔墙？"恺曰："突厥何处得有墙？"客师曰："肉为酥，水为浆，穹庐为帐，毡为墙。"

9. 王元景尝大醉，杨遵彦谓之曰："何太低昂？"元景曰："黍熟头低，麦熟头昂，黍麦俱有，所以低昂矣。"

10. 张亢滑稽敏捷，有门客因会话，亢问曰："近日作赋乎？"门客曰："近作《坤厚载物赋》。"因自举其破题曰："粤有大德，其名曰坤。"亢答曰："奉续两句，可移赠和尚。"乃曰："非讲经之座主，是传法之沙门。"

11. 曹琰为郎中，尝有僧以诗卷投献。琰阅其首篇《登润州甘露阁》云："下观扬子小。"琰曰："何不道'早吠狗儿肥'？"次又阅一篇《送僧》云："猿啼旅思凄。"琰曰："何不道'犬吠张三嫂'？"

12. 涪翁尝和东坡《春菜》诗云："公如端为苦笋归，明日春衫诚可脱。"苏得诗，戏语曰："吾固不爱做官，遂直欲以苦笋硬差致仕。"

13. 东坡见一家有界尺笔槽而破者，向其主人曰："韩直木如常，孤竹君无恙，但半面之交，忽然析事矣。"主人笑倒。

14. 刘烨尝与刘筠连骑趋朝，筠马病足行迟，烨曰："君马何迟？"筠曰："只为五更三。"烨曰："何不与他七上八？"言点蹄，则下马行也。

15. 东坡尝约刘器之同参玉版，器之每倦山行，闻玉版，欣然从之。至廉泉寺，烧笋而食，器之觉笋味胜，问：“此何名？”东坡曰：“玉版。此老僧善说法，令人得禅悦之味。”器之乃悟。

16. 柳耆卿、苏长公各以填词名，而二家不同。东坡问一优人曰：“我词何如柳学士？”优曰：“学士那得比相公？”坡惊曰：“如何？”优曰：“公词须用丈二将军，铜琵琶，铁绰板，唱相公的‘大江东去’。柳学士却著十七八女郎，唱‘杨柳岸、晓风残月’。”坡为之抚掌。

17. 汉武帝尝问东方朔曰：“先生视朕何如主？”朔对曰：“自唐虞之后、成康之际，未足以喻。臣伏睹陛下功德，陈五帝之上，在三王之右。非徒若此而已，诚得天下贤士公卿在位，咸得其人矣譬若以周、邵为丞相，孔丘为御史大夫，太公为将军，毕公高拾遗于后，卞严子为卫尉，皋陶为大理，后稷为司农，伊尹为少府，子贡使外国，颜、闵为博士，子夏为太常，益为右扶风，季路为执金吾，契为鸿胪，龙逢为宗正，伯夷为京兆，管仲为冯翊，鲁班为将作，仲山甫为光禄，申伯为太仆，延陵季子为水衡，百里奚为典属国，柳下惠为大长秋，史鱼为司直，孔父为詹事，蘧伯玉为太傅，孙叔敖为诸侯相，王庆忌为期门，子产为郡守，夏育为鼎官，羿为旄头，宋万为式道侯……”上乃大笑。

18. 汉武帝诏赐从官肉。大官丞日晏不来，朔拔剑谓其同官曰：“伏日当蚤归，请受赐。”即怀肉去。大官奏之，朔入。上曰：“昨赐肉，不待诏，以剑割肉而去，何也？”朔免冠谢。上曰：“先生起自责！”朔再拜曰：“朔来！朔来！受赐不待诏，何无礼也！拔剑割肉，一何壮也！割之不多，又何廉也！归遗细君，又何仁也！”上曰：“使先生自责，乃反自誉！”

19. 王戎妻语戎为卿，戎谓曰：“妇那得卿婿？于礼不顺。”答曰：“我亲卿爱卿，是以卿卿；我不卿卿，谁当卿卿？”戎笑，遂听。

20. 郑玄家奴婢皆读书。尝使一婢，不称旨，将挞之。方自陈说，玄怒，使人曳著泥中。须臾，复有一婢来，问曰："胡为乎泥中？"答曰："薄言往愬，逢彼之怒。"

21. 王太尉不与庾子嵩交，庾卿之不置。王曰："君不得为尔。"庾曰："卿自君我，我自卿卿。我自用我法，卿自用卿法。"

22. 晋元帝皇子生，普赐群臣。殷洪乔曰："皇子诞育，普天同庆。臣无勋焉，而猥颁厚赉。"中宗笑曰："此事岂可使卿有勋邪？"

23. 康僧渊目深而鼻高，王丞相每调之。僧渊曰："鼻者面之山，目者面之渊。山不高则不灵，渊不深则不清。"王不能复答。

24. 石曼卿尝乘马出，御者失鞚，马惊，曼卿堕地。从吏遽扶掖升鞍。曼卿曰："赖我石学士也，若瓦学士，则跌碎矣。"

25. 邵康节赴河南尹李君锡会，投壶，君锡末箭中耳。君锡曰："偶尔中耳。"康节曰："几乎败壶。"

26. 裴子雨为下邳令，张晴为县丞，二人俱有声气，而善言语。会论事移时，吏相谓曰："县官甚不和。长官称雨，赞府道晴，终日如此不和也。"

27. 有人献木履于齐宣王，无刻斫之迹。王曰："此履岂非出于生乎？"艾子曰："鞋楦是其核也。"

28. 张端为河南司录，府当祭社，买猪，已呈尹。其夜突入录厅，端即令杀之。吏以白尹，尹问端，对曰："按诸无故夜入人家，登时杀之，勿论。"尹大笑，为别市猪以祭。

29. 梅圣俞以诗知名，三十年终不得一馆职。晚年与修《唐书》，语其妻刁氏曰："吾之修书，可谓猢狲入布袋。"刁曰："汝之仕宦，何异鲇鱼上竹竿！"

30. 艾子好饮酒，少醒日。门人谋曰："此未可口舌争，宜以险事怵之。"一日，大饮而哕，门人密袖彘膈置哕中，持以示曰："凡人具五脏，今公因饮而出一脏矣，何以生耶？"艾子熟视而笑曰："唐三藏尚活世，今况四脏乎！”

31. 杜邠公饮食洪博，既饱即寝。人谏非摄生之理，公曰：“君不见布袋盛米耶，放倒即漫。”

32. 石中立尝与同列观南园狮子。主者曰：“县官日破肉五斤饲之。”同列戏曰：“吾侪反不及此狮子乎？”中立曰：“吾辈员外郎，安敢比园内狮子？”

33. 伶官敬新磨，以谑得罪庄宗，庄宗大怒，弯弓射之。新磨急呼曰：“陛下无杀臣！臣与陛下为一体，杀之不祥！”庄宗惊问其故，对曰：“陛下开国，改元同光。且同，铜也，若杀敬新磨，则无光矣。”帝释之。

34. 丁谓尝以文谒王禹偁，禹偁称其文与孙何可比韩柳，名遂大振。既而何冠多士，谓登第四。自以为与何齐名，耻居其下。胪传之际，殿下有言。太宗曰：“甲乙丙丁，合居第四，复何言？”

35. 冯祭酒具区，携妓泛西湖，泊于定香桥畔。有群青衿士拥观，公不堪，令移舟。青衿辈大怒，随舟厉声曰：“尔已经过会元，已过祭酒，独不畏吾将来耶？”公命使者报声曰：“致上秀才，纵若随后赶来，老夫已过学士港矣！”

36. 阮德如尝于厕见鬼，长丈余，色黑而眼大，着皂单衣，平上帻，去之咫尺。德如笑语之曰：“人言鬼可憎，果然！”鬼赧而退。

37. 西王母献桃于武帝，云：“此桃三千年生花，三千年熟。”指方朔曰：“仙桃三熟，此儿已三偷得此桃。”帝曰：“尝闻鼻下长一寸，是百年人。”方朔笑曰：“彭祖寿年七百岁，鼻下合长七寸。”

38. 五代冯瀛王道，门客讲《道德经》首章：“道可道，非常道”。门客见“道”字是冯名，乃曰：“不敢说可不敢说，非常不敢说。”

39. 陆长源以旧德为宣武军行司马，韩愈为巡官。或讥年辈相悬，长源曰：“大虫老鼠，俱为十二相属，何怪之有？”

40. 武林邹虞知延平，延平素产绣补，亲友皆先从虞索之。后抵任，补绝少，惟四时多笋。过者以笋馈之，语曰："吾任'损有余，补不足'也。"

41. 西施教歌舞之地名西施山，袁宏道与陶望龄同游。陶诗云："宿几夜骄歌艳舞之山。"袁笑曰："此诗当注明，不然，后日累君谥文恪也。"

42. 叶月潭须髯初白，或告之曰："尊须有一二茎报信。"月潭遂于袖中取镊摘之，曰："报信者一钱。"

43. 江进之举进士，其父贫甚，为报捷者索重赏，至困，大觉愤懑。罗汝鹏过而慰之曰："公且耐。生儿不肖，奈何？"闻者大笑。

44. 袁中郎偶中热减衣，丘长孺谓之曰："天且寒，何不加衣？"中郎曰："加则恐流鼻红。"长孺笑曰："减则恐流鼻白。"

45. 太仓王内阁荆石，性端洁，不轻接引。司寇凤洲性坦易，多所容纳。其乡人曹子念曰："内阁是常清常净天尊，司寇是大慈大悲菩萨。"

46. 潘方凯性风流不恒，先与平康妓钟（锺）举昵，后舍之，复与董素卿合。李本宁太史谓之曰："均一重也，何舍金而取草？"对曰："均一重也，为一正而一偏。"李笑曰："略觉输下耳。"

47. 梁吴均有诗曰："秋风泷白水，雁足印黄沙。"沈约语之曰："黄沙语太险。"均曰："亦见公诗云：'山樱发欲然。'"约曰："我始欲然，公已印讫。"

48. 江西有驿官，以干事自任，白刺史驿已理，请一阅之。乃往，初一室为酒库，诸醢毕熟，其外画神，问曰："何也？"曰："杜康。"又一室茶库，诸茗毕贮，复有神，问："何也？"曰："陆鸿渐。"又一室菹库，诸茹毕备，复有神，问何神也？曰："蔡伯喈。"

49. 驸马梅殷守淮南，文皇正位，罢兵入见。上曰："都尉功劳可念也。”对曰：“臣领其半。”上曰：“功劳惟有大小，安有全半？”对曰：“劳而无功，非半乎？”

50. 龙大渠官至太守，其子德化，初选通判，大渠戒曰：“尔平日多戏语，居官，不得复尔。”德化起应曰：“堂尊承教。”

51. 道学者曰：“天不生仲尼，万古如长夜。”刘谐曰：“怪得羲皇以上圣人，尽日然烛而行。”

52. 东坡有歌舞妓数人，每留宾客饮酒，必云：“有数个搽粉虞侯，欲出来祇应也。”

53. 米芾尝作诗云：“饭白云有子，茶甘露有兄。”人问露兄故实，乃曰：“只是甘露哥哥耳。”

54. 宋元祐间有陈上舍，治《春秋》，与宋门一娼狎。一日，会饮于曹门，因用《春秋》之文戏之曰：“春正月，会吴姬于宋。夏四月，复会于曹。”

55. 张融尝乞假归，帝问所居，答曰：“臣陆居非屋，舟居非水。”上未解，问张绪，绪曰：“融近东山，未有居止，权牵小船上岸，住在其间。”上大笑。

56. 陈使聘齐，见朝廷有赤鬣者，顾谓散骑常侍赵郡李驹駼曰：“赤也何如？”驹駼曰：“束带立于朝，可使与宾客言者。”

57. 齐高祖作隐语，以“卒律葛答”为煎饼。复谓诸臣曰：“汝等为我作一谜，我为汝射之。”石动筩复云：“卒律葛答。”高祖射不得，问曰：“此是何物？”答曰：“是煎饼也。”高祖曰：“我始作之，何因更作？”动筩曰：“乘大家热铛子头，更作一个。”高祖大笑。

58. 唐玄宗尝登北苑楼，望渭水。见一醉人临水卧，问黄幡绰曰：“此是何人？”黄曰：“是年满令史。”上曰：“汝何以知？”对曰：“更一转入流。”

59. 玄宗尝与诸王会食，宁王失口喷饭，直及龙颜。上曰：“宁哥何以错喉？”黄幡绰曰：“非错喉，是喷嚏。”

60. 齐高祖尝令人读《文选》，有郭璞《仙游诗》，嗟叹称善。诸学士皆云：“此诗极工，诚如圣旨。”石动筩起云：“此诗有何能？若令臣作，即胜伊一倍。”高祖不悦。良久语云：“汝是何人，自言作诗能胜郭璞一倍，岂不合死？”动筩即云：“若不胜，臣甘合死。”乃扬声曰：“郭璞《游仙诗》：‘青溪千余仞，中有一道士。’臣作云：‘青溪二千仞，中有两道士。’”高祖大笑。

61. 石动筩尝于国学中看博士论，云：“孔子弟子，达者七十二人。”因问曰：“达者七十二人，几人已著冠？几人未著冠？”博士曰：“经传无文，何因得考？”动筩曰：“已着冠有三十人，未着冠有四十二人？”博士曰：“据何文？”曰：“《论语》云‘冠者五六人’，五六三十也，‘童子六七人’，六七四十二也，岂非七十二人乎？”坐中皆大笑。

62. 隋侯白州举秀才，至京，与越国公杨素并马言话。路旁有槐树憔悴死，素乃曰：“侯秀才理道过人，能令此树活不？”曰：“能！”素云：“何计？”曰：“取槐树子于树枝上悬著即活。”素云：“何也？”曰：“子在，回何敢死！”素笑，几堕马。

63. 开皇中，有人姓出，名六斤，欲参杨素。赍名纸至省门，遇侯白，请为题其姓，乃书曰：“六斤半。”名既入，素召其人，问曰：“卿姓六斤半？”答曰：“是出六斤。”曰：“何为六斤半？”曰：“向请侯秀才题之，当是错矣。”即召白至，谓曰：“卿何为错题人姓名？”对曰：“不错。”素曰：“若不错，何因姓出名六斤，乃题六斤半？”对曰：“向在省门，会仓卒，无秤可称，斟酌之，只应是六斤半。”

64. 侯白赴一人宴，后至。众曰：“罚尔作谜，必不得幽隐难识及诡谲希奇，亦不假合而成、人所不见者。”白即云：“有物大如狗，面貌极似牛，此是何物？”或云是獐，或云是鹿，皆云不是。即令自解，云：“此是犊子。”满座哗然。

65. 隋河间郡刘焯与从侄炫，并有儒学，俱犯法被禁。县吏不知其大儒也，咸与之枷著。焯曰：“终日枷中坐，而不见家。”炫曰：“亦终日负枷坐，而不见妇。”

66. 杜正伦讥任瓌怕妻，瓌曰：“妇当怕者有三：初娶时如菩萨，岂人不怕菩萨；既生育如鬼子母，岂人不怕鬼子母；年老面皱如鸠盘荼，岂有人不怕鸠盘荼耶？”

67. 王玄同任荆时，出主社事。偶有犬来遗秽，玄同自取砖击之。人怪其率，问曰：“何为自举击之？”玄同曰：“苟利社稷，专之亦可。”

68. 唐吏部侍郎杨思玄，恃外戚之贵，待选流多不以礼，而排斥之，为选人夏侯彪所讼，御史中丞郎余庆弹奏免。中书令许敬宗曰：“固知杨吏部之败也。”或问之，宗曰：“一彪一狼，共着一羊，不败何待？”

69. 李程为夏口日，有客辞焉，李曰：“且更两三日。”客曰：“业已行矣，舟船已在汉口。”李曰：“但相信住，那汉口不足信。”客掩口而笑。

70. 薛昭纬未登第前，就肆买履。肆主曰：“秀才脚第几？”对曰：“昭纬作脚来，未曾与立行第。”

71. 庾杲之清素自业，食惟有韭葅、瀹韭、生韭杂菜。或谓之曰：“谁谓庾郎贫，食鲑常有二十七种。”

72. 丁晋公自崖州还，坐客论天下州郡，何地最雄盛？公曰：“惟崖州地望最重。”客问其故，答曰：“宰相只作彼州司户参军，他州何可及？”

73. 秦太虚为御史贾所弹，张文潜戏之曰：“千余年前贾生过秦，今复尔也。”

74. 礼侍郎叶盛转吏侍郎，礼尚书姚夔设宴郑重，因曰：“敝乡亲友干谒者众，烦公垂念。”叶唯唯。亡何，姚进太宰，叶携酒往贺，执杯献于姚曰：“今日送乡里还先生矣！”

75. 周文襄在吴中，好徜徉梵刹，旌旗所至，钟磬交接。每至佛殿，必拜，人或诮之。文襄笑曰：“即以年齿论，彼长我二三千岁，岂不直得一拜？”

76. 李东阳在京邸会试贡士，酒数行，俱起辞谢。公曰：“且止，有场中题，愿商之：东面而征西夷怨，南面而征北狄怨。”众未解，公笑曰：“只是待汤耳！”

77. 守备太监某，挟贵夸诩，喜延接士大夫，独王司徒鸿儒不往。或以为言，王曰：“往来虽无我，谈笑却有我。”闻者大笑。

78. 熊际华望演易台，迷烟雨不见，笑曰：“遵养时晦，宜其濛濛也。”

79. 熊敦朴与馆选，改兵部，左迁通判，往辞张江陵相公。公曰：“公是我衙门内官，痛痒相关，此行宜着意。”熊曰：“老师恐未见痛。”相公问故，答曰：“王叔和《医诀》云：通则不痛，痛则不通。”相公大笑。

80. 王仲祖闻蛮语不解，茫然曰：“若使介葛卢来朝，故当不昧此语。”

81. 顾长康拜桓宣武墓，作诗云：“山崩溟海竭，鱼鸟将何依？”人问之曰：“卿凭重桓乃尔，哭之状其可见乎？”顾曰：“鼻如广莫长风，眼如悬河决溜。”

82. 安鸿渐有清才，而复惧内。妇翁死，哭于路，其妻呼入穗幕中诟之曰：“路哭，何因无泪？”复戒曰：“来日早临，须见泪。”渐明日以宽巾纳湿纸置于额，大叩其颡而恸。恸罢，其妻又呼入窥之，惊曰：“泪何从额流？”渐对曰：“水出高原。”闻者大笑。

83. 潘景升家虽贫，而客来者甚众，必百计以款送之。尝谓罗远游曰：“人穷皆有底，余穷独无底。”罗曰：“何也？”曰：“穷客日来，岂有底乎？”罗曰：“穷客日来，正是穷底。”

84. 卢思道尝在宾门日中立，德林谓之曰：“何不就树荫？”思道曰：“热则热矣，不能林下立。”

85. 汝南袁德师，尝于东都买得娄师德故园地，起书楼。洛人语曰："昔日娄师德园，今日袁德师楼。"

86. 王元景使梁，刘孝绰送之泣下。元景无泪，谢曰："卿勿怪我，别后当阑干耳！"

谑语第八

吴苑曰：诙谐戏谑，一类耳，一类而两之，非字之蛇足乎？字既蛇足，即许、李辈尚不能辨，况我耶？吾请以恳之所取诸语定二字耳。第戏不及虐为谐，及虐为谑，故谑字从虐，于此可以小分。乃次谑语第八。

1. 王平甫躯干魁硕，而眉宇秀朗。尝盛夏入馆中，方下马，流汗浃衣，刘攽见而笑之曰："君真所谓汗淋学士也。"

2. 段少连，陈州人。晚年因休官还里中，与乡老会饮。段通音律，酒酣，自吹笛。座中有知音者，亦皆以乐器和之。有一老儒独叹曰："某命中无金星之助，是以不能乐艺。"段笑曰："岂惟金星，水星亦不甚得力也。"

3. 贾嘉隐年七岁，以神童召见。时太尉长孙无忌、司空李勣于朝堂立语，李戏之曰："吾所倚者何树？"嘉隐对曰："松树。"李曰："此槐也，何忽言松？"嘉隐曰："以公配木，则为松树。"无忌连声问曰："吾所倚者何树？"曰："槐树。"公曰："汝不能复矫对耶？"嘉隐曰："何须矫对，但取其以鬼配木耳。"勣曰："此小儿作獠面，何得如此聪明？"嘉隐又应曰："胡面尚为宰相，獠面何废聪明？"勣状貌胡也。

4. 东坡登禁林，以高才狎侮诸公卿，率有标目，殆遍，独于司马温公不敢有所轻重。一日与共论免役、差役利害，偶不合，及归舍，方卸巾弛带，乃连呼曰："司马牛！司马牛！"

5. 苏子瞻与姜制之饮，姜举令云："坐中各要一物，是药名。"乃指子瞻曰："君，药名也。子苏子。"子瞻答曰："君亦药名也。君若非半夏，定是厚朴。"众请其故，曰："非半夏，非厚朴，何故曰'姜制之'？"众皆绝倒。

6. 秦少章云："郭功甫尝过杭州，出诗一轴示东坡，先自吟诵，声震林木。既罢，谓东坡曰：'祥正此诗几分？'坡曰：'十分。'祥正喜之。坡曰：'七分来是读，三分来是诗。'郭不怿。"

7. 无锡孙南公躯干微小，郝公琰戏抱之。孙曰："当日张江陵抱主登位，正是如此。"郝曰："汝非孙子耶？"

8. 米元章居京师，被服怪异，带高檐帽，不欲置从者之手，恐为所污。既坐轿，为顶盖所碍，遂撤去，露帽而坐。一日出保康门，遇晁以道，以道大笑。下轿握手，问："晁四，你道似甚底？"晁云："我道你似鬼章。"二人抚掌绝倒。时西边获贼寨首领鬼章，槛车入京，故以道为戏。

9. 隋京兆杜公瞻，卫尉台卿犹子也。尝邀阳玠过宅，酒酣，因而嘲戏。公瞻谓："兄既姓阳，阳货实辱孔子。"玠曰："弟既姓杜，杜伯实射宣王。"

10. 殿内将军陇西牛子充尝谓阳玠曰："君羊有疥，恐不任厨。"玠曰："君牛既充，正可烹宰。"又见玠食芥葅，曰："君身名玠，何得复啖芥葅？"对曰："君既姓牛，何得不断牛肉？"

11. 太仓令张策，在云龙门与玠议，理屈，谓玠曰："卿本无德量，忽共叔宝同名。"玠抗声曰："尔既非英雄，敢与伯符连讳。"

12. 太子洗马兰陵萧诩，爽俊有才辩，尝谓玠曰："流共工于幽州，易北恐非乐土。"玠曰："族驩兜于崇山，江南岂是胜地。"

13. 宋王彧之子绚，年五六岁，警悟，外祖何尚之赏异焉。尝教读《论语》，至"郁郁乎文哉"，因戏之曰："可改'耶耶乎文哉'。"绚应曰:“便可道‘草翁之风则舅’乎? ”

14. 汉武帝时，郭舍人与东方朔校射覆，不胜，上令倡监榜舍人，舍人不胜痛，呼謈。朔笑之曰:“咄! 口无毛，声謷謷，尻益高。”舍人恚曰:“朔擅诋欺天子从官，当弃市。”上问朔何故诋之? 对曰:“臣非敢诋之，乃与为隐耳。”上曰:“隐云何? ”朔曰:“夫口无毛者，狗窦也; 声謷謷者，鸟哺鷇也; 尻益高者，鹤俯啄也。”

15. 孙权尝飨蜀士费袆，逆敕群臣伏食勿起。袆至，权为辍食，而群下不起。袆云:“凤凰来翔，麒麟吐哺; 骡驴无知，伏食如故。”

16. 邓艾口吃，语称艾艾。晋文王戏之曰:“艾艾为是几艾? ”对曰:“凤兮凤兮，故是一凤。”

17. 晋蔡洪赴洛，洛中人问曰:“幕府初开，群公辟命，求英奇于仄陋，采贤俊于岩穴。吴楚之士，亡国之余，有何异才，而应斯举? ”答曰:“夜光之珠，不必出于孟津; 盈握之璧，不必采于昆仑。大禹生于东夷，文王生于西羌，圣贤所出，何必常处? 昔武王伐纣，迁顽民于洛邑，诸君得无是其苗裔乎? ”

18. 陆机在王武子座，偶潘岳至，陆便起。安仁曰:“清风至，乱物起。”陆应曰:“众鸟集。”

19. 王导妻妒，导有众妾在别馆，妻知之，持食刀将往。公遽命驾，患牛迟，手捉麈尾，以柄助打牛。蔡谟闻之，后诣王，谓曰:“朝廷欲加公九锡。”王自叙谦。蔡曰:“不闻余物，惟闻短辕犊车，长柄麈尾。”

20. 诸葛恢与丞相王导，共争姓族先后，王曰:“何以不言葛、王? ”答曰:“譬如言驴马，驴安能胜马也? ”

21. 晋张天锡从事中郎韩博，奉表并送盟文。博有口才，桓温甚称之。尝大会，温使司马刁彝谓博曰:“卿是韩卢后? ”博曰:“卿是韩卢后。”温笑曰:“刁以君姓韩，故相问耳。他人自姓刁，那得是韩卢后？”博曰：“明公未之思耳，短尾者则为刁。”阖坐哄然。

22. 秦苻坚克襄阳，获习凿齿、释道安。时凿齿足疾，坚见之，与语，大悦。叹曰：“昔晋平吴，利在二陆；今破南土，获士一人有半耳。”

23. 王戎弱冠诣阮籍，时刘公荣在座。阮谓王曰：“偶有二斗美酒，当与君共饮，彼公荣者无预焉。”二人交觞酬酢，公荣遂不得一杯，而言语谈戏，三人无异。或有问之者，阮答曰：“胜公荣者，不得不与饮酒；不如公荣者，不可不与饮酒；唯公荣可不与饮酒。”

24. 齐仆射东海徐孝嗣，修辑高座寺，多在彼宴息，法云师亦萧寺，日夕各游二寺，而不相往来。孝嗣尝谓法云曰：“法师常在高座，而不游高座寺。”答曰：“檀越既事萧门，何不至萧寺？”

25. 梁安成王萧佽，以文词擅名，所敌拟者，唯河东柳信言。然柳内虽不服，而莫与抗。及闻佽卒，时为吏部尚书，宾客候之，见其屈一足跳，连称曰：“独步来，独步来！”众轰然大笑。

26. 梁陆晏子聘魏，魏遣李谐郊劳。过朝歌城，晏子曰：“殷之余人，正应在此。”谐曰：“永嘉南渡，尽在江外。”

27. 梁汝南周舍谓沙门法云曰：“孔子不饮盗泉之水，师何以捉鍮石香炉？”答曰：“檀越既能成纛，贫道何为不执鍮？”

28. 齐王元景为尚书，性虽懦缓，而每事机捷。有一奴名典琴，尝旦起，令索食，谓之解斋。典琴曰：“公不作斋，何故云解斋？”元景笑曰：“汝作字典琴，何处有琴可典？”

29. 北齐李庶无须，时人呼曰天阉。崔谌谓之曰：“教弟种须法，以锥遍刺作孔，插以马尾。”庶曰：“持此还施贵族艺眉，有验，然后树须。”崔氏世有恶疾，故云。

30. 北海王晞，字叔朗，为大丞相府司马。尝共相祭酒卢思道禊饮，晞赋诗曰：“日暮应归去，鱼鸟见留连。”时有中使召晞，驰马而去。明旦，思道问晞："昨被召以朱颜，得无以鱼鸟致责？"晞曰："昨晚陶然，颇以酒浆被责。卿等亦是留连之一物，何独鱼鸟而已。"

31. 范阳卢叔虎，有子十人，大者字畜生，最有才思。卢思道谓人曰："从叔有子十人，皆不及畜生。"

32. 高平徐之才，父雄，并善方术，世传其业。纳言祖孝征戏之，乎为师公。之才曰："即为汝师，又为汝公。在三之义，顿居其两。"

33. 徐之才尝以剧谈调仆射魏收，收熟视之曰："面似小家方相。"之才答曰："若尔，便是卿之葬具。"

34. 唐朝韦庆本两耳前卷，朝士多呼之为"卷耳"。有女选入为妃，长安公松寿见而贺之曰："仆固知足下女得为妃。"庆本曰："何以知之？"松寿乃自摸其耳而卷之曰："卷耳，后妃之德。"

35. 秋官侍郎狄仁杰戏同官郎卢献曰："足下配马乃作驴。"献曰："中劈明公，乃成二犬。"杰曰："'狄'字犬旁火也。"献曰："犬边有火，乃是煮狗。"

36. 张昌龄谓苏味道曰："某诗所以不及相公者，为无'银花合'也。"苏曰："子诗虽无'银花合'，还有'金铜钉'。"昌龄有"今同丁令威"之句。

37. 窦晓形容短小，眼大露睛；乐彦玮身长露齿。彦玮弄窦曰："足下甚有功德。"旁人怪问，彦玮曰："既复短肉，又复精进，岂不大有功德？"窦应曰："公自有大功德，因何道晓？"人问其故，窦曰："乐公小来长斋。"又问长斋之意，窦云："身长如许，口齿齐崖，岂不是长斋？"众大笑。

38. 裴晋公度在相位日，有人寄槐瘿一枚，欲削为枕。时郎中庾威，世称博物，召请别之。庾捧玩良久，白曰："此槐瘿是雌树生者，恐不堪用。"裴曰："郎中甲子多少？"庾曰："某与令公同是甲辰生。"公笑曰："郎中便是雌甲辰。"

39. 白居易与张祜初相见，谓曰：“久钦藉甚，记得款头诗。”祜愕然曰：“舍人何所谓？”白曰：“‘鸳鸯钿带抛何处，孔雀罗衫属阿谁？’非款头诗何耶？”张笑而答曰：“祜亦记得舍人《目连变》。”白曰：“何也？”曰：“‘上穷碧落下黄泉，两处茫茫皆不见。’非《目连变》何耶？”

40. 晋张湛好于斋前种松柏；袁山松出游，好令左右作挽歌。时人谓张“屋下陈尸”，袁“道上送殡”。

41. 陆士龙、荀鸣鹤二人未相识，俱会张茂先所。茂先令接语，以并有大才，可勿常谈。陆抗声曰：“云间陆士龙。”荀曰：“日下荀鸣鹤。”陆曰：“既开青天，睹白雉，何不张尔弓，布尔矢？”荀曰：“本谓云龙骙骙，乃是山鹿野麋，兽微弩强，是以发迟。”张抚掌大笑。

42. 晋刘道真遭乱，于河侧与人牵船。见一老妪操橹，道真嘲之曰：“女子何不调机弄杼，因甚傍河操橹？”女曰：“丈夫何不跨马挥鞭，因甚傍河牵船？”

43. 刘文树髭生颔下，貌类猴，恐黄幡绰见嘲，乃密赂之。幡绰言曰：“文树不似猢孙，猢孙强似文树。”

44. 东坡知湖州，尝与宾客游道场山，屏退从者而入。有僧冯门熟睡，坡戏曰：“髡阃上困。”有客即答曰：“何不用‘钉顶上钉’？”

45. 唐进士曹唐《游仙》诗，才情缥渺，岳阳守李远每吟其诗而思其人。一日，曹往谒之，李倒屣而迎。曹仪质充伟，李戏之曰：“昔者未见标仪，将谓可乘鸾鹤；此时拜见，安知壮水牛不胜其载矣！”

46. 唐营丘有豪民姓陈者，染大风疾，众称之为“陈癞子”。闻人称之，皆不欲。人有谀其所苦减退，则酒食延待优丰。有游客心利所沾，谓曰：“足下之疾近日尤减。”陈欣然，命酒赠赀。客将去，又谓曰：“此疾还是添减症。”曰：“何也？”客曰：“添者添上肉泡，减者减却鼻孔。”陈不怿。

47. 许玄度将弟出都婚，诸人无不钦迟。既至，见其弟乃甚痴，都欲嘲弄之。玄度为作宾主相对。刘真长笑曰：“玄度为弟婚施十重铁步障。”

48. 司马防尝举曹公为比部尉，后曹公进爵为王，召防到邺，与欢饮，语之曰：“孤今日可复作尉不？”防曰：“昔举大王时，适可作尉耳。”

49. 刘谅为湘东王所善，湘东一目眇。一日，与谅共游江滨，叹秋望之美。谅曰：“今日可谓‘帝子降于北渚’。”湘东曰：“卿言‘目眇眇而愁予’耶？”从此嫌之。

50. 侯白好俳谐。一日，杨素与牛弘退朝，白语之曰：“日之夕矣。”素曰：“以我为‘牛羊下来’耶？”

51. 柳机、柳昂在周朝俱历要任，隋文帝受禅，并为外职。时杨素方用事，因文帝赐宴，素戏语机曰：“二柳俱摧。”机答曰：“不若孤杨独耸。”

52. 王浑与妇锺氏共坐，见武子从庭过，浑欣然谓妇曰：“生儿如此，足慰人意。”妇笑曰：“若使新妇得配参军，生儿故可不啻如此！”

53. 张吴兴年八岁，亏齿，先达知其不常，故戏之曰：“君口中何为开狗窦？”张应声答曰：“正使君辈从此中出入！”

54. 庾园客诣孙监，值行，见齐庄在外，尚幼，而有神意。庾试之曰：“孙安国何在？”即答曰：“庾稚恭家。”庾大笑曰：“诸孙大盛，有如此儿！”又答曰：“未若诸庾之翼翼。”还，语人曰：“我故胜，得重唤奴父名。”

55. 习凿齿、孙兴公未相识，同在桓公座。桓语孙：“可与习参军共语。”孙云：“‘蠢尔蛮荆’，敢与大邦为仇？”习云：“‘薄伐猃狁’，至于太原。”

56. 桓豹奴是王丹阳外甥，形似其舅，桓甚讳之。宣武云：“不恒相似，时似耳！恒似是形，时似是神。”桓逾不说。

57. 杨诚斋善谑，尝谓好色者曰：“阎罗王未曾相唤，自求押到，何也？”

58. 王文度、范荣期俱为简文所要。范年大而位小，王年小而位大。将前，更相推在前。既移久，王遂在范后。王因谓曰：“簸之扬之，糠秕在前。”范曰：“洮之汰之，沙砾在后。”

59. 祖广行，恒缩头。诣桓南郡，始下车，桓曰：“天甚晴朗，祖参军如从屋漏中来。”

60. 姜师度好沟洫，所在必发众穿凿，虽时有不利，而成功亦多。先是，太史令傅孝忠善占星纬，人为之语曰：“傅孝忠两眼看天，姜师度一心穿地。”

61. 高骈镇成都，命酒佐薛涛作一字令曰：“须是一字象形，又须逐韵。”公曰：“口，有似没梁斗。”涛曰：“川，有似三条椽。”公曰：“奈何一条曲？”涛曰：“相公为西川节度，尚使没梁斗，酒佐三条椽，内惟一条曲，何足怪？”

62. 桓温自比宣王、刘琨之俦，征还北方，得一婢，问之，乃刘琨妓女也。一日问曰：“吾似刘司空不？”曰：“似甚。”曰：“何似？”曰：“面甚似，恨薄；眼甚似，恨小；须甚似，恨赤；形甚似，恨短；声甚似，恨雌。”温于是褫冠解带，昏然而睡，不怡者累日。

63. 齐地多寒，春深未莩甲。方立春，有村老挈苜蓿一筐以馈艾子，且曰：“初生，未敢尝，谨先以荐。”艾子喜曰：“烦汝致新。我享之后，次及何人？”曰：“献公罢，即以喂驴也。”

64. 吴阁老宽，致仕到家，访山人邢量。邢方自炊爨，公曰：“卿亦知调羹耶？”邢曰：“如公之扣蓬门，终是勉强从事。”

65. 王凤洲门有客著棋者甚劣，见公至，起曰：“某棋不足观。”公曰：“君棋甚佳，但长不落。”

66. 苏州严相公讷，面麻。俚语于苏州有盐豆之诮。河南高相公拱作文，常用腹稿，俚语于河南有盗草之诮。二公相遇，高诮严曰："公豆在面上。"严曰："公草在腹中。"

67. 吴门妓张好儿，虽是徐娘老景，然婉丽而美，少年争交欢之。有太医院目杜君拉游虎丘，觑张曰："老便老，终是小娘。"张答曰："小便小，终是老爹。"同游者无不捧腹。

68. 诗僧克文，有俊才。初学诗，常质于郝公琰，郝曰："师必大作斋啖我，不然，必以师诗颠倒点抹。"罗远游笑谓克文曰："师毋受郝瘦儿欺，尊诗总无抹处。"

69. 黄琬少敏慧，似祖太尉琼。得拜童子郎，时司空盛允有疾，琼遣子琰候问，会江夏上蛮贼事副府，允发书视毕，微戏子琰曰："江夏大邦，而蛮多士少。"子琰奉手对曰："蛮夷猾夏，责在司空。"

70. 蔡君谟戏陈亚曰："陈亚有心终是恶。"陈应曰："蔡襄无口便成衰。"

71. 司马宣王辟周泰为新城太守，尚书锺毓调泰曰："君释褐登宰府，三十六日，拥麾盖，守兵马郡，乞儿乘小车，一何驶！"泰曰："君，明公之子，少有文彩，固守吏职，弥猴乘土牛，一何迟也！"

72. 卢思道尝谓通直郎渤海封孝骞曰："卿既姓封，是封豕之后。"骞曰："卿既姓卢，是卢令之裔。"

73. 沈存中方就浴，刘贡父遽哭之曰："存中可怜已矣！"众愕问之，曰："盆成括也。"

74. 殿中丞丘浚，尝在杭州谒释珊，见之殊傲。顷之，有州将子弟来谒，珊降阶接之甚恭。丘不能平，伺子弟退，乃问珊曰："和尚接浚甚傲，而接州将子弟，乃尔恭耶？"珊曰："接是不接，不接是接。"浚勃然起，杖珊数下，曰："打是不打，不打是打。"

75. 曹娥秀，京师名妓也。赋性聪慧，色艺俱绝。一日，鲜于伯机开宴，座客皆名士。鲜于因事入内，命曹行酒，适遍，公出自内，客曰："伯机未饮。"曹亦曰："伯机未饮。"客笑曰："汝以'伯机'相呼，可谓亲爱之至。"鲜于佯怒曰："小鬼头，敢如此无礼！"曹曰："我呼伯机便不可，只许尔叫王羲之也。"一座大笑。（机学王羲之书，故云。）

76. 程师孟知洪州，作静堂，自爱之，无日不到，作诗曰："每日更忙须一到，夜深常是点灯来。"李元规笑曰："此登溷诗也。"

77. 王文穆夫人悍妒，欲置左右，竟不可得。后宅圃中作堂，名"三畏"。杨文公戏之曰："可改作四畏。"公问故，曰："兼畏夫人。"

78. 王定国寄书于东坡，答书云："新诗篇篇皆奇，老拙此回真不及矣。穷人之具，辄欲交割与君。"魏道辅见而笑曰："定国亦难作交代，只是权摄已耳。"

79. 顾临子敦，为翰苑，每言："赵广汉尹京，有治声，使我为之，不难当出其上。"子瞻笑曰："君作尹，须改姓。"顾曰："何姓？"曰："姓茅，唤作茅广汉。"

80. 李居仁与郑辉为友，居仁年逾耳顺，须尽白。辉少年轻侮，乃呼之为李公，居仁于是尽摘其须去之。一日，辉乃佯惊曰："数日不见，而风采顿异，何也？"居仁整容喜曰："如何？"曰："昔日皤然一公，今日公然一婆。"

81. 桓温少与殷浩友善，浩尝作诗示温，温玩之曰："汝慎勿犯我，当出汝诗示人。"

82. 曹公送祢衡于刘表，众咸祖之，且相戒曰："祢衡勃虐无礼，今因其后至，当以不起折之也。"及衡至，众人莫肯兴，衡坐而大号。众问其故，衡曰："坐者为冢，卧者为尸，尸冢之间，能不悲乎！"

83. 陈眉公好赏雪，每谓客曰："古今二钝汉：袁安闭门，子猷返棹。明是避寒，作许题目。"

84. 我太祖问陈君佐曰："朕似前代何君？"对曰："陛下酷似神农。"上问其故，曰："若非神农，何以得尝百草？"上悟，大笑。盖军中乏粮，士卒多以草根木皮为食，上亦同之。

85. 王僧虔子慈，年十岁，同蔡兴宗子约，入寺礼佛，正见沙门等忏悔。约戏之曰："众僧今日何乾乾？"慈应曰："卿如此不知礼，何以兴蔡氏之宗？"

86. 谢超宗见王慈学书，谓之曰："卿书何如虔公？"答曰："慈书与大人，如鸡之比凤。"超宗，凤子也。

87. 东坡在黄，即坡之下种稻，为田五十亩，自牧一牛。一日，牛病，呼牛医疗之，云不识症状。王夫人多智，多经涉，谓坡曰："此牛发豆斑，疗法当以青蒿作粥，啖之。"如言而效。后举似章子厚云："我自谪居后，便作老农，更无乐事，岂知老妻犹能接黑牡丹也。"子厚曰："我更欲留君与语，恐人又谓从牛医儿来，姑且去。"坡大笑。

清语第九

吴苑曰：晋人尚清谈，清谈之语，除世务之外，凡风流、豪爽、放达、高傲之类，皆清也。是前人所取之义广。吾既以此区分类别，则清之之意，不得不隘矣。陶之汰之，则在山林之士乎？乃次清语第九。

1. 戴仲若颙，春日携双柑斗酒，人问何之，颙答曰："往听黄鹂声。此俗耳针砭，诗肠鼓吹。"

2. 潘师正居嵩山逍遥谷，唐高宗召问所须，师正对曰："臣所须者，茂松清泉，山中不乏。"

3. 田游岩频召不出，唐高宗幸嵩山，亲至其门，游岩野服出拜，仪止谨朴。帝问："先生比佳不？"游岩对曰："臣所谓泉石膏肓，烟霞痼疾。"

4. 王右军既去官，与东土人士营山水弋钓之娱。又与道士许迈共修服食，遍采名药，不远千里，游东中诸郡名山，泛沧海，叹曰："我卒当以乐死！"

5. 陶征士尝言："五六月北窗下卧，凉风暂至，自谓是羲皇上人。"

6. 有客过陈眉公岩栖草堂，问："是何感慨而甘栖遁？"陈拈古句答曰："得闲多事外，知足少年中。"问："是何功课？"曰："种花春扫雪，看箓夜焚香。"问："是何利养？"曰："砚田无恶岁，酒谷有长春。"问："是何往还？"曰："有客来相访，通名是伏羲。"

7. 宗少文好山水，所至皆图之，以张于室，谓人曰："抚琴动操，欲令众山皆响。"

8. 孔稚珪风韵清疏，门庭之内，草莱不剪，中有蛙鸣，稚珪曰："以此当两部鼓吹。"

9. 谢譓不妄交接，门无杂宾。有时独醉，尝曰："入吾室者，但有清风；对吾饮者，唯许明月。"

10. 吾乡汪曼容，工古篆刻，老而愈精，即文三桥、何雪渔不及也。结室黄萝山下，曰"一树庵"，日诵呗其中。偶有事暂至市，裾袖间冉冉有白云时出，事毕即返。人或问曰："何返之速也？"答曰："白云伴我出市，安可不送白云入山？"

11. 孙腾、司马子如尝共诣李元忠，逢其方坐树下，拥被对壶，庭室芜旷，使婢卷两褥质酒，徐谓二人曰："不意今日披藜藿也。"

12. 罗远游家呈坎山中，多古书旧帖。曹臣常过之，数日不归。一日，臣欲急归，罗留不允，时天欲雨，邻山初合，松竹之巅半露云表，指谓臣曰："汝纵不恋故人，忍舍此米家笔耶？"复留累日。

13. 梅岭悬峭，登者如弹珠千仞，神骨俱悚。过此，复又小康，人骑始得暂息。熊际华度之，心目契领，美曰："山不先示人以易，此山灵着意处也！"

14. 晋简文入华林园，顾谓左右曰："会心处，不必在远，翳然林木，便自有濠、濮间想也。觉鸟兽禽鱼，自来亲人。"

15. 顾长康从会稽还，人问其山川之美，顾云："千岩竞秀，万壑争流；草木蒙笼其上，若云兴霞蔚。"

16. 王子敬云："从山阴道上行，山川自相映发，使人应接不暇。若秋冬之际，尤难为怀。"

17. 晋明帝问谢鲲："君自谓何如庾亮？"答曰："端委庙堂，使百官整则，臣不如亮；一丘一壑，自谓过之。"

18. 王子猷寄人空宅住，便令种竹。或问："暂住，何烦尔？"王啸咏良久，直指竹曰："何可一日无此君？"

19. 刘野亭归乡，有权贵来访，皆不见。或风之，答曰："才与狼虎隔途，何忍遽与鸡犬相别？"

20. 苏郡隐士王宾，遁迹西山中。姚少师广孝以旧好访之山中，谓曰："寂寂空山，何堪久住？"答曰："多情花鸟，不肯放人。"

21. 熊际华过吉水邹南皋里，乐其幽寂，常忘归。每归，谓所亲曰："一入邹里，水石泠泠，便使人有廉励之想。及与人语水石，又逊下风。"

22. 李永和杜门却扫，绝迹下帷。弃产营书，手自删削。每叹曰："丈夫拥书万卷，何假南面百城？"

23. 渊明尝闻田间水声，倚杖听之。叹曰："秫稻已秀，翠色染人。时剖胸襟，一洗荆棘。此水过吾师丈人矣。"

24. 郗诜数月山行，喜闻樵语牧唱，曰："洗尽五年尘土肠胃。"欣然倚骖临水，久之乃去。

25. 关文衎为散骑常侍，画九华山图于白绫半臂，号"九华半臂"。自云："令吾此身常自在云泉之内。"

26. 刘尹云："清风朗月，辄思玄度。"

27. 南安翁者，漳州陈元忠客居南海日，尝赴省试，过南安，会日暮，投宿野人家，茅茨数椽，竹树茂密可爱，主翁虽麻衣草履，而举止谈对，宛若士人，几案间有文籍散乱。陈叩之曰："翁训子读书乎？"曰："种园为生耳。""亦入城市乎？"曰："十五年不出矣。"问："藏书何用？"曰："偶有之耳。"

28. 陈仲醇居山中，有客问山中何景最奇，陈曰："雨后露前，花朝雪夜。"又问何事最奇，曰："钓因鹤守，果遣猿收。"

29. 王司州至吴兴印渚中看，叹曰："非唯使人情开涤，亦觉日月清朗。"

30. 天游子效负图先生履迹遍名山，或问曰："山不同乎？"曰："然。春山淡冶而如笑，夏山苍翠而如滴，秋山明净而如妆，冬山惨淡而如睡。海山微茫而隐见，江山严厉而峭卓，溪山窈窕而幽深，塞山童赪而堆阜。桂林之山，玲珑剔透；巴蜀之山，巉差窳窆；河北之山，绵衍庞博；江南之山，峻峭巧丽。山之形色，不同如此。"

31. 屠长卿曰："红润凝脂，花上才过微雨；翠匀浅黛，柳边乍拂轻风。问妇索酿，瓮有新刍；呼童煮茶，门临好客。先生此时，情兴何如也？"吴苑笑曰："长卿此语，犹雷注疏，当止卢仝七碗，效康节半醺，便是调和手段。"

32. 顾长康画谢幼舆在岩石里。人问其所以，顾曰："谢云：'一丘一壑，自谓过之。'此子当置丘壑中。"

33. 屠纬真曰："茶熟香清，有客到门可喜；鸟啼花落，无人亦自悠然。"

34. 萧恭谓梁元帝曰："下官历观时人，多不好欢。乃仰眠床上，看屋梁而著书，千秋万岁，谁传此者？劳神苦思，竟不成名。岂如临清风，对明月，登山访水，肆意酣畅也！"

35. 唐肃宗尝赐高士玄真子张志和奴、婢各一人，玄真配为夫妇，名为渔童、樵青。人间其故，答曰："渔童使捧钓收纶，芦中鼓枻；樵青使苏兰薪桂，竹里烹茶。"

36. 陈眉公语客曰："余每欲藏万卷书，袭以异锦，熏以异香，茅屋芦帘，纸窗土壁，而终身布衣，啸咏其中。"客笑曰："果尔，此亦天壤间一异人。"

37. 陈眉公曰："焚香倚枕，人事都尽，梦境未来。仆于此时，可名卧隐，便觉凿坏住山为烦。"

38. 倪文节公曰："松声，涧声，山禽声，野虫声，鹤声，琴声，棋子落声，雨滴阶声，雪洒窗声，煎茶声，皆声之至清者也，而读书声为最。闻他人读书，已极喜；闻子弟读书，喜又不可言矣！"

39. 陈眉公曰："万绿阴中，小亭避暑，洞开八达，几簟皆绿。忽闻雨过蝉声，风来花气，不觉令人自醉。"

40. 傅昭泊然静处，不妄交游。袁粲每经其户，辄叹曰："经其户，寂若无人；披其帷，其人斯在：岂得非名贤乎？"

41. 屠纬真曰："翠微僧至，衲衣全染松云；斗室经残，石磬半沉蕉雨。"

42. 陆羽问张志和孰与往来？志和曰："太虚为室，明月为烛，与四海诸公共处，未见少别，何有往来？"

43. 屠纬真曰："篱边杖履送僧，花须罥于巾角；石上壶觞坐客，松子落我衣裾。"

44. 黄玄龙家黄萝山麓，有梨数千枝，每花开时，日槃礴其间，至落尽，犹数往观之。人问其故，曰："白地生绿苔，可爱也！"

45. 陈眉公曰："山鸟每夜五更，喧起五次，谓之'报更'。盖山间真率漏声也。"

46. 陈仲醇曰："山居胜于城市，盖有八德：不责苛礼，不见生客，不混酒肉，不竞田产，不闻炎凉，不闹曲直，不征文逋，不谈仕籍。

反此者，是侩牛店，贩马驿也。”

韵语第十

吴苑曰：风流之士有韵，如玉之有瑕，犀之有晕，美处即其病处耳。然病、美无定名，溺之者为美，指之者为病。吾辈正堕此情韵海中，不能有所振脱，安肯以未定之名，而恬作己病乎？是必以韵为美矣。乃次韵语第十。

1. 王戎丧儿万子，山简往省之，王悲不自胜。简曰：“孩抱中物，何至于此？”王曰：“圣人忘情，最下不及情；情之所钟，正在吾辈。”

2. 袁中郎作吴令，尝同方子公登虎丘，见红裙皆避去，因语方曰：“乌纱帽挟红袖登山，前人自多风致，今时不能并，便觉乌纱碍人。”

3. 王光禄云：“酒，正使人自远。”

4. 金陵女郎沙宛在，破瓜未久，于人群中逅吴鹿长，心悦之，抛以眉语，鹿长神解。两人渐相远引，同游者欲乱之，有客曰：“无得惊醒情禅也。”

5. 王太尉曰：“见裴令公，精明朗然，笼盖人世，非凡识也。若死而可作，当与之同归。”

6. 王子猷、子敬兄弟共赏《高士传》人及赞。子敬赏井丹高洁，子猷云：“未若长卿慢世。”

7. 庚太尉在武昌，秋夜，气佳景清，使吏殷浩、王胡之之徒登南楼理咏。音调始遒，闻函道中有屐声甚厉，定是庾公。俄而率左右十许人步来，诸贤欲起避之。公徐云：“诸君少住，老子于此，兴复不浅！”因便据胡床，与诸人咏谑。

8. 大通禅师操律高洁，人非斋沐，不敢登堂。东坡携妓谒之，大通愠形于色。坡乃作《南歌子》一首，令妓歌之，大通亦为解颐。公曰："今日参破老禅矣。"其词云："师唱谁家曲，宗风嗣阿谁？借君拍板与门槌。我也逢场作戏、莫相疑。溪女方偷眼，山僧莫睫眉。却愁弥勒下生迟，不见老婆三五、少年时。"

9. 参寥子言："老杜诗云：'楚江巫峡半云雨，清簟疏簾看弈棋。'此句可画，但恐画不就耳。"东坡问："公，禅人，亦复爱此语耶？"寥云："譬如不事口腹人，见江瑶柱，岂免一朵颐？"

10. 苏子瞻去黄州及岭外，每旦起，不招客与语，必出访客，所与游亦不尽择，各随其人高下，谈谐放荡，不复为畦畛，有不能谈者，则强之使说鬼，或辞无有，则曰："汝妄言之，吾妄听之。"

11. 吴逵曰："世无花月美人，不愿生此世界。"

12. 陈眉公曰："名妓翻经，老僧酿酒，将军翔文章之府，书生践戎马之场，虽乏本色，亦是有致。"

13. 益州献蜀柳数株，枝条甚长，状若丝缕。武帝植于太昌云和殿前，尝嗟赏之曰："杨柳风流可爱，似张绪当年。"

14. 京陵马姬，行三，善饮，众客颓废，姬神寂然。李太史本宁寓目，羡曰："吾每恨步兵犹是男子，今转女郎。"

15. 许谨选放旷，不拘小节。与亲友结宴花圃中，未尝张幄设座，只使童仆聚落花铺坐下，曰："吾自有花裀。"

16. 袁尹疏放好酒，尝步屧白杨郊野间，道遇一士人，便呼与酣饮。明日，此人谓被知遇，诣门求通，袁曰："昨日饮酒无偶，聊相要耳。"

17. 王无功待诏门下省，故事：官给酒日三升。或问："待诏何乐耶？"答曰："良酝可恋耳！"

18. 张卿子同邓林宗、闵子善、钟瑞先、刘叔任诸子，夜半步佑圣观，缺月当眉际，凉楚逼人，诸子欲归，张曰："落花残月，惟苦有情，吾侪正属其人，不得以硬肠愆性。"复步玩将晓而散。

19. 钱鹤滩请告归，门生某守扬州，遣使迎公。越期不赴，后始一至。诸大贾争先迎谒，将有请属，公曰：“老夫扶来看广陵涛，并问琼花消息耳，无作跨鹤人猜也。”

20. 陈眉公曰：“人有一字不识而多诗意，一偈不参而多禅意，一勺不濡而多酒意，一石不晓而多画意，淡宕故也。”

21. 玄墓山寺门有巨松，甚郁茂，堪舆家言：“当门不利。”劝去之。天全翁至山中，僧以是请。公视松，爱之，不忍舍，徐谓僧曰：“木在门，成‘闲’字，不爱耶？”

22. 支道林常养数匹马。或言道人畜马不韵，支曰：“贫道爱其神骏。”

23. 郝公琰曰：“吾常遇俗儿面孔，内自作恶，每举张卿子神色笑语一思，不但免俗，更觉世界清凉。”

24. 王子敬语王孝伯曰：“羊叔子自复佳耳，然何与人事？故不如铜雀台上妓。”

25. 司马太傅斋中夜坐，于时天月明净，都无纤翳。太傅叹以为佳。谢景重在坐，答曰：“意谓不如微云点缀。”太傅因戏曰：“卿居心不净，乃复强欲滓秽太清邪？”

26. 刘公荣与人饮酒，杂秽非类，人或讥之。答曰：“胜公荣者，不可不与饮；不如公荣者，亦不可不与饮；是公荣辈者，又不可不与饮：故终日共饮而醉。”

27. 阮籍嫂尝还家，籍见，与别。或讥之，籍曰：“礼岂为我辈设耶？”

28. 阮仲容、步兵居道南，诸阮居道北。北阮皆富，南阮贫。七月七日，北阮盛晒衣，皆纱罗锦绮，仲容以竿挂大布犊鼻裈于中庭。人或怪之，答曰：“未能免俗，聊复尔耳！”

29. 午桥庄小儿坂，茂草盈原，裴晋公每使驱群羊散于坂上，曰：“芳草多情，赖此点缀。”

30. 皇甫嵩曰：“凡醉各有所宜：醉花宜昼，袭其光也；醉雪宜夜，清其思也；醉得意宜唱，宣其和也；醉将离宜击钵，壮其神也；醉文人宜谨节奏，畏其侮也；醉俊人宜益觥盂、加旗帜，助其烈也；醉楼宜暑，资其清也；醉水宜秋，泛其爽也。此皆审其宜，考其景，反此，则失饮之人矣。”

31. 张季鹰纵任不拘，时人号为“江东步兵”。或谓之曰：“卿乃可纵适一时，独不为身后名邪？”答曰：“使我有身后名，不如即时一杯酒！”

32. 毕茂世云：“一手持蟹螯，一手持酒杯，拍浮酒池中，便足了一生。”

33. 潘景升尝谓小妓眼中生火，当景者怒之，亦痴也。隘胸者曰：“听之耶？”潘曰：“我之悦者，彼亦不如是耶？”

34. 人讥周仆射与亲友戏言，秽杂无节度。周曰：“万里长江，何能不千里一曲？”

35. 唐苏晋，颋之子也，学浮屠术。尝得胡僧慧澄绣弥勒佛一轴，宝之。尝曰：“是佛好饮米汁，正与吾性合，吾愿事之，他佛不爱也。”

36. 王忱见王恭六尺簟，谓有余，求之，恭即送。后忱见恭更无簟，问之，恭曰：“平生无长物。”

37. 袁丰居宅后有六株梅，叹曰：“烟姿玉骨，世外佳人，恨无倾城笑耳！”

38. 唐御苑新有千叶桃花，明皇亲折一枝插于妃子头上，曰：“此个花尤能助娇也。”

39. 飞燕进合德，帝大悦，以辅属体，无所不靡，谓为“温柔乡”。曰：“吾老是乡矣，不能效武皇帝求白云乡也。”

40. 唐明皇秋八月，太液池有千叶白莲数枝盛开。帝与贵戚宴赏焉，左右皆叹美。久之，帝指贵妃示于左右曰：“争如我解语花！”

41. 孟万年好饮，愈多不乱。桓宣武尝问：“酒有何好而卿嗜之？”

孟答曰："公但未知酒中趣耳。"

42. 皇甫亮三日不上省，文宣亲诘其故，亮曰："一日饮，一日醉，一日病酒。"

43. 谢耳伯、宋献儒在潘景升座，有三妓佐酒。谢奉佛，不饮酒近色，在座不无少自检持。宋语之曰："打过艳冶，即是圆通；成佛成仙，正在吾辈。"

44. 孔北海家居失势，宾客日满其门，爱才乐士，常若不足。每叹曰："座上客尝满，尊中酒不空，吾无忧矣！"

45. 琅琊王肃仕南朝，好茗饮、莼羹，及还北地，又好羊肉、酪浆。人或问之："茗何如酪？"肃曰："茗不堪与酪为奴。"

46. 郭顺卿行二，称之曰郭二姐，与王元鼎密。阿鲁温参政在中书，欲属意于郭，一日，戏曰："我何如王元鼎？"郭曰："参政，宰臣也；元鼎，文士也。经论朝政，致君泽民，则元鼎不及参政；嘲风弄月，惜玉怜香，则参政不敢望元鼎。"温一笑而别。

47. 郎基为县令，清慎无所营。尝曰："任官之所，木枕亦不须作，况重于此乎？"惟颇令人写书，樊宗孟谓曰："在官写书，亦是风流罪过。"基曰："观过知仁，斯亦可矣。"

48. 任育长尝从棺邸下度，流涕悲哀。王丞相曰："此是有情痴。"

49. 桓子野每闻清歌，辄唤："奈何！"谢公闻之曰："子野可谓一往有深情。"

50. 王孝伯云："名士不必须奇才。但使常得无事，痛饮酒，熟读《离骚》，便可称名士。"

51. 王长史登茅山，大恸哭曰："琅邪王伯舆，终当为情死。"

52. 明皇坐沈香亭，诏妃子。妃子时被酒未醒，命力士使侍儿扶掖而至。妃子醉颜残妆，鬓乱钗横，不能再拜。上皇笑曰："是岂妃子醉，真海棠睡未足耳。"

53. 蒲传正知杭州，有术士请谒，盖年逾九十，而犹有婴儿之色。传正接之甚欢，因访以长年之术。答曰："其术甚简而易行，他无所忌，惟当绝色欲耳。"传正俯思良久，曰："若然，则寿虽千岁，何益？"

54. 李舟除昌州，不乐。渊材往问之曰："昌州，佳郡也，奈何弃之？"李曰："供给丰乎？"曰："非也。""民讼简乎？"曰："非也。""然则何以知其佳？"渊材曰："天下海棠无香，惟昌州有香耳。"

55. 陈眉公曰："香令人幽，酒令人远，石令人隽，琴令人寂，茶令人爽，竹令人冷，月令人孤，棋令人闲，杖令人轻，水令人空，雪令人旷，剑令人悲，蒲团令人枯，美人令人怜，僧令人淡，花令人韵，金石彝鼎令人古。"

56. 杜陵杜夫子善奕棋，为天下第一。人或讥其费日，夫子曰："精其理者，足以大裨圣教。"

57. 北齐高洋凶暴，贵嫔薛氏有小过，遽杀支解之，抱其股为琵琶弹之，复叹曰："佳人难再得！"

58. 米芾方择壻，会建康段拂，字去尘。芾择之，曰："既拂矣，又去尘，真婿也。"以女妻之。

59. 屠长卿曰："据床嗒尔，听豪士之谈锋；把盏醒然，看酒人之醉态。"

60. 陈眉公曰："天之风月，地之花柳，人之歌舞，无此不成三才。"戏语亦自有理。

61. 唐玄宗性俊迈，酷不好琴。曾听弹正弄，未及毕，叱内官曰："速召花奴，将羯鼓来，为我解秽！"

62. 梁高祖重陈郡谢朓诗，常曰："不读谢诗，三日觉口臭。"

63. 刘伶常乘鹿车，携一壶酒，使人荷锸随之，云："死便埋我。"

64. 汉清平恩侯许伯入第，丞相、御史、将军、中二千石皆贺，盖宽饶后至，许伯自酌曰："盖君后至。"宽饶曰："无多酌我，我乃酒狂。”丞相魏侯笑曰：“次公醒而狂，何必酒也？”

65. 尚方禁少时尝盗人妻，见斫，创著其颊，左冯翊朱博用为守尉。问禁曰：“是何等创？”禁自知情得，叩头服状。博笑曰：“大丈夫固时有是。”

66. 刘伶好酒，渴甚，求酒于妻。妻藏酒弃器，谏曰：“非养生之道，宜断之！”伶曰：“善。当祀鬼神自誓，便可具酒肉。”妻从之。伶跪祝曰：“天生刘伶，以酒为名；一饮一石，五斗解酲。妇人之言，必不可听。”便引酒衔肉，隗然复醉。

67. 马援破贼后，封新息侯，食邑三千户。援乃击牛漉酒，劳飨军士，从容谓官属曰：“吾从弟少游，常哀吾慷慨多大志，曰：‘士生一世，但取衣食裁足，乘下泽车，御款段马，为郡掾吏，守坟墓，乡里称善人，斯可矣。致求盈余，但自苦耳。’当吾在浪泊、西里间，虏未灭之时，下潦上雾，毒气重蒸，仰视飞鸢跕跕堕水，卧念少游平生时语，何可得也！”

68. 郝之玺曰：“看花步男子，当作女人；寻花步女人，当作男子。”

69. 江之生初为僧，颇称苦行。过黄玄龙于石岭山房，别后蓄发，复遇于金陵，玄龙不知也。江曰：“黄先生忘耶？我乃某也。”稍及寒温，江遽曰：“我苦极，我苦极！”黄问何苦？江曰：“胯间便毒，已三月未愈也。”

70. 大司徒杜公佑在维扬也，尝召宾幕闲语：“我致政后，买一小驷八九千者，饱食讫而跨之；着粗布襕衫入市，看盘铃傀儡，足矣。”后致仕，果行其志。谏官上疏言：“三公不合入市。”公曰：“在吾计中矣！”

71. 陈惟允家有王叔明《泰山密雪图》，张廷采闻知，往借观之，卧其下，两日不去，使者促之，廷采临去，顾曰：“王先生，尔岂知百岁后，有张廷采恋尔耶？”

72. 赵子固尝得定武不损本禊帖，乘舟夜泛而归。行至霅之昇山，风起舟覆，行李襆被，皆渰溺无余。子固方被湿衣立浅水中，手持《禊帖》语人曰："《兰亭》在此，余不足问。"

73. 裴晋公性弘达，不好服食，每语人曰："鸡猪鱼蒜，逢着则吃；生老病死，时至则行。"

74. 李宗闵多宾客谈笑，喜饮酒。暑月临池，以荷为杯，满酌酒，密系持近口，以箸刺之而饮，不尽再举。既散，有人言："昨饮，大欢也。"李曰："今日之欢，明昨日之不欢。自今好恶一不得言。"

75. 袁中郎曰："有人隔帘闻钗坠声而不动念者，此人不痴则慧，我幸在不痴不慧中！"

76. 吴巽之坐畸庄亭看桃花，忽风起花落，辄叹曰："万点愁人，咄咄不已。"郝公琰语臣曰："巽之可怜惨淡，不啻花心。"

77. 王元宝富而无学识，尝会宾客，次日，亲友谓之曰："昨日必有佳论。"元宝曰："但费锦缠头耳。"

78. 阮仲容先幸姑家鲜卑婢。及居母丧，姑当远移，初云当留婢，既发，定将去。仲容借客驴，著重服自追之，累骑而返，曰："人种不可失！"

79. 开元中赐边衣，制自宫中，有军校于袍中得一诗曰："留意多添线，含情更着绵。今生已过了，重结后身缘。"持以白帅，帅以闻明皇，问之，有一宫人自言万死。即命嫁得诗者，曰："与汝结今生缘。"

80. 王献之夜卧斋中，有偷入屋，献之语云："青毡，我家旧物，可特置之。"

俊语第十一

吴苑曰：鸟俊则以为冠，兽俊则以为骑，人俊则逐睛，语俊则聳耳。人苟未能了一耳目，未有不爱俊而厌恶者。盖惟俊人能道俊语，岂墨香之口花乎？乃次俊语第十一。

1. 褚季野语孙安国云："北人学问，渊综广博。"孙答曰："南人学问，清通简要。"支道林闻之，曰："圣贤固所忘言。自中人以还，北人看书，如显处视月；南人学问，如牖中窥日。"

2. 唐毕相諴，家素贱，李中丞诸院子弟与諴熟。諴至李氏子书室中，诸子赋诗，諴亦为之。顷李至，观诸子诗，又见諴所作，称其最美，问曰："此谁作也？"诸子不敢隐，乃曰："所知毕秀才作也。"李曰："出见。"既而李呼左右责曰："何令马入池中，践浮萍皆聚，芦荻斜倒。"怒甚，左右莫敢对。諴曰："萍聚只因今日浪，荻斜都为夜来风。"李大悦，遂客之。

3. 贾逵通经授徒，肃宗重之。逵母病，帝以钱二十万，使颍阳侯马防与之，谓防曰："贾逵母病，此子无人事于外，屡空则从孤竹之子于首阳山矣。"

4. 孙宝署侯文为东部督，入见，敕曰："今日鹰隼始击，当顺天气取奸恶，以成严霜之诛。掾部渠有其人乎？"文曰："无其人，不敢空受职。"宝曰："谁也？"文曰："霸陵杜稚季。"宝曰："其次？"文曰："豺狼横道，安问狐狸。"

5. 谢灵运好戴曲柄笠，孔隐士谓之曰："卿欲希心高远，何不能遗曲盖之貌？"谢答曰："将不畏影者，未能忘怀。"

6. 文衡山素不至河下拜客，严介溪过吴门，候二日，不至，忿然见色，谓顾东桥曰："不拜他人犹可，渠亦敢尔以我概人耶？"东桥曰："若非衡山有恒，那得介溪有芥？"严稍敛。

7. 东郡商铿，名子为外臣。外臣仕为廷尉评，铿入谢恩。武帝问："卿名子为'外臣'，何为令其入仕？"铿答曰："外臣生于齐季，故人思匿迹，今幸遭圣代，草泽无复遗人。"

8. 晋庾亮造周顗，顗曰："君何欣说而忽肥？"庾曰："君何忧惨而瘦？"周曰："吾无所忧，直是清虚日来，滓秽日去。"

9. 唐卢肇初举，先达或问所来，肇曰："某，袁民也。"或曰："袁州出举人耶？"肇曰："袁州出举人，亦犹沅江出鳖甲九肋者，盖稀也。"

10. 苏味道才学识度，物望攸归。王方庆体质鄙陋，言词鲁钝，智不逾俗，才不出凡，俱为凤阁侍郎。或问张元一曰："苏、王孰贤？"答曰："苏，九月得霜鹰；王，十月被冻蝇。"

11. 裴廷裕字庸馀，乾宁中在内庭，文书敏捷。同官者曰："裴廷裕如下水船。"

12. 伪蜀韩昭仕王氏，为礼部尚书，粗有文章，至于琴棋书算射法，悉皆涉猎，不能专精。朝士李台瑕曰："韩八座之艺，如拆袜线，无一条长。"

13. 萧引书法遒逸，陈宣帝尝指其署名语诸人曰："此字笔势翩翩，似鸟之欲飞！"引答曰："此乃陛下假其羽毛。"

14. 宋广平爱民恤物，朝野归美，人皆谓之曰："有脚阳春。"

15. 颜延之尝谓鲍明远曰己诗与谢康乐优劣，鲍曰："谢五言如初发芙蓉，自然可爱；君诗若铺锦列绣，亦雕缋满眼。"

16. 刘孝标目刘彦度"超然越俗，如天半朱霞"，刘士光"矫矫出尘，如云中白鹤。皆俭岁之粱稷，寒年之纤纩。"

17. 蜀先主衔张裕不逊，兼忿其漏言，下狱将诛之。诸葛武侯表请其罪，先主答曰："芳兰当门，不得不锄。"

18. 谢太傅绝重褚公，常称："褚季野虽不言，而四时之气亦备。"

19. 满奋畏风。在晋武帝坐，北窗作琉璃屏，实密似疏，奋有难色，帝笑之。奋答曰："臣犹吴牛，见月而喘。"

20. 顾悦与简文同年而发蚤白。简文曰："卿何以先白？"对曰："蒲柳之姿，望秋而落；松柏之质，经霜弥茂。"

21. 刘尹云："人想王荆产佳，此想长松下当有清风耳。"

22. 任城何休好《公羊》学，遂著《公羊墨守》《左氏膏肓》《谷梁废疾》。郑玄乃发《墨守》，针《膏肓》，起《废疾》。休见而叹曰："康成入吾室，操吾戈，以伐我乎！"

23. 宋之问天后朝求为北门学士，不许，作《明河篇》以见意。则天见其诗，谓崔融曰："吾非不知之问有才，但以其口过。"之问终身惭愤。

24. 裴子余为鄠县尉，同列李隐朝、程行谌皆以文法著称，子余独以词学知名。或问雍州长史陈崇业："三人优劣孰先？"崇业曰："譬之春兰秋菊，俱不可废。"

25. 苏州守姚善访韩奕，奕避入太湖，善叹曰："予于韩先生，分当耳交矣！"

26. 东坡性不忍事，尝曰："如食中有蝇，吐之乃已。"

27. 唐子西曰："笔之寿，日；墨之寿，月；砚之寿，世。"

28. 平康姬马湘兰，甚有声价。一孝廉往造之，不出，积十余年，孝廉成进士，为南御史，偶湘兰坐株连，当审，御史见之，曰："尔如此面孔，徒负往日虚名。"湘兰答曰："惟往日之虚名，受今日之实祸。"御史怜而释之。

29. 丰城龙头山，旧名鸡头，叶御史据胜作江天阁。熊神阿曰："山不名龙，使鸡有角，更自雄绝。"

30. 周伯仁以雅度获海内盛名，后屡以酒失，庾亮曰："周侯所谓凤德之衰也。"

31. 汪南明谓王十岳曰："吾文与弇州何似？"答曰："凿海志在容流，补天志在无漏。用志不同，各归其极。"

32. 刘伯刍侍郎所居巷有鬻饼者，每早过户，必闻讴歌当垆，召与万钱，令多其本，日取胡饼偿之。复过其户，寂不闻歌声，呼至，问曰:“何辍歌之速?”曰:“本领既大,心计转粗,不暇唱《渭城》矣。”

33. 李弘度常叹不被遇。殷扬州知其家贫,问:“君能屈志百里不?”答曰:“北门之叹,久已上闻。穷猿奔林,岂暇择木!”

34. 潘、石同刑东市,石谓潘曰:“天下杀英雄,卿复何为?”潘曰:“俊士填沟壑,余波来及人。”

35. 齐高帝有故吏竺景秀,尝以过系狱,高帝语伯玉:“卿比看景秀不?”答曰:“数往候之,备加责诮。景秀言:‘若许某自新,必吞刀刮肠,饮灰洗胃。’”帝善其言,乃释之。

36. 魏恺积年沉废,遇杨愔于道,微自陈。愔曰:“发诏授官,咸由中旨。”恺应曰:“虽复零雨自天,终待云兴四岳。”

37. 庾太尉夜登南楼,殷、王诸贤在焉。后王逸少下,王丞相谓曰:“元规尔时风范,不得不小颓。”右军曰:“唯丘壑独存。”

38. 鉴湖,会稽太守马臻所开,东西二十里,南北数里。萦带郊野,白水翠岩,互相映发,有若图画。王逸少云:“从山阴道上行,如在镜中游。”

39. 孔融与蔡邕友善。邕卒,后有虎贲士貌类邕,融每酒酣,引与坐曰:“虽无老成,尚有典型。”

40. 简文在殿上行,王右军与孙兴公在后。右军指简文语曰:“此噉名客!”简文顾孙曰:“天下自有利齿儿。”后王光禄作会稽,谢车骑出曲阿祖之。王孝伯罢秘书丞,在座,谢言及此事,因视孝伯曰:“王丞齿似不钝。”王曰:“不钝,颇亦验。”

41. 王文度在西川,与林法师讲,韩、孙诸人并在坐。林公理每小屈,孙兴公曰:“法师今日如着弊絮在荆棘中,触地挂阂。”

42. 谢车骑道谢公:“游肆复无乃高唱,但恭坐捻鼻顾睐,便自有寝处山泽间仪。”

43. 王长史云:“刘尹知我,胜我自知。”

44. 桓玄问刘太常曰："我何如谢太傅？"刘答曰："公高，太傅深。"又曰："何如贤舅子敬？"答曰："楂、梨、橘、柚，各有其美。"

45. 或以方谢仁祖不乃重者。桓大司马曰："诸君莫轻道仁祖，企脚北窗下弹琵琶，故自有天际真人想。"

46. 苏峻乱，孔群在横塘，为匡术所逼。王丞相保存术，因众坐戏语，令术劝群酒，以释横塘之恨。群答曰："德非孔子，厄同匡人。虽阳和布气，鹰化为鸠，至于识者，犹憎其眼。"

47. 孙兴公道："曹辅佐才如白地明光锦，裁为负版绔，非无文采，酷无裁制。"

48. 桓公见谢安石作简文谥议，看竟，掷与坐上诸客曰："此是安石碎金。"

49. 孙兴公云："潘文烂若披锦，无处不善；陆文若排沙简金，往往见宝。"

50. 王中郎甚爱张天锡，问之曰："卿观过江诸人经纬，江左轨辙，有何伟异？后来之彦，复何如中原？"张曰："研求幽邃，自王、何以还；因时修制，荀乐之风。"王曰："卿知见有余，何故为苻坚所制？"答曰："阳消阴息，故天步屯蹇；否剥成象，岂足多讥？"

讽语第十二

吴苑曰：讽者，讥之微也。以"言"从"风"，何义焉？曰：草上之风必偃，以有形之草从无征之风，非微而何？故曰讽者讥之微也。乃次讽语第十二。

1. 唐刘晏以神童为秘书正字，玄宗召于楼中帘下，贵妃置于膝上，为施粉黛，与之巾栉。玄宗谓晏曰："卿为正字，正得几字？"晏曰："天下字皆正，唯'朋'字未正。"

2. 晋罗友家贫，乞禄于桓温。虽以才学遇之，而谓其肆诞，非治民才，许而不用。后同府人有得郡者，温为座饮叙别。友亦被命，至尤迟晚。温问之，答曰："臣昨奉教旨出门，于中途见鬼揶揄云：'我只见汝送人上郡，何不见人送汝上郡。'友乃惭回强解，不觉成淹缓之罪。"温面笑而愧焉。

3. 郝隆为南蛮参军，三月三日作诗曰："娵隅跃清池。"桓温问："何物？"答曰："蛮名鱼为娵隅。"桓曰："何为作蛮语？"隆曰："千里投公，始得蛮府参军，那得不作蛮语？"

4. 宋太祖尝面许张融为司徒长史，敕竟不出，融乘一马，甚瘦。上曰："卿马何瘦，给粟多少？"融曰："日给一石。"上曰："何瘦如此？"融曰："臣许而不与。"明日，即除长史。

5. 后魏孙绍，历职内外，垂老始拜太府少卿。谢日，灵太后曰："公年似太老。"绍重拜曰："臣年虽老，臣卿最少。"后笑曰："是将正卿。"

6. 唐散乐高崔嵬，太宗命给使捺头向水下，良久出而笑之。帝问曰："水中见何物？"对曰："见三闾大夫屈原，向臣云：'我逢楚怀王无道，乃沉汨罗水；汝逢圣主，何为来？'"

7. 唐玄宗好击毬，内厩所饲者，意未甚适。会与黄幡绰语，因曰："吾欲良马久之，而无人通于马经者。"幡绰奏曰："臣能知之。"且曰："今三丞相悉善相马经。"上曰："吾与三丞相语政事外，悉究其旁学，不闻能通马经。"幡绰奏曰："臣卜于沙堤上，日日见丞相乘良马。"

8. 始皇议欲大苑囿，东至函谷，西至陈仓。优旃曰："善。多纵禽兽于其中，贼寇从东方来，令麋鹿触之足矣！"

9. 优旃侍始皇，立其殿上。秦法重，非有诏不移足。时天寒雨甚，武士被楯立庭中，优旃欲救之，戏曰："被楯郎，汝虽长，雨中立；我虽短，殿上幸无湿。"始皇闻之，乃令徙于庑下。

10. 汉武帝欲杀乳母，母告急于东方朔。曰："帝怒而傍人言，益死之速。而汝临去，但屡顾，我当设奇以激之。”乳母如其言。朔在帝侧，曰：“汝宜速去，帝今已大，岂念汝乳哺耶？”帝怆然赦之。

11. 蜀简雍少与先主有旧，随从周旋，为昭德将军。时大旱，禁酒，酿者刑。吏於人家索得酿具，论者令与造酒者同罪。雍与先主游观，见一男子路中行，谓先主曰：“彼人欲淫，何以不缚？”先主曰：“卿何以知之？”雍对曰：“彼有淫具，与欲酿者何异？”先主大笑，驰禁。

12. 唐玄宗问黄幡绰：“是何儿得怜？”对曰：“自家儿得人怜。”玄宗俯首久之。

13. 魏文为五官将，时临淄侯才名甚盛，几有多嫡之议。曹公一日咨于贾诩，诩默然不对。曹公问：“不对，何也？”诩曰：“属有所思。”问：“何思？”答曰：“思袁本初、刘景升父子也。”于是太子遂定。

14. 齐高宗从弟季敞，性颇豪纵。高宗心非之，谓季敞曰：“卿可数诣王思远。”以王谨肃故也。

15. 湘东王绎入援台城，顿军武城，淹留不进。中记室参军萧贲以绎不蚤下，心甚非之，尝与绎双陆，食子，未即下，贲敛手言曰：“陛下都无下意。”

16. 祢衡被魏武谪为鼓吏，正月半试鼓。衡扬枹为《渔阳掺挝》，渊渊有金石声，四坐为之改容。孔融曰：“祢衡罪同胥靡，不能发明王之梦。”魏武惭而赦之。

17. 王方庆在政府，其子为眉州司士参军。武后尝问：“卿在相位，何子之远？”方庆答曰：“庐陵是陛下爱子，今尚在远，臣之子，庸敢相近？”武后怫然久之。

18. 高宗出猎，遇雨，问谏议大夫谷那律曰：“油衣若何不漏？”对曰：“以瓦为之则不漏。”上因此不复出猎。

19. 张真人彦頨府第灾，请赐更造。给谏黄臣曰：“栾巴噀酒，成都火灭。彦频想乏酒，故有此灾。陛下赐造后，随当赐酒。”由是止。

20. 翟永龄不信佛，其母日诵佛不辍声。永龄佯呼之，母应诺，又呼不已，母愠曰：“无事何频呼也？”永龄曰：“呼母三四，便怒；呼佛千万，不怒耶？”母稍止。

21. 晋武既不悟太子之懦，有传后意。诸名臣皆多献直言。帝尝在凌云台坐，卫瓘在侧，欲申其怀，因如醉跪帝前，以手抚床曰：“此坐可惜。”帝虽悟，因笑曰：“公醉邪？”

22. 王夷甫妇，郭泰宁女，才拙而性刚，聚敛无厌，干豫人事，夷甫患之而不能禁。时其乡人幽州刺史李阳，京都大侠，犹汉之楼护，郭氏惮之。夷甫骤谏之，乃曰：“非但我言卿不可，李阳亦谓卿不可。”郭氏小为之损。

23. 陆玩拜司空，有人诣之，索美酒，得，便自起，泻着梁柱间地，祝曰：“当今乏才，以尔为柱石之用，莫倾人栋梁。”玩笑曰：“戢卿良箴。”

24. 颜驷，汉文帝时为郎，至武帝，尝辇过郎署，见驷龙眉皓发。上问曰：“叟何时为郎？何其老也？”答曰：“臣文帝时为郎，文帝好文而臣好武，景帝好美而臣貌丑，陛下好少而臣已老，是以三世不遇。”帝擢为会稽都尉。

25. 五代李茂贞自称岐王，开府置官属，居岐，以宽仁爱物为务。尝以地狭赋薄，下令搉油，因禁城门无纳取薪者，以其可为炬也。有优者曰：“臣请并禁月明。”茂贞笑而不怒。

26. 黄州解元黄麻、荆州张状元茂修，相聚蓟门。黄年少有貌，而张乃权相之子，相正总朝柄。黄戏张曰：“思公子兮未敢言。”张应声曰：“怀佳人兮不能忘。”

27. 邹元标论劾张江陵，张欲置之死。侍郎周思敬早朝，会张朝门外，朝鞭未鸣，二象钩鼻相拒。周谓张曰：“二畜拒公，胡不风上杀之也？”张曰：“彼为朝廷，安可杀？”周曰：“前日邹元标劾公，不知为谁？”张勉强领意，贷元标死。

28. 绍兴初，杨存中在建康，有双胜交环，谓之二胜环，取两宫北还之意。因得美玉，琢成帽环进高庙，日尚御冕。偶有一伶人在旁，高宗指环示之：“此环杨太尉所进，名二胜环。”伶人接奏云：“可惜二胜环，且放在脑后。”

29. 佛印禅师为王观文升座，曰：“此一瓣香，奉为扫烟尘博士、护世界大王、杀人不眨眼上将军、立地成佛大居士。”

30. 辛京杲以私杖杀部卒，有司奏京杲罪当死，上将从之。李忠臣曰：“京杲当死久矣！”上问其故，忠臣曰：“京杲诸父兄弟皆战死，独京杲今日尚存，故臣以为久当死。”上悯然，左迁京杲。

31. 姚崇对便殿，佯跛足。上曰：“卿有足疾耶？”崇曰：“臣有腹心疾，足疾不足畏也。”

32. 楚昭王与吴战，败走四十步，忽遗其履，取之。左右曰：“楚国虽贫而无一履哉？”王曰：“吾悲与其俱出而不得与其俱返也。”于是楚兵无相弃遗者。

33. 晋文公出伐卫，公子仰而笑。公问：“何笑？”公子曰：“臣笑臣邻人也。臣之邻人有送其妻适私家者，道逢桑妇而悦，与之言，然顾视其妻，亦有招之矣。”公寤，乃止。

34. 齐景公时，有一人犯罪，景公怒，令支解之，语曰：“敢谏者诛！”晏子左手持其头，右手执刀，仰问景公曰：“自古圣主明王支解人，从何而始？”景公遽舍之。

35. 齐湣王失国，王孙贾从，失王之处。其母曰：“汝朝出而晚来，则吾倚门而望；汝暮出而不还，则吾倚闾而望。汝今事王，不知王处？”贾乃卒谋王子立焉。

36. 景公饮酒，七日七夜不止。弦章谏曰：“君饮酒七日七夜，章愿君废酒也！不然，章赐死。”晏子入见，公曰：“章谏吾曰：‘愿君之废酒也！不然，章赐死。’如是而听之，则为臣制也；不听，又爱其死。”晏子曰：“幸矣，章遇君也！令章遇桀纣者，死久矣。”于是公遂废酒。

37. 宣和间，乐部焦德一日从幸禁苑，上指花竹草木以询其名，德曰：“皆芭蕉也。”上诘之，对曰：“禁苑花竹，皆取于四方，道里远涉，巴至上林，则已焦矣！”

38. 常州苏掖，仕至监司，家富甚啬。每置产，吝不与直。所争一文，必至变色。后因置别墅，与售者反复甚苦。子在旁劝曰：“大人可增少金，我辈他日卖之，亦可善价也。”掖愕然，自尔乃复少改。

39. 桓公在荆州，全欲以德被江、汉，耻以威刑肃物。令史受杖，正从朱衣上过。桓式年少，从外来，云：“向从阁下过，见令史受杖，上捎云根，下拂地足。”

40. 浙帅钱镠时，宣州叛卒五千余人送款，钱纳之，以为腹心。时罗隐屡谏，以谓敌国之人不可轻信，浙帅不听。杭州新治城堞，楼橹甚壮。浙帅携僚客盛观之，隐指却敌，佯不晓曰：“设此何用？”浙帅曰：“君岂不知欲备敌耶？”隐谬曰：“审如是，何不向里设之？”浙帅大笑：“本欲拒敌，设于内何用？”对曰：“以隐所见，正当设于内耳。”

讥语第十三

吴苑曰：讥刺之语，莫盛于诗人。诗人之刺隐，圣人不删；舌士之刺显，君子不取。君子不取而荩之纂之，不佞次之，何也？盖风之可以偃草木，不可以入顽石钝金；入顽石钝金者，则在洪炉利凿矣！讥之一义，譬如烘炉利凿，亦顽钝之他山也。诚世间皆灵石精金，则炉凿已自受模铸，安能复及人耶？此我世之所必无耳。若一往一来，两相角刃，此正所次之正意。乃次讥语第十三。

1. 卢藏用始隐终南山，中宗朝累居要职。有道士司马承祯者，睿宗遣至京，将还，藏用指终南山谓曰："此中大有嘉处，何必在远？"承祯徐答曰："以仆所观，乃仕宦捷径耳。"

2. 裴玄本为户部郎中，时左仆射房玄龄疾甚，省郎将问疾。玄本戏曰："仆射病，可须问之；既甚已，何须问也？"有泄其言者。既而随例候玄龄，玄龄笑曰："裴郎中来，玄龄不死矣。"裴甚踧踖不安。

3. 李义府尝赋诗曰："镂月成歌扇，裁云作舞衣。自怜回雪影，好取洛川归。"有枣强令张怀庆好偷名士文章，乃为诗曰："生憎镂月成歌扇，出意裁云作舞衣。照镜自怜回云影，时来好取洛川归。"人谓之（谚）曰："活剥王昌龄，生吞郭正一。"

4. 则天初革命，恐群心未附，乃令人自举。供奉官正员之外，置里行、拾遗、补阙、御史等，至有车载斗量之咏。有御史台令史将入台，值里行数人聚立门内，令史下驴，驱入其间，里行大怒，将加杖罚。令史曰："今日过实在驴，乞数之，然后受罚。"里行许之。乃数驴曰："汝技艺可知，精神极钝，何物驴畜，敢于御史里行！"诸里行羞赧而止。

5. 鲁直戏东坡曰："昔王右军书为换鹅字，近日韩宗儒得公一帖于殿帅姚麟家，换羊肉数斤，可名书为换羊书矣。"苏在翰苑，一日，以生辰制撰纷冗，宗儒作柬以图报书，来人督索甚急，公笑曰："传语本官，今日断屠。"

6. 东坡一日会客，座客举令，欲以两卦名证一故事。一人云："孟尝门下三千客，'大有''同人'。"一人云："光武兵渡滹沱河，'既济''未济'。"一人云："刘宽婢羹污朝衣，'家人''小过'。"先生云："牛僧孺父子犯事，'小畜''大畜'。"盖指荆公父子也。

7. 陆太尉诣王丞相咨事，过后辄翻异。王公怪其如此，后以问陆。陆曰："公长民短，临时不知所言，既后觉其不可耳。"

8. 王东亭与张冠军善。王既作吴郡，人问小令曰："东亭作郡，风政何似？"答曰："不知治化何如，唯与张祖希情好日隆耳。"

9. 武帝语和峤曰："我欲先痛骂王武子，然后爵之。"峤曰："武子俊爽，恐不可屈。"帝遂召武子，苦责之，因曰："知愧不？"武子曰："'尺布斗粟'之谣，常为陛下耻之！它人能令疏亲，臣不能使亲疏，以此愧陛下。"

10. 顾孟著尝以酒劝周伯仁，伯仁不受。顾因移劝柱，而语柱曰："讵可便作栋梁自遇。"

11. 桓大司马温诣刘尹，卧不起。桓弯弹弹刘枕，丸迸碎床褥间。刘作色而起曰："使君如馨地，宁可斗战求胜？"桓甚有恨容。

12. 周仲智饮酒醉，瞠目还面谓伯仁曰："君才不如弟，而横得重名！"须臾，举蜡烛火掷伯仁。伯仁笑曰："阿奴火攻，固出下策耳！"

13. 王珣、郗超并有奇才，为大司马所眷拔。珣为主簿，超为记室参军。超为人多须，珣状短小。于时荆州为之语曰："髯参军，短主簿。能令公喜，能令公怒。"

14. 嵇、阮、山、刘在竹林酣饮，王戎后往。步兵曰："俗物已复来败人意！"（时谓王戎未能超俗也。）王笑曰："卿辈意亦复可败邪？"

15. 陈万年子咸，数言事讥刺近臣。万年病，召戒床下，话至半夜，咸睡，头误触屏。万年大怒曰："乃父教戒汝，汝反不听，何也？"咸曰："具晓所言，大约教咸谄也。"万年乃不复言。

16. 王忠肃退朝，见一大臣目送美姝，复回顾之。忠肃戏曰："此妇甚有力也。"大臣曰："何以知之？"王曰："不然，公头何以掣转？"

17. 陆经多写碑铭，颇得濡润。人问："子履近日所写几何？"答云："近日写甚少，总在街上喝道行里。"

18. 程篁墩主会试日，曾以关节事被劾。后出场，寮寀设宴，优人扮卖一啼鸡者，叫云："我有一只鸡，卖价一千两。"人问："谁家鸡卖此高价？”答曰：“程学士鸡，只卖个五更啼耳。”

19. 韩愈谓李二十六程曰：“某与丞相崔大群同年往还，直是聪明过人。”李曰：“何处是过人者？”韩曰：“共愈往还二十余年，不曾共说着文章，此是敏慧过人也。”

20. 严嵩诞日，诸翰林称寿，争作恭求近。时菊花满堂，陆平泉独退处于后。同列问曰：“何退为？”陆答曰：“此处怕见陶渊明。”

21. 卫懿公好鹤，有乘轩者。狄伐卫，公欲战，皆曰：“使鹤，鹤实有禄位，余焉能战？”

22. 王赞，中朝名士。有弘农杨蘧者，曾至岭外，见阳朔、荔浦山水，心甚爱之，谈不容口。蘧常出入赞门下，稍接从容，不觉形于言曰：“侍郎曾见阳朔、荔浦山水乎？”赞曰：“未曾打人唇绽齿落，安得见耶？”因大笑，以岭外非贬不去。

23. 卢从愿为吏部侍郎，杜暹自婺州参军调集补郑县尉。后暹为户部尚书，从愿自益州长史入朝。暹立在庐上，谓之曰：“选人定何如？”卢曰：“亦由仆之藻鉴，遂使明公得展足千里也。”卢涩口无应。

24. 朱泚之乱，源休、姚令言等收图书、贮仓廪，作萧何事业。休退语黄门侍郎蒋练曰：“若度其才，即吾为萧，姚为曹耳。”识者闻之，谓休不奈官职。乔琳语旧寮曰：“源公真可谓火迫酇侯矣！”

25. 崔湜为吏部侍郎，掌铨，有选人引过，分疏云：“某能翘关负米。”湜曰：“若壮，何不兵部？”答曰：“过者皆云：‘崔侍郎门，有力者即得。’”

26. 唐郑愔为吏部侍郎掌选，赃污狼籍。引铨有选人系百钱于靴带上，愔问其故，答曰：“非钱不行。”愔默而不言。

27. 孔稚圭宅中草没人，南有山池，春日蛙鸣。仆射王晏尝鸣笳鼓造之，闻群蛙鸣，晏曰：“此殊聒人耳。”答曰：“听卿鼓吹，稍觉过此。”

28. 孙一元隐居西湖，矫情不娶，仿林逋以梅、鹤为妻、子。后改度，徙至湖州，连娶二妇。有一士道吴兴，谓之曰:“仆从西湖上来，一人寄语谯君，君不得无最。”孙问何人，其人故不语，孙问不已，其人曰:“梅令眷、鹤令郎耳。”孙惭无地。

29. 王公与朝士共饮酒，举琉璃碗谓伯仁曰:“此碗腹殊空，谓之宝器，何邪？”答曰:“此碗英英，诚为清彻，所以为宝耳！”

30. 谢幼舆谓周侯曰:“卿类社树，远望之，峨峨拂青天；就而视之，其根则群狐所托，下聚溷而已！”答曰:“枝条拂青天，不以为高；群狐乱其下，不以为浊；聚溷之秽，卿之所保，何足自称？”

31. 谢公在东山，朝命屡降而不动。后出为桓宣武司马，将发新亭，朝士咸出瞻送。高灵时为中丞，亦往相祖。先时多少饮酒，因倚如醉，戏曰:“卿屡违朝旨，高卧东山，诸人每相与言:‘安石不肯出，将如苍生何？’今亦苍生，将如卿何？”谢笑而不答。

32. 慈溪某县令初至任，欲行威福，谓群下曰:“汝闻‘破家县令、灭门刺史’乎？”有父老应曰:“间者士子多读书，惟闻‘岂弟君子，民之父母’。”令乃默然。

33. 马援为隗嚣绥德将军，又尝游使于公孙述。嚣复命援奉书洛阳，世祖迎谓援曰:“卿遨游二帝间，今见卿，使人大惭。”援顿首谢曰:“当今之世，非独君能择臣，臣亦能择君。”

34. 谢公始有东山之志，后严命屡臻，势不获已，始就桓公司马。于时人有饷桓公药草，中有远志。公取以问谢:“此药又名‘小草’，何一物而有二名？”谢未即答，时郝隆在坐，应声答曰:“此甚易解：处则为远志，出则为小草。”谢有愧色。

35. 范玄平在简文座，谈欲屈，引王长史曰:“卿助我。”王曰:“此非拔山力所能助！”

36. 子瞻居黄州，有陈处士者，携纸笔求书于子瞻，会客方鼓琴，遂书曰:“或对一贵人弹者，天阴声不发，贵人怪之曰:‘岂弦慢邪？’

对曰：‘弦也不慢。’”

37. 王世贞谒相嵩，其子世藩肃客曰：“家君伤风，不得出也。”王曰：“爷居相位，怎说伤风？”

38. 卫江州在浔阳，有故人投之，都不料理，惟饷王不留行一片。此人得饷，便命驾。李弘范闻之，曰：“家舅刻薄，乃复驱使草木。”

39. 梁何昌宇为吏部尚书，有姓闵求官者，昌宇问：“君是谁后？”答曰：“子骞后。”昌宇掩口笑曰：“遥遥华胄。”

40. 宋颜延之、何偃值路中，遥呼曰：“颜公。”延之以其轻脱，答曰：“身非三公之公，又非田舍之公，又非君家阿公，何以见呼为公？”偃惭而去。

41. 唐太宗以李纬为民部尚书，曾有人自京师来者，帝曰：“玄龄闻纬为尚书，谓何？”曰：“惟称纬好须，无他语。”

42. 王荆公为参知政事，时因阅晏元献公小词，笑曰：“为宰相而作艳词，可乎？”公弟平甫曰：“亦偶然尔。”吕惠卿为馆职，在坐，遽曰：“为政必放郑声，况自为之乎！”平甫曰：“放郑声，不若远佞人。”吕大以为讥己，遂不协。

43. 唐湖州参军陆蒙妻蒋氏，善属文。僧知业有诗名，与蒙善，一日，访蒙谈玄，蒋使婢奉酒。知业云：“受戒不饮。”蒋隔帘问曰：“上人曾有诗云：‘接岸桥通何处路，倚楼人是阿谁家？’观此风韵，得不欲乎？”知业惭而退。

44. 王知训帅宣州，入觐，赐宴。伶伦戏作绿衣人，大面如鬼状。或问何为者？答曰：“吾宣州土地。”问何故到此？曰：“王知训入觐，和地皮卷来，因得至此。”

45. 文庙继统，陈迪责不屈，与子丹山、凤山同磔于市。上命割其肉塞迪口，因问：“卿肉气味何如？”对曰：“忠臣孝子，肉岂腥膻？臣尝其美，人闻其香，陛下岂不闻乎？”

46. 武帝幸豫章王嶷宅，宴集诸王，独不召晔。嶷曰："风景殊美，今日甚忆武陵。"帝因召使射，屡发命中，帝怪之，嶷曰："阿五常日不尔，今日可谓仰藉天威。"

47. 许掾好游山水，而体便登陟。时人云："许非徒有胜情，实有济胜之具。"

48. 皇甫度辽解官归乡，时人以货得雁门太守者，书刺投谒，度辽卧，不时起，既入见，问曰："闻卿在郡，食雁美乎？"

49. 丘灵鞠尝诣褚彦回，彦回不起，曰："此脚疾不复能起。"灵鞠曰："脚疾亦是大事，公为一代鼎臣，不可复为覆餗。"

50. 武陵张冢宰瀚，与大理卿陈某谒一直指，时陈以两次奉例进阶，妄自腰玉。直指见而惊问之曰："公何时赐玉？"陈踧踖不能对，张笑曰："此是大理石耳。"

51. 李白开元中谒宰相，封一板，上题云"海上钓鳌客李白"。相问曰："先生临沧海钓巨鳌，以何物为钩线？"答曰："以风浪逸其情，乾坤维其志，以虹霓为丝，明月为钩。"又曰："以何物为饵？"曰："以天下无义丈夫为饵。"丞相悚然。

52. 刘叉持韩愈金数斤去，曰："此谀墓中人得耳，不若与刘君为寿。"愈不能止。

53. 詹坚老坐累下大理，李端初为少卿，坚老哀鸣。端初操俚谈诟曰："子嘴尖如是，诚奸人也。"因困辱之。已而榜出奏名，在法当释，自此名不相闻。后十年，端初为淮南转运使，坚老以郎官出代，既见端初，颇省其面，犹不能记前事，因曰："郎中若有素者，岂尝邂逅朝堂耶？风采堂堂，非曩日比。"答曰："风采堂堂，故非某所及，但不知比往时嘴不尖不？"端初悟而赧然。

54. 刘穆之少贫，日往妻兄江氏乞食，多见辱。江氏后有庆会，属令勿来，穆之犹往。食毕，求槟榔，江谓之曰："槟榔消食，君何须此？”

55. 唐崔清除濠州刺史，当替李逊。清往辞户部侍郎李巽，巽留坐与语，清指谓所替李逊曰：“清都不知李逊浑不解官。”再三言之。巽曰：“李巽即可在，只是独不称公意耳。”

56. 齐晏婴短小，使楚。楚为小门于大门侧，乃延晏子。婴不入，曰：“使狗国，狗门入。今臣使楚，不当从狗门入。”

57. 晏子使楚，楚王曰：“齐无人耶？”对曰：“齐使贤者使贤王，不肖者使不肖王。婴不肖，故使王耳。”

58. 马季长女嫁袁次阳为妻，初婚夜，次阳问曰：“弟先兄举，世以为笑。今处姊未适，先行可乎？”答曰：“妾姊高行殊邈，未遭良匹，不似鄙薄，苟然而已。”次阳默然不能屈。

59. 孙权问蜀益州太守张裔曰：“蜀卓寡女，亡奔相如，贵土风俗，何以乃尔？”对曰：“愚以为卓氏寡女，犹贤于买臣之妻。”

60. 张融与谢宝积俱谒太祖，融于御前放气。宝积起谢曰：“臣兄触忤宸扆。”上笑而不问。须臾食至，融排宝积，不与同食。上曰：“何不与贤弟同食？”融曰：“臣不能与谢气之口同盘。”上大笑。

61. 宋江夏王义恭，性爱古物，常遍就朝士求之。侍中何勖已有所送，而王征索不已，何甚不平。尝出行于道，见狗枷、犊鼻，乃命左右取之还，以箱擎送之。笺曰：“承复须古物，今奉李斯狗枷，相如犊鼻。”

62. 梁徐陵通直散骑常侍聘魏，魏主客魏收曰：“今日之热，当由徐常侍来。”陵答曰：“昔王肃至此，为魏始制礼乐；今我来聘，使卿复知寒暑。”收不能对。

63. 唐吏部侍郎李安期掌铨，尝有选人被放，诉云：“羞见来路。”安期问：“从何关来？”曰：“蒲津关来。”安期曰：“取潼关路去。”曰：“耻见妻子。”安期曰：“贤室本自相谙。”

64. 梁太祖受禅，姚洎为学士，上问及裴延裕行止，洎曰："顷岁左迁，今闻旅寄。"上曰："颇闻其人才思敏捷。"对曰："向在翰林，号为下水船。"上曰："卿便是上水船。"

65. 晏子与楚王坐，忽缚一人来。王问为者？左右曰："齐人坐盗。"王视婴曰："齐人善盗乎？"对曰："婴闻橘生于江南，至江北为枳，枝叶相似，其味不同，水土异也。"

66. 郑康成在袁冀州座，时汝南应劭亦归于袁，因起自赞曰："故泰山守应仲远，北面称弟子，何如？"郑笑曰："仲尼之门，考以四科。回、赐之徒，不称官伐。"

67. 北朝李谐至南，梁武与之游历，至放生处，帝问曰："彼国亦放生否？"谐对曰："不取亦不放。"帝赧然。

68. 任彦升在齐，纡意于倖者梅虫儿，用为中书郎。彦升造谢尚书令王亮，亮曰："卿宜谢梅，那忽谢我。"

69. 王平子尝行经陈留郡界，陈留时为大郡，名有人士。太守遣吏迎王，王问吏曰："此郡人士为谁？"吏曰："有蔡子尼、江应元。"是时郡人多居大位者，王以其姓名问曰："甲乙等，非君郡人邪？何称此二人？"吏曰："向谓君侯问人，不谓君侯问官。"王笑而止。

70. 齐武帝时，诸弟皆无宠。尝于御座曲宴，武陵因醉伏地，以貂抄肉柈。帝笑曰："污貂。"武陵答曰："陛下何爱其羽毛而疏其骨肉！"

71. 高爽常经晋陵，诣刘蒨，了不相接，高甚衔之。俄爽代蒨为县，蒨乃迎赠甚厚，爽受饷，答书云："高晋陵自答。"人问其故，爽曰："彼自饷晋陵令耳，何关爽事？"

72. 支道林因人就深公买印山，深公笑曰："未闻巢、由买山而隐。"

73. 卢询祖甚有口辩，好臧否人物。尝语人曰："我昨东方未明，过和氏门外，见二陆、两源，森然与槐柳齐列。"

74. 王介甫为相，大讲天下水利。刘贡父尝造之，值一客献策曰：

“梁山泊决而涸之，可得良田万顷，但未择得利便之地贮其水耳。”介甫倾首沉思，贡父抗声曰：“此甚不难。”介甫欣然以为有策，遽问之，曰：“别穿一梁山泊，则足以贮此水矣。”介甫笑而止。

75. 狄仁杰为相，有卢氏堂姨居午桥别墅，仁杰伏腊修礼甚谨。尝雪后休假，候卢氏，适见表弟挟弧矢携雉兔归，羞味进于堂上，顾揖仁杰，意甚轻傲。仁杰因启曰：“某幸为相，表弟有所欲，愿悉力从其请。”姨曰：“吾止有一子，不欲令事女主。”仁杰惭而止。

76. 郭昱狭中诡僻，登进士，耻赴常选。献书于宰相赵普，自比巢、由。朝议恶其矫激，故久不调。后复伺普，望尘自陈。普笑谓曰：“今日荣甚，得巢、由拜于马下。”

77. 张文潜尝问张安道：“司马君实直言王介甫不晓事，是如何？”安道云：“贤只消去看《字说》。”文潜云：“《字说》也只是二三分不合人意。”安道云：“若然，则足下亦有七八分不晓事矣。”

78. 王元美预相嵩席，出桑落酒饮之。相曰：“张谓诗云：‘不醉郎中桑落酒’，此酒肇唐耳。”王曰：“《水经注》载此酒，想采此诗。”

79. 解缙、胡俨同观进士榜，解以胡不由科目，指榜上谓胡曰：“此黄榜丈夫也。”胡笑曰：“彼亦有侥幸得之者。”

80. 卢肇，开成中就江西解末，肇送启谢云：“巨鳌屃赑，首冠蓬山。”试官曰：“昨以人数挤排，深惭名第奉浼，焉得首冠之语？”肇曰：“顽石处上，巨鳌戴之，岂非首冠耶？”

81. 刘公幹以失敬待罪，文帝问曰：“卿何以不谨于文宪？”桢答曰：“臣诚庸短，亦由陛下纲目不疏。”

82. 竺法深在简文坐，刘尹问：“道人何以游朱门？”答曰：“君自见其朱门，贫道如游蓬户。”

83. 刘真长为丹阳尹，许玄度出都，就刘宿，床帷新丽，饮食丰甘。许曰：“若保全此处，殊胜东山。”刘曰：“卿若知吉凶由人，吾安得不保此！”逸少在坐，曰：“令巢、许遇稷、契，当无此言。”

84. 孙绰赋《遂初》，筑室畎川，自言见止足之分。斋前种一株松，恒自手壅治之。高世远时亦邻居，语孙曰：“松树子非不楚楚可怜，但永无栋梁用耳！”孙曰：“枫柳虽合抱，亦何所施？”

85. 张天锡为凉州刺史，称制西隅。既为苻坚所禽，用为侍中。后于寿阳俱败，至都，为孝武所器。每入言论，无不竟日。颇有嫉己者于坐问张：“北方何物可贵？”张曰：“桑椹甘香，鸱鸮革响。淳酪养性，人无嫉心。”

愤语第十四

吴苑曰：凡物之愤，必郁结而后起，如风怒则厉，泉怒则决，虎怒不择爪，人怒不择言。是皆愤之至也。盖愤不易谈，惟豪杰能之。若世间琐琐衣食之儿，即命填沟壑，不过如鱼鳖之就砧而已耳，安见其愤哉！大抵天地如弹丸而名物有尽，生才不已。以有尽生不已，求不愤，得乎？乃次愤语第十四。

1. 武帝拜主父偃为郎中，岁中四迁至中大夫。公卿皆畏其口，赠遗累千金。或说之为大横，偃曰：“结发游学，四十年不得遂，亲不以为子，昆弟不收，宾客弃我，厄日久矣。大丈夫生不五鼎食，死则五鼎烹！吾日暮，故倒行逆施之耳。”

2. 沈攸之晚好读书，尝叹曰：“蚤知穷达有命，恨不十年读书！”

3. 刘孝孙博学通敏而仕不遂，常叹曰：“古或开一说而致卿相，立谈顷而降白璧，书籍妄耳！”

4. 屠长卿下第归，酒酣，慷慨呼曰：“吾手可扪日月而一第厄人，东海洋洋，似欲代吾矣！”

5. 豫章狂生李如龙，尝落第归，遇耕牛，大骂曰：“尔腹无文章，尚有角，吾不若也。”以头触之，牛几倒。

6. 鲍无雄落魄无遇，常以得第自期。一日于西湖醉后，忽俯水照见影，大恸曰：“丈夫三十岁，尚如此头颅耶！”

7. 吴王赐子胥死，将死，言曰：“树吾墓上以梓，令可为器；抉吾眼置之吴东门，以观越之灭吴也。”

8. 赵嘉仕宦不得志，有重疾，卧蓐七年，自虑奄忽，乃敕兄子曰：“大丈夫生世，遁无箕山操，仕无伊吕勋，天不我与，复何言哉！可立一石于吾墓前，铭曰：汉有逸人，姓赵名嘉。有志无时，命也奈何！”

9. 苏峻迁历阳太守，诏书征峻，峻曰：“台下云我反，反岂得活邪？我宁山头望廷尉，不能廷尉望山头。”

10. 和州士人杜默，累举不成名。因过乌江，入谒项王庙。时正被酒沾醉，才炷香拜讫，径升偶坐，据神颈，拊其首而恸，大声语曰：“大王有相亏者：英雄如大王而不能得天下，文章如杜默而进取不得官，好亏我！”语毕而泪如迸泉。庙祝拉杜下，视神目，泪亦涌出。

11. 阮光禄闻何次道为宰相，叹曰：“我当何处生活？”

12. 桓玄败后，殷仲文还为大司马咨议，意似二三。司马府厅前有一老槐，甚扶疏。殷因月朔，与众共视而叹曰：“槐树婆娑，无复生意！”

13. 殷仲文素有名望，自谓必当阿衡朝政，忽作东阳太守，意甚不平。及之郡，至富阳，慨然叹曰：“看此山川形势，当复出一孙伯符！”后果以反诛。

14. 阮籍登广武而叹曰：“时无英雄，使竖子成名。”

15. 梅侍读晚年躁于禄位而病足，常抚其足而詈曰：“是中有鬼，令我不至两府者，汝也！”

16. 桓公卧语曰：“作此寂寂，将为文、景所笑！”既而屈起坐曰：“既不能流芳后世，亦不足复遗臭万载邪？”

17. 王孝伯问王大：“阮籍何如司马相如？”王大曰：“阮籍胸中垒

块，故须酒浇之。”

18. 太元末，长星见，孝武心甚恶之。夜，华林园中饮酒，举杯属星，云：“长星！劝尔一杯酒，自古何时有万岁天子？”

19. 郭恕先时与役夫小民市肆饮食，曰：“吾所与游，皆子类也。”

20. 丘车骑初领骁骑将军，不乐武位，谓人曰：“我还东掘顾荣冢，江南地数千里，士子风流，皆出其中。顾忽引诸伧渡，防我辈涂辙。”

21. 虞仲翔放弃南方，谓人曰：“生无可与语，死以青蝇为吊客。使天下一人知己者，足以不恨。”

22. 王彦深不为群从所礼，常怀耻慨，欲以将领自奋，每抚刀曰：“龙泉、太阿，汝知我者！”

23. 萧南郡除少府，意甚不得，寺内所住斋前有故种花草甚美，悉令刬除，列种白杨树。每谓人曰：“人生不得行胸怀，虽寿百岁，犹为夭也！”

24. 王融自恃人地，三十内望为公辅。夜直中书省，叹曰：“作此寂寂，使邓禹笑人。”（禹年二十四封酂侯。）

25. 毛伯成既负其才气，常云：“宁为兰摧玉折，不作萧敷艾荣！”

26. 庾公欲起周子南，子南固辞。庾每诣周，庾从前门入，周从后门出。庾尝一往奄至，周去不及，终日相对。庾从索食，周出蔬食，庾虽强饭，意思极欢；与语世故，约相推引，同佐世难。既仕至二千石而不称意，中宵慨然曰：“大丈夫乃为庾元规所卖！”一叹，遂发背而死。

27. 罗逸平生多读书，不能自润，每叹曰：“男儿在世，场场皆当历过。吾历贫而未历富，历贱而未历贵。虞卿寂寂，岂男儿久为耶？当觅东街一洒以完结此心耳。”

28. 王维宁过卖棺肆，叹曰：“人生不能得金紫封骨，死何用此为？”

辩语第十五

吴苑曰：辩者无锋不摧，无坚不入。彼以直来，我以横往；彼以顺加，我以逆受。此涕唾之战场也，故战国称为辩士。辩之有似于争，君子无所争而取之，可乎？曰：不。审问之、明辩之之语，圣人已垂令教，盖不辩无以明格，斯辩亦近道矣。强词曰：其辩也，君子奚害焉！乃次辩语第十五。

1. 刘贡父一日问苏子瞻："'老身倦马河堤永，踏尽黄榆绿槐影'，非阁下之诗乎？"子瞻曰："然。"贡父曰："是日影耶，月影耶？"子瞻曰："'竹影金锁碎'，又何尝说日月也？"刘不能答。

2. 荀慈明与汝南袁少朗相见，问颍川士，慈明先及诸兄。少朗叹之曰："但可私亲而已。"慈明答曰："足下相难，依据何经？"少朗曰："问国士，始及诸兄，是以尤之。"慈明曰："昔祁奚内举不失其子，外举不失其仇，以为至公。公旦、周文王之诗，不论尧舜之德而颂文武者何？先亲之义。春秋之义，内其国而外诸夏。且不爱其亲而爱他人者，不当以是悖德乎？"

3. 高定，年七岁，读《尚书》至《汤誓》，问父曰："奈何以臣伐君？"答曰："应天顺人。"又问曰："用命赏于祖，不用命戮于社，岂是顺人？"父不能对。

4. 杨修九岁，甚聪惠。孔君平诣其父，不在。修为君平修果，有杨梅，君平曰："此实君家果。"修应声答曰："未闻孔雀是夫子家禽也。"

5. 东晋光禄祖纳，少孤苦，性至孝，常自为母炊爨作食。王平北闻其常亲供养，乃以二婢饷之，因以为吏。人有戏之者曰："奴价倍于婢。"祖答曰："百里奚亦何必轻于五羖之皮邪？"

6. 齐刘绘为南康郡，郡人郅类所居，名秽里。绘戏之曰："君有何秽而居秽里？"答曰："未审仲尼有何阙而居阙里。"

7. 王浑平吴之日，登建业宫酾酒，既酣，谓吴人曰："诸君亡国之余，得无戚乎？"时周子隐答曰："汉末崩分，三国鼎立，魏灭于前，吴灭于后。亡国之戚，岂惟一人？"王有惭色。

8. 岳柱年八岁时，观画师何澄画《陶母剪发图》，指陶母手中金钏诘之曰："有此可易酒，何用剪发？"何大惊，即易之。

9. 曾有白头鸟集吴殿前，孙权问群臣："此何鸟也？"诸葛元逊对云："此名白头翁。"张辅吴自以坐中最老，疑元逊戏之，因曰："恪欺陛下，未尝闻鸟名白头翁者，试使恪复求白头母。"元逊曰："鸟名鹦母，未必有父，试使辅吴复求白头父。"昭不能答。

10. 某令贪，监司欲斥之。陈渠为中丞，欲解之，谓曰："此地穷苦，不比贵乡，墨不满橐也。"监司曰："盗劫贫家，岂得无罪？"

11. 王右军与谢太傅共登冶城。谢悠然远想，有高世之志。王谓谢曰："夏禹勤王，手足胼胝；文王旰食，日不暇给。今四郊多垒，宜人人自效。而虚谈废务，浮文妨要，恐非当今所宜。"谢曰："秦任商鞅，二世而亡，岂清言致患邪？"

12. 东坡尝举"坡"字问荆公何义，公曰："'坡'者土之皮。"东坡曰："然则'滑'者水之骨乎？"荆公默然。

13. 边文礼见袁奉高，失次序。奉高因嘲曰："昔尧聘许由，面无怍色，先生何为颠倒衣裳？"文礼答曰："明府初临，尧德未彰，是以贱民颠倒衣裳耳。"

14. 陈太丘寔，与友人期行，过期不至，太丘舍去，去后乃至。其子元方年七岁，在门外戏。客问元方："尊君在不？"答曰："待君不至，已去。"友人便怒曰："非人哉！与人期行，相委而去。"元方曰："君与家君期日中。过时不来，则是无信；对子骂父，则是无礼。"友人惭，下车引之。元方遂入门不顾。

15. 光武帝召第五伦访政事，因戏谓曰："闻卿为吏，挝妇翁，宁有之耶？”对曰：“臣三娶妻皆无父。”帝大笑。

16. 倪文毅岳，五岁侍父文僖。父曰：“天上更有天。”对曰：“地下更有天。”父笑曰：“下子妄言，地下安得有天？”对曰：“卵白岂止一面？”

17. 余肃敏公为户部郎，尝有两势家争田，未决，部檄公理之。甲以其地名与己姓同，合是故产。公曰：“未闻有姓张者讼张家湾。”

18. 张敞为妇画眉，长安中传张京兆眉怃。有司以奏，上问之，对曰：“闺房之内，夫妇之私，有过于画眉者。”上爱其能，弗责也。

19. 刘恕年四岁，颖悟俊拔。坐客有言孔子无兄弟者，恕应曰：“‘以其兄之子妻之’，非兄乎？”

20. 淮海周辉，与人论臭腐化神奇，或云无是理，周曰：“药中秋石，何自而出？”

21. 王绪为大将，令军中无得以老弱自随，犯者斩。王潮兄弟独扶其母，绪责之曰：“军皆有法，未有无法之军。”三子曰：“人皆有母，未有无母之人。”乃释之。

22. 王圣美为县令，未知名。谒一达官，值其方与客谈《孟子》，不顾圣美。久之，忽顾圣美曰：“尝读《孟子》不？”圣美对曰：“生平爱之，但都不晓其义。”主人问何不晓？曰：“‘孟子见梁惠王’，已不晓此语。”达官深讶之，曰：“此有何奥义？”圣美曰：“既云‘不见诸侯’，因何见梁惠王？”

23. 李勉为司徒平章事，一日，德宗谓勉曰：“众人皆言卢杞奸，朕何不知？”勉对曰：“陛下不知，所以为奸也。”

24. 周彬不治财产，服膺儒学。其妻让之曰：“汝家兄弟能力稼穑，囊箱丰盈，汝之不调，无思悔，毕向何如？”及先主镇金陵，彬囊文往谒，锡赉颇厚。归，以所锡金帛陈于庭前，谓妇曰：“吾今与伯叔何如优胜？”妇曰：“男子之事，非女子所能知。”

25. 御史大夫李承嘉尝让诸御史曰:“近御史言事，不咨大夫，礼乎?”萧至忠曰:“故事：台中无长官。御史，人君耳目，比肩事主，得自弹事。若先白大夫，则弹大夫先白谁耳?”

26. 嵇中散语赵景真:“卿瞳子白黑分明，有白起之风，恨量小狭。”赵云:“尺表能审玑衡之度，寸管能测往复之气，何必在大!”

27. 王荆公初参政，视庙堂如无人。一日，争新法，怒目诸公曰:“君辈坐不读书耳。”赵清简公同参知政事，独折之曰:“君言失矣。如皋、夔、稷、契之时，有何书可读?”公默然。

28. 诸葛厷在西朝，少有清誉，为王夷甫所重，时论亦以拟王。后为继母族党所谗，诬之为狂逆，将远徙，友人王夷甫之徒，诣槛车与别。厷问:“朝廷何以徙我?”王曰:“言卿狂逆。”厷曰:“逆则应杀，狂何以徙?”

29. 郗司空拜北府，王黄门诣郗门拜，云:“应变将略，非其所长。”骤咏不已。郗仓谓嘉宾曰:“公今日拜，子猷言语殊不逊，深不可容!”嘉宾曰:“此是陈寿作诸葛评。人以汝家比武侯，复何所言?”

30. 鸿胪卿孔群好饮酒。王丞相语云:“卿何为恒饮酒?不见酒家覆瓿布，日月糜烂?”群曰:“不尔。不见糟肉，乃更堪久。”

31. 许允为吏部郎，多用其乡里，魏武帝遣虎贲收之。其妇出诫允曰:“明主可以理夺，难以情求。”既至，帝核问之。允对曰:“‘举尔所知。’臣之乡人，臣所知也。”

32. 许允妇是阮卫尉女，奇丑。初婚时，允既见，即欲出。妇料其此出必无入理，便捉裾停之。许因谓曰:“妇有四德，卿有其几?”妇曰:“新妇所乏，唯容尔。然士有百行，君有几?”许云:“皆备。”妇曰:“夫百行以德为首，君好色不好德，何谓皆备?”允有惭色，遂相敬重。

33. 许玄度隐在永兴南幽谷中，每致四方诸侯之遗。或谓许曰:“尝闻箕山人，似不尔耳！”许曰：“筐篚苞苴，故当轻于天下之宝耳！”

34. 殷荆州曾问远公：“易以何为体？”答曰：“易以感为体。”殷曰：“铜山西崩，灵钟东应，便是易耶？”远公笑而不答。

35. 阮宣子以三语为王太尉掾，卫玠嘲之曰：“一言可辟，何假于三？”宣子曰：“苟是天下人望，亦可无言而辟，复何假一？”

颖语第十六

吴苑曰：舌之有颖，如弩之有机，天下之利物也。颖之于语，无类不有，惟谐、谑、机、辩之类居多。然四语已有部领，即四语中有具颖者，而颖部无与焉，以其有四部也。惟其不能入谐谑机辩之语，斯成颖语矣。乃次颖语第十六。

1. 诸葛靓在吴，于朝堂大会，孙皓问：“卿字仲思，为何所思？”对曰：“在家思孝，事君思忠，朋友思信，如斯而已。”

2. 宋梁州范百年，因事谒明帝，帝言次及广州贪泉，因问之曰：“卿州复有此水不？”百年答曰：“梁州唯有文川、武乡、廉泉、让水。”又问：“卿宅在何处？”曰：“臣居在廉、让之间。”

3. 齐武帝尝谓群臣曰：“我后当何谥？”莫有对者。王俭因目庾杲之对。杲之曰：“陛下寿比南山，与日月齐明。千载之后，岂是臣之轻所度量？”

4. 王俭为吏部尚书，有客姓谭求官。曰：“齐桓灭谭，那得有汝。”答曰：“谭子奔莒，所以有仆。”

5. 梁武帝尝以枣掷兰陵萧琛，琛仍取栗掷帝，正中面。帝动色言：“汝那得如此？岂有说耶？”琛应声曰：“陛下投臣以赤心，臣敢战栗于陛下。”

6. 萧琛尝于御座饮酒，属酒北使员外常侍李道固，不受，曰：“公庭无私礼，不容受卿劝。”众皆失色，恐无以酬。琛徐曰：“《诗》所谓：‘雨我公田，遂及我私。’”道固乃屈意受酒。

7. 张后胤在并州，太宗尝就受《春秋》。后因诏入赐宴，言及平昔，从容谓曰：“今日弟子何如？”后胤对曰：“昔孔子领徒三千，达者无子、男之位。臣翼赞一人，即为万乘主。计臣此功，逾于先圣。”太宗大悦。

8. 崔正雄谒都郡，都郡将姓陈，问正雄：“君去崔杼几世？”答曰：“民去崔杼，犹明府之去陈恒。”

9. 唐张林言：毁佛寺，分遣御史检天下所废寺及收录金银佛像。有苏监察者，巡检两街诸寺，见银佛一尺以下者，多袖之而归，人谓之“苏捏佛”。或问温庭筠将何对，温应声曰：“无以过密陁僧。”

10. 锺毓、锺会少有令誉。年十三，魏文帝闻之，语其父锺繇曰：“令卿二子来。”于是敕见。毓面有汗，帝问曰：“卿面何以汗？”毓对曰：“战战惶惶，汗出如浆。”复问会：“卿何以不出汗？”对曰：“战战栗栗，汗不得出。”

11. 晋武帝始登阼，探策得“一”，王者世数，系此多少。帝既不说，群臣失色，莫能有言者。侍中裴楷进曰：“臣闻：天得一以清，地得一以宁，侯王得一以为天下贞。”帝说，群臣叹服。

12. 钟繇昼寝，二子毓、会共偷服散酒。繇时觉，且假寐以观之。毓拜而后饮，会饮而不拜。既而问之，毓曰：“酒以成礼，不敢不拜。”又问会何以不拜，会曰：“偷本非礼，所以不拜。”

13. 孙齐由、齐庄二人小时诣庾公，公问齐由何字？曰：“齐由。”公曰：“欲何齐邪？”曰：“齐许由。”又问齐庄何字？曰：“齐庄。”公曰：“欲何齐耶？”曰：“齐庄周。”公曰：“何不慕仲尼而慕庄周？”答曰：“圣人生知，故难慕。”庾公大喜。

14. 蜀先主以伊籍为左将军从事中郎，使吴，孙权闻其才辩，欲逆折其辞。籍适入拜，权曰："劳事无道之君。"籍应声对曰："一拜一起，未足为劳。"吴主大惭。

15. 陆机诣王武子，武子有百斛羊酪，指以示之曰："卿东吴何以敌此？"陆曰："有千里莼羹，未下盐豉耳！"

16. 孔融与祢衡友厚，跌荡狂放。衡谓融曰"仲尼不死"，融答曰"颜回复生"。

17. 唐辛郁，管城人也，旧名太公。弱冠，遭太宗于行所，问何人，曰："辛太公。"太宗曰："何如旧太公？"郁曰："旧太公八十始遇文王，臣今适十八，已遇陛下，过之远矣。"

18. 李令伯常聘吴，吴主与群臣泛论道义，因言："宁为人弟。"令伯曰："愿为人兄。"吴主问："何愿为兄？"令伯答曰："为兄，供养之日长。"

19. 宋世祖尝赐谢中书庄宝剑，谢以与鲁爽送别。后鲁作逆，世祖尝因宴集，问剑所在，谢曰："昔日鲁爽别，窃为陛下杜邮之赐。"

20. 张说女嫁卢氏，女尝为其舅求官，说不语，但指搘床龟示之。归告其夫曰："舅得詹事矣。"

21. 耿九畴迁盐运使，有廉声。尝临水坐，有童子戏其旁，九畴曰："此水何清也？"童子应曰："尚不及使君之清也。"

22. 解学士缙童时，妇翁过其家，解父抱缙置椅上，妇翁曰："父立子坐，礼乎？"解应声曰："嫂溺叔援，权也。"

23. 王武子、孙子荆各言其土地人物之美。王云："其地坦而平，其水淡而清，其人廉且贞。"孙云："其山嶵巍以嵯峨，其水泱渫而扬波，其人磊砢而英多。"

24. 周仆射伯仁，雍容好仪形，诣王公，初下车，隐数人，王公含笑看之。既坐，傲然啸咏。王公曰："卿欲希嵇、阮邪？"答曰："何敢近舍明公，远希嵇、阮！"

25. 孙盛为庾公记室参军，从猎，将其二儿俱行。庾公不知，忽于猎场见齐庄，时年七八岁。庾谓曰："君亦复来邪？"应声曰："所谓'无小无大，从公于迈'。"

26. 丁常任，毗陵人，淳熙间为郎。冬至日，上殿奏对。孝宗曰："晓来云物甚奇，卿曾见不？"对曰："岂惟臣见之，四海万姓皆见之。"

27. 袁相国履善六七岁时，与群儿戏，自称小相公。潞溪彭公见之，戏曰："愿为小相。"袁应声曰："窃比老彭。"

28. 杨大年亿方与客棋，石曼卿自外至，坐于一隅。大年因诵贾谊赋向石曰："止于坐隅，貌甚闲暇。"石遽答云："口不能言，请对以臆。"

29. 宋太祖初幸相国寺，至佛像前烧香，问当拜与不拜，僧录赞宁奏曰："不拜。"问其何故，对曰："见在佛不拜过去佛。"

30. 杨大年年十一，太宗皇帝闻其名，召对便殿，授秘书省正字，且谓曰："卿久离乡里，得无念父母乎？"对曰："臣见陛下，一如父母。"上叹赏久之。

31. 谢仁祖年八岁，谢豫章将送客，尔时语已神悟，自参上流。诸人咸共叹之曰："年少，一坐之颜回。"仁祖曰："坐无尼父，焉别颜回？"

32. 袁彦伯宏以吏部郎出为东阳郡，太傅谢安赏宏机速，乃祖之于冶亭，时贤皆集。安欲卒迫试之，执手将别，顾左右取一扇赠之。宏即曰："辄当奉扬仁风，慰彼黎庶。"

33. 周盘龙为散骑，武帝戏曰："卿著貂蝉，何如兜鍪？"盘龙曰："此貂蝉从兜鍪中出耳。"

34. 崔邪利、崔模入魏，邪利子遣妻蔬布，如居丧礼。模子虽居处变节，不废婚宦。崔元孙使魏，魏人问二家子侄何以不同？元孙曰："王尊驱骑，王阳回车，欲令臣、子两遂，忠、孝并宏。"

35. 宋刘瑀位本在何偃前，孝武初，偃迁吏部尚书，瑀图侍中，不得，与偃同从郊祀，偃乘车在前，瑀策驷居后，相去数十步。瑀蹋马及之，谓偃曰："君辔何疾？"曰："牛骏御精，所以疾耳。"曰："君马何迟？"曰："骐骥羁于羁绊，所以居后。"偃曰："何不著鞭，使致千里？"曰："一蹴自造青云，何至与驽马争路？"

36. 吴使张温聘蜀，问秦宓曰："天有头乎？"宓曰："有。"温曰："在何方？"宓曰："《诗》曰：'乃眷西顾。'以此推之，在西方。"温曰："天有耳乎？"曰："天处高而听卑，《诗》云：'鹤鸣于九皋，声闻于天。'"温曰："天有足乎？"宓曰："《诗》云：'天步艰难。'无足，何以步之？"温曰："天有姓乎？"宓曰："姓刘。"问何以然，曰："天子姓刘，以此知之。"

37. 戴安道既厉操东山，而其兄安丘欲建式遏之功。谢太傅曰："卿兄弟志业，何其太殊？"戴曰："下官'不堪其忧'，家弟'不改其乐'。"

38. 卢志于众坐问陆士衡："陆逊、陆抗，是君何物？"答曰："如卿于卢毓、卢珽。"

39. 陈元方年十一时，候袁公。袁公问曰："贤家君在太丘，远近称之，何所履行？"元方曰："老父在太丘，强者绥之以德，弱者抚之以仁，恣其所安，久而益敬。"袁公曰："孤往者尝为邺令，正行此事。不知卿家君法孤？孤法卿父？"元方曰："周公、孔子，异世而出，周旋动静，万里如一。周公不师孔子，孔子亦不师周公。"

40. 桓玄既篡位，将改置直馆，问左右："虎贲中郎省，应在何处？"有人答曰："无省。"当时殊忤旨。问："何以知无？"答曰："潘岳《秋兴赋·叙》曰：'余兼虎贲中郎将，寓直散骑之省。'"玄咨嗟称善。

41. 陆逊闻车浚令名，请与相见，谓曰："武陵蛮夷，乃有此奇人也。"浚曰："吴太伯端委之化，以改被发文身之俗。今上挺圣主，下生贤佐，亦何常之有？"

浇语第十七

吴苑曰：文章之士有才，其犹大地之有云露，草木之有花卉乎？才乃上天之所秘惜，不轻易以与人，士有才者，是得天之物，得天之物，安得不狂乎？狂之不已，不轻薄乎？故轻薄乃狂之甚也，盖文人不必有德，何也？天之所以与我者才耳，而我混混沌沌，是弃天也；弃天之罪，不尤浮于轻薄乎？嗟乎！是亦可畏也。拔舌之狱，皆轻薄之报。毗沙天子，不肯暂一假借饶人。虽然，此亦自天之纵我耳，可无问也。乃次浇语第十七。

1. 宋会稽太守孟颉，事佛精恳。谢灵运轻之，谓颉曰："得道应须慧业文人。生天当在灵运前，成佛必在灵运后。"

2. 许敬宗性轻傲，见人多或忘之。或谓其不聪，曰："卿自难记，若遇何、刘、沈、谢，暗中摸索著亦可识。"

3. 梁到洽，本灌园人，后得位。谓刘孝绰曰："某宅东家有好地，拟买，被本主不肯，何计得之？"孝绰曰："卿何不多辇其粪，置其牖下以苦之？"洽恨孝绰，竟害之。

4. 盈川令杨炯，每见朝官，目之曰"麒麟楦"，人问其故，杨曰："今铺乐假弄麒麟，刻画头角，修饰皮毛，覆之驴上，驴非楦而何？"

5. 杜审言初举进士，恃才謇傲，甚为时辈所妒。苏味道为天官侍郎，审言参选试，判后谓人曰："苏味道必死。"人问其故，曰："见吾判即当羞死矣。"

6. 陈通方年二十五，举进士，与王播同年。播年五十六，通方薄其成事后时，因期集，戏附其背曰："王老王老，奉赠一第。"言其日暮途远，及第同赠官也。王曰："拟应三篇。"通方又曰："一之已甚，其可再乎？"王心贮之。

7. 薛能镇许昌，幕吏咸集，因令其子橐鞬参诸幕客，幕客惊怪。

能曰："俾渠消灾。"

8. 姚岩杰素轻卢肇，或一日，与肇会于江亭，卢请目前取事为酒令，尾有乐器之名。肇令曰："远望渔舟，不阔尺八。"岩杰遂饮酒一罨，凭栏呕哕。须臾即席，还令曰："凭栏一吐，已觉空喉。"

9. 张吏部缵与何敬容意趣不协，敬容居权轴，宾宾辐凑，有复过吏部者，辄距不前，曰："吾不能对何敬容残客。"

10. 柳季云好弹琴饮酒，每出返，家人问有何消息？答曰："无所闻，纵闻，亦不解。"

11. 倪云林善山水，为一代名匠，独不写人物。太宗高皇帝问曰："每见卿山水俱无人，何也？"倪曰："世自无人物可画耳。"

12. 杜审言将死，语宋之问、武平一曰："吾在，久压公等，今且死，固大慰。但恨不见替人！"

13. 祢正平自荆州北游许都，书一刺怀之，漫灭而无所遇。或问之曰："何不从陈长文、司马伯达乎？"祢曰："卿欲使我从屠沽儿辈耶！"又问："当今谁复可者？"祢曰："大儿孔文举，小儿杨德祖。"

14. 刘荆州尝自作书，欲与孙伯符以示祢正平，正平蚩之，言："如是为，欲使孙策帐下儿读之邪，将使张子布见乎？"

15. 人问祢正平："荀令君、赵荡寇皆足盖当世乎？"祢答曰："文若可借面吊丧，稚长可使监厨请客。"

16. 褚公与孙兴公同游曲阿后湖，中流，风势猛迅，舫欲倾覆。褚公已醉，乃曰："此舫人皆无可以招天谴者，惟有孙公多尘滓，正当以厌天欲耳。"便欲捉掷水中。孙遽无计，惟大呼曰："季野卿念我。"

17. 王奂初拜仆射，刘祥与奂子融同载，刘谓辕下驴曰："汝努力，汝辈已为令仆矣！"

18. 徐常侍陵聘齐，时魏收文学，北朝之秀。收录其文集以示徐，令传之江左，徐速济江沉之，曰："吾为魏公藏拙。"

19. 庾信至北，惟爱温子升《寒山寺碑》，后还南，人问北方何如？信曰："唯寒陵山一片石堪共语，薛道衡、卢思道少解把笔，自余驴鸣狗吠，聒耳而已。"

20. 刘昼作《六合赋》，自谓绝伦，以呈魏收，收曰："赋名六合，已是大愚，文又愚于六合，君四体又甚于文。"昼大忿，以示邢子才，子才曰："君此赋正似疥骆驼，伏而无妩媚。"

21. 崔信明尝自矜其文，谓过李百药。郑世翼遇之江中，谓明信曰："尝闻有'枫落吴江冷'，愿见其余。"信明欣然多出众篇。世翼未终篇，曰："所见不及所闻！"遂引舟去。

22. 严武以世旧待杜甫甚善，甫性偏躁傲诞，尝醉登武床，瞪视曰："严挺之乃有此儿。"

23. 谢玄晖颇轻江祏，祏尝诣玄晖，玄晖因言有一诗，呼左右取，既而复停。祏问其故，谢曰："定复不急。"

24. 钱端学闻汤胤绩名，往候之，乃质所为诗。汤始称佳，既倦屡请，乃谢曰："吾始欺君耳，似不得无罪。"

25. 杨君谦每以文示人，人曰佳，即掩卷问曰："何处佳？"其人不能指，杨袖文曰："是蹴圆口。"遂去。

26. 蔡子木酒后自歌其夔州诸咏，甫发歌，吴国伦辄鼾寝，鼾声与歌相低昂，歌竟，鼾亦止。人谏之，吴曰："我以南柯板击夔州腔，有何不可？"

27. 陈眉公曰："品茶，一人得神，二人得趣，三人得味，七八人，是名施茶。"

28. 崔赵公尝谓径山曰："弟子出家得不？"径山曰："出家是大丈夫事，岂将相所能为？"

29. 郑光业有一皮箱，凡投贽有可嗤笑者，即投其中，曰："此苦海耳。"

30. 东平王锡老贫甚，每节口腹之奉以碑刻。一日，夸客曰："近得一碑，甚奇。"客请出示，竟无一字可辨。客因笑曰："此名没字碑，宜公好尚之笃。"

31. 谢耳伯结放生社于五明寺，以作文为社课。谢倡曰："如文不成，罚赀放生。"沈曼长闻，曰："谢已有功德，何必放生？"人问其故，沈曰："人闻此语，胜于放生。"

32. 丁度、晁宗悫同在职馆，晁因迁职，以启谢丁，丁乃戏答曰："启事更不奉答，当以粪墼一车为报。"晁笑曰："得墼胜于得启。"

33. 宋林逋高逸倨傲，多所学，惟不能棋。尝谓人曰："逋世间事皆能之，惟不能担粪与着棋。"

34. 桓温与谢奕善，辟奕为安西司马，惟布衣好。尝逼温饮，温走入避之。奕携酒就听事，引温一兵帅共饮，曰："失一老兵，得一老兵。"温闻而不计。

35. 尧让天下于许由，许由逃而去。其友巢父闻由为尧所让，以为污己，乃临池洗耳。池主乃牵牛上流饮，曰："毋污吾牛口。"

36. 谢鲲为豫章太守，王敦将肆逆，以鲲有时望，逼与俱行。既克京邑，将旋武昌，鲲曰："不就朝觐，鲲惧天下私议也。"敦曰："君能保无变乎？"对曰："鲲近入觐，主上侧席迟公，宫省穆然，必无不虞之虑。公若入朝，鲲请侍从。"敦曰："正复杀君等数百，何损于时？"遂不朝而去。

37. 大学士丘濬慕桑悦名，召令观所为文，绐曰："某人撰。"悦心知之，曰："明公谓悦不怯秽乎？"

38. 戴良才高倨慠，每见黄叔度，未尝不正容，及归，罔然若有失也。其母问曰："汝复从牛医儿来邪？"

39. 吴鹿长性坦率，不事矫饰，每遇风雅洗剔之辈，辄皆扫落。人谓曰："君不得尽卤莽尔尔。"答曰："予以卤莽遇风雅，复以风雅遇卤莽，胡为尽尔尔？”

40. 潮阳苏福，八岁赋《初月诗》：“气朔盈虚又一初，嫦娥底事半分无。却于无处分明有，恰似先天太极图。”人咏之以示王凤洲，王曰：“极似陈白沙老来悟句。”

41. 钱塘妓郭步摇，与所昵者泛西湖。坐中有少年美丰姿，郭每顾之，略不与所昵者接。其人怒曰：“汝爱伊耶？”郭佯不闻，少年者举杯向岸花酹曰：“春风入林，岂为松柏？”

42. 王勃、杨炯、卢照邻、骆宾王，皆以文章齐名，天下称“王、杨、卢、骆”，号“四杰”。炯尝曰：“吾愧厕卢前，耻居王后。”

43. 殷浩才名冠世，庾翼弗之重也。每语人曰：“此辈宜束之高阁，候天下太平，然后议其任耳！”

44. 桓南郡每见人不快，辄嗔云：“君得哀家梨，当复不烝食不？”

45. 支道林入东，见王子猷兄弟。还，人问：“见诸王何如？”答曰：“见一群白颈乌，但闻唤哑哑声。”

46. 苻宏叛来归国。谢太傅每加接引。宏自以有才，多好上人，坐上无折之者。适王子猷来，太傅使共语。子猷直孰视良久，回语太傅云：“亦复竟不异人！”

47. 王中郎与林公绝不相得。王谓林公诡辩，林公道王云：“着腻颜帢帽，缔布单衣，挟《左传》，逐郑康成车后，问是何物尘垢囊！”

48. 王右军少时甚涩讷，在桓大将军许，王、庾二公后来，右军便起欲去。大将军留之曰：“尔家司空、元规，复可所难？”

49. 深公云：“人谓庾元规名士，胸中柴棘三斗许。”

50. 魏长齐有量，而才学非所经。初宦当出，虞存嘲之曰：“与卿约法三章：谈者死，文笔者刑，商略抵罪。”魏笑而不怒。

51. 王子猷诣谢万，林公先在坐，瞻瞩甚高。王曰：“若林公须发并全，神情当复胜此不？”谢曰：“唇齿相须，不可以偏亡。须发何关于神明？”林公意甚恶，曰：“七尺之躯，今日委君二贤。”

52. 王、刘每不重蔡公。二人尝诣蔡，语良久，乃问蔡曰：“公自言何如夷甫？”答曰：“身不如夷甫。”王、刘相目而笑曰：“公何处不如？”答曰：“夷甫无君辈客！”

53. 刘真长始见王丞相，时盛暑之月，丞相以腹熨弹棋局，曰：“何乃渹？”刘既出，人问：“见王公云何？”刘曰：“未见他异，唯闻作吴语耳！”

54. 陆士衡初入洛，咨张公所宜诣，刘道真是其一。陆既往，刘尚在哀制中。性嗜酒，礼毕，初无他言，唯问：“东吴有长柄壶卢，卿得种来不？”陆兄弟殊失望，乃悔往。

55. 王凝之谢夫人，既往王氏，大薄凝之。既还谢家，意大不说。太傅慰释之曰：“王郎，逸少之子，人身亦不恶，汝何以恨乃尔？”答曰：“一门叔父，则有阿大、中郎。群从兄弟，则有封、胡、遏、末。不意天壤之中，乃有王郎！”

56. 孙子荆以有才，少所推服，唯雅敬王武子。武子丧时，名士无不至者。子荆后来，临尸恸哭，宾客莫不垂涕。哭毕，向灵床曰：“卿常好我作驴鸣，今我为卿作。”体似真声，宾客皆笑。孙举头曰：“使君辈存，令此人死！”

57. 庾道季云：“廉颇、蔺相如，虽千载上死人，懔懔恒如有生气。曹蜍、李志虽见生，厌厌如九泉下人。人皆如此，便可结绳而治，但恐狐狸貒貉啖尽。”

58. 刘尹谓谢仁祖曰：“自吾有四友，门人加亲。”谓许玄度曰：“自吾有由，恶言不及于耳。”二人受而不恨。

59. 郗司空方回家有伧奴，知及文章，事事有意。王右军向刘尹称之。刘问：“何如方回？”王曰：“此正小人无意向耳！何得便比方回？”刘曰：“若不如方回，故是常奴耳！”

60. 王夷甫尝属族人事，经时未行，遇于一处饮燕，因语之曰：“近属尊事，那得不行？”族人大怒，便举樏掷其面。夷甫都无言，盥洗毕，牵王丞相臂，与共载去。在车中照镜，语丞相曰：“汝看我眼光，乃出牛背上。”

61. 孙兴公作庾公亮诔文，多托寄之辞。既成，示庾道恩。庾见，送还之，曰：“先君与君，自不至于此。”

62. 江仆射年少，王丞相呼与共棋。王手尝不如两道许，而欲敌道戏，试以观之。江不即下。王曰：“君何以不行？”江曰：“恐不得尔。”

63. 诸葛恢大女适太尉庾亮儿，次女适徐州刺史羊忱儿。亮子被苏峻害，改适江虨。恢儿娶邓攸女。于时谢尚书求其小女婚。恢乃云：“羊、邓是世婚，江家我顾伊，庾家伊顾我，不能复与谢裒儿婚。”

64. 王丞相初在江左，欲结援吴人，请婚陆太尉。对曰：“培塿无松柏，熏莸不同器。玩虽不才，义不为乱伦之始。”

65. 杜预拜镇南将军，朝士悉至，皆在连榻坐。时羊稚舒后至，曰：“杜元凯乃复连榻坐客！”不坐便去。

66. 夏侯泰初与广陵陈本善。本与玄在本母前宴饮，本弟骞行还，径入至堂户。泰初因起曰：“可得同，不可得而杂。”

67. 刘真长与殷渊源谈，刘理如小屈，殷曰：“恶卿不作将，善云梯仰攻。”

68. 支道林造《即色论》，论成，示王中郎。中郎都无言。支曰：“默而识之乎？”王曰：“既无文殊，谁能见赏？”

69. 王、刘与林公共看何骠骑，骠骑看文书，不顾之。王谓何曰：“我今故与林公来相看望，卿摆拨常务，应对玄言，那得方低头看此邪？”何曰：“我不看此，卿等何以得存？”

凄语第十八

吴苑曰：凄者，西也，于时为秋；秋之为叶也刁刁焉，槭槭焉。稍具情者，触闻之间，无不堕泪，其义可知矣。又，西方为万物告终之处，故次凄语第十八。

1. 李斯论斩咸阳市，当出狱，与其中子俱执，顾谓其中子曰："吾欲与若复牵黄犬，俱出上蔡东门逐狡兔，岂可得乎！"

2. 景公游于牛山，北临其国城而流涕曰："若何滂滂去此而死乎！"

3. 陈宫与吕布俱为曹公所执，公谓宫曰："奈卿老母何？"宫曰："老母在公，不在宫也。夫以孝理天下者，不害人之亲。"公又曰："奈卿妻子何？"宫曰："宫闻霸王之主，不绝人之祀。"固请就刑，遂出不顾。

4. 卫夫人见王羲之小时书便有老成之气，流涕曰："此子必蔽吾名！"

5. 汉高征黥布还，过沛留，置酒沛宫，悉召故人父老子弟佐酒，酒酣，乃歌《大风之歌》，帝自起舞，慷慨伤怀，泣数行下。谓父兄曰："游子悲故乡。吾虽都关中，万岁之后，吾魂魄犹思家沛。"

6. 狄仁杰登太行，见白云孤飞，乃叹曰："吾亲舍其下。"

7. 孔北海被收，时男方九岁，女七岁，以幼弱得全，寄在他舍。或有言于曹操收之。女谓兄曰："若死而有知，得见父母，岂非至愿！"遂延颈就刑。

8. 桓宣武平蜀，以李势妹为妾，甚有宠，常着斋后。主始不知，既闻，与数十婢拔白刃袭之。正值李梳头，发委藉地，肤色玉曜，不为动容，徐徐结发敛手向主言曰："国破家亡，无心至此。今日若能见杀，乃见本怀。"

9. 孙子荆除妇服，作诗以示王武子。王曰："未知文生于情，情生于文。览之凄然，增伉俪之重。"

10. 曹公既杀杨德祖，后与太尉遇于朝，曹问太尉曰：“公何瘦之甚？”对曰：“愧无日磾先见之明，犹怀老牛舐犊之爱。”曹公为之改容。

11. 王安期去官，东渡江，道路梗塞，人怀危惧。王每遇艰险，处之夷然，虽家人不见其忧喜之色。既至下邳，登山北望，叹曰：“人言愁，我始欲愁。”谢太傅曰：“当尔时，觉形神俱往。”

12. 龚胜死，楚父老来吊，哭甚哀，既而叹曰：“薰以香自烧，膏以明自煎。嗟哉！龚生竟夭天年。”

13. 羊太傅好山水，每风景，必造岘山，置酒言咏，终日不倦。尝慨然叹息，顾谓从事中郎邹湛曰：“自有宇宙，便有此山。由来贤达胜士，登此远望，如我与卿者多矣，皆灭无闻，使人悲伤。如百岁后有知，吾魂魄犹应登此。”

14. 孝武山陵夕，王孝伯入临，告其诸弟曰：“虽榱桷惟新，便自有《黍离》之哀！”

15. 雷宣徽颇涉道书，因读史，废书流涕曰：“功名者，贪夫之钩饵，横戈开边，枝剑讨叛，死生食息之不顾；及其死也，一棺戢身，万事都已，悲夫！”

16. 张思曼亡后，从弟融酹酒于灵前，酌酒恸哭曰：“阿兄风流顿尽！”

17. 韩雍升江西巡抚，经泰和，念陈芳洲，为举主，躬祭墓下，流涕不已，曰：“士为知己者死，吾将安死焉？”

18. 江陵陈元植与章华甫、张相期友善，陈死，华甫检元植所披阅《东坡集》刻之，以传其意。每至刻所出，谓人曰：“予一闻敲字声，使人半日思肠不返。”